本书出版得到天津外国语大学"十三五"综合投资规划

"天外法政学术精品培育计划"项目的资助

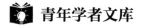
青年学者文库

加尔通和平思想研究

王梦 著

天津出版传媒集团

天津人民出版社

图书在版编目（ＣＩＰ）数据

加尔通和平思想研究 / 王梦著. -- 天津：天津人民出版社, 2019.1

（青年学者文库）

ISBN 978-7-201-14309-5

Ⅰ.①加… Ⅱ.①王… Ⅲ.①约翰·加尔通—和平学—研究 Ⅳ.①D068

中国版本图书馆 CIP 数据核字（2018）第 282847 号

加尔通和平思想研究
JIAERTONG HEPING SIXIANG YANJIU

出　　版	天津人民出版社	
出 版 人	刘　庆	
地　　址	天津市和平区西康路35号康岳大厦	
邮政编码	300051	
邮购电话	（022）23332469	
网　　址	http://www.tjrmcbs.com	
电子信箱	tjrmcbs@126.com	
责任编辑	王佳欢	
封面设计	明轩文化·王烨	
印　　刷	高教社（天津）印务有限公司	
经　　销	新华书店	
开　　本	787毫米×1092毫米　1/16	
印　　张	14.75	
插　　页	2	
字　　数	210千字	
版次印次	2019年1月第1版　2019年1月第1次印刷	
定　　价	79.00元	

前　言

　　和平与人类生活休戚与共，人类对和平的追求亘古不变。近几十年，和平学开始作为一门独立的学科进入人们的视野。这源于全世界人民对和平的向往和追求，同时也是和平学研究者持续研究的成果。约翰·加尔通（Johan Galtung，以下简称加尔通）被称为"和平学之父"，是和平学的领军人物和集大成者。在加尔通之前，对和平的研究很大程度上从属于西方国际关系理论。受国际关系理论的影响，和平研究一直将战争等相关问题作为其研究重点。1959年，加尔通组建了挪威奥斯陆国际和平研究所并创办了《和平研究杂志》这一专业期刊，标志着和平学开始作为系统理论学科而存在。加尔通扩展了和平的内涵，认为我们所追求的和平不应该只局限于废止战争等直接暴力的"消极和平"，更要实现去除阻碍人们自我实现机会的"结构暴力"和"文化暴力"的"积极和平"。这一和平概念将反对直接暴力与反对结构暴力和文化暴力相整合，既关注暴力的直接表现形式，又探究暴力产生的结构性因素，并在不断的实践中找寻治愈良方。加尔通和平思想的形成突破了以往"避免战争"这一狭小关注点的束缚，认识到传统国际关系理论解释力的盲区，将和平问题提升至寻求平等的相互关系的规范高度，不仅为我们更好地审视当今国际关系提供了新的分析视角，更为和平学的继续发展拓宽了研究范围，提供了研究动力。

　　鉴于和平与和平学的重要性以及加尔通在和平学的特殊地位，本书选择将加尔通和平思想作为研究对象，希望通过系统归纳总结加尔通和平思想以把握其理论精髓，加深对和平学的理解和认识，并为具有中国特色的和平理论的构建以及当代中国和平发展战略提供理论支持。本书的基本结构如下：

导论主要是对全书进行总体描述，以便以下章节的展开。介绍研究的缘起，概括和分析国内外研究现状，说明研究的意义和价值，设计本书的总体布局和结构安排，指出拟采用的研究方法。

第一章探讨和平本身的意义并梳理和平学的基本发展历程。首先，对中西方关于和平本身的思考进行梳理，以帮助理解加尔通和平思想的继承与发展。其次，对和平学的发展进行了大致的归纳，方便我们更好地对加尔通和平思想在整个和平学发展中进行历史定位。

第二章介绍加尔通本人及其和平思想产生的原因及背景。如果想对加尔通和平学思想进行研究，我们需要大致了解加尔通本人的基本经历。而究其和平思想形成的原因，就要考虑加尔通所处的时代背景，以及地理环境、家庭环境和学术教育背景等诸多因素所成就的独特的心理文化。

第三章梳理加尔通和平学思想变化的历史过程和发展脉络。任何一种理论的构建都不是一蹴而就、一朝一夕之事，加尔通和平学理论也是如此。加尔通的和平思想正是经历了多个阶段的发展和完善，才趋于成熟。

第四章阐述和分析加尔通和平学思想中的核心概念。核心概念是理论的主要范畴，能够展现理论的主要观点和思维结构，因此对核心概念进行阐述和分析有助于对加尔通和平思想的深刻挖掘。

第五章主要对加尔通和平学思想的特点、贡献及其局限性进行评析。作为相对成熟的理论体系，加尔通和平学思想具有自己的理论特色，只有对其特点有所把握，才能更加清晰地体会加尔通和平思想的独特内涵。而对加尔通和平思想进行客观的评价，一方面可以帮助我们更加准确地认识加尔通和平思想的贡献和价值;另一方面,也可以使我们看到加尔通和平思想存在的问题,为我们今后研究和平学指明方向。

目录
CONTENTS

导　论

一、问题的提出

近几十年,和平学开始作为一门独立的学科进入人们的视野。这源于全世界人民对和平的向往和追求,同时也是和平工作者孜孜不倦的成果。和平学普遍被认为是从国际关系理论中分化出来的一门新兴学科。传统的国际关系理论将战争等相关问题作为其研究的重要组成部分,将和平与战争看作一组二元对立的概念,认为只要找到了战争的根源并进行规避,和平将如期而至。和平学的兴起打破了这种沉闷的格局,扩展了和平的内涵,认识到战争只是直接暴力的一种极端表现形式,消除战争只能实现"消极和平",而只有同时消除了结构暴力和文化暴力才能实现"积极和平",也就是真正意义上的和平。和平学以其全方位、多层次的视角,丰富和发展了国际关系理论。加尔通被称为"和平学之父",是和平学的领军人物和集大成者。正是他将和平区分为"积极和平"与"消极和平",提出"结构暴力""文化暴力"等概念,确立了和平学的分析基础和理论范式,成就了和平学作为独立学科的地位。本书对加尔通和平思想进行研究有两层意义:第一,鉴于加尔通在和平学学科的重要地位,特对其和平思想进行系统梳理与深入分析;第二,通过对加尔通和平思想的认知和把握,拓宽和深化对整个和平学的研究。

(一)和平与和平学的重要性

和平是人类的普遍愿望,在每一个时代都具有不可否认的价值和意义。人类对和平的追求亘古不衰,各个时代都有学者致力于实现和平的探求,几乎所有的国家、民族和个人都声称自己热爱和平。尽管如此,在整个人类文明发展历程中,战争却连绵不绝。迄今为止,人类历史上爆发过两次世界大战,人口大量伤亡、经济损失无法估计、人类文明成果几近毁于一旦。二战后,虽然世界和平力量不断增强,国际形势总体趋向缓和,短期内再次爆发世界大战的可能性不大,但和平秩序仍然受到挑战——局部地区冲突不断、恐怖主义甚嚣尘上、大规模杀伤性武器扩散,等等。人们不禁要问,我们应该如何规避战争,和平到底离我们还有多远? 正是为了回答这一问题,"1919年,英、美、法、意等国在巴黎和会上达成了在大学开设国际关系专业的共识。同年,英国威尔士大学建立了西方第一个国际关系学讲席。此后,其他英美大学也纷纷仿效,国际关系课程和专业迅速成为大西洋两岸大学里最热门的课程之一"①。

二战后,现实主义学派取代之前的理想主义学派在国际关系理论界迅速兴起,强调国际社会的无政府性,认为国家与国家之间的关系究其本质就是对权力的争夺,从而使国际关系理论整体趋向对军事、政治、经济等硬权力的关注;随后经过第二次学术辩论,实证主义成为国际关系理论的主流方法论,即强调社会事实的客观性、主客体的可分离性和社会科学的价值无涉性。虽然随着国际关系理论的不断发展,新的理论观点层出不穷,但现实主

① 王逸舟:《西方国际政治学:历史与理论》,上海人民出版社,1998年,第45~47页。

义与实证主义的主体地位不曾动摇。现实主义帮助国际关系理论从理想主义的乌托邦中解脱出来，更加实事求是、系统化地对世界进行考察和研究，为我们更加清晰准确地认识世界提供了条件；实证主义也确实提高了国际关系理论的科学化程度，使国际关系理论实现定量化、系统化、精确化。但随着时间的推移，二者在为国际关系研究做出巨大贡献的同时，也产生了自身的问题，即国际关系学的研究范围受到了严重限制，很多重大问题被排除在外。人们开始疑惑，难道没有战争就可以称之为和平吗？国际社会与国内社会之间的区别真如现实主义所渲染的那样不可逾越吗？价值问题不应该成为国际关系学者关注的重点吗？规范性理论理应被视为"非科学"的化身淡出人们的视野吗？

国际关系理论一直将战争问题作为其研究的主要内容，普遍认为规避战争就等于实现和平。但是非洲之角的饥荒、贫富差距的加大、气候问题的严峻等一系列事实告诉我们，没有战争并不等于获得和平，除了研究战争，我们还需要了解更多。随着冷战的结束，全球一体化程度不断加强，传统国际关系理论中的国家行为体的观点也受到了巨大的挑战。苏珊·斯特兰奇曾指出："国家正变得在经济和社会中同其他实体（政府间组织、非政府组织、跨国公司等）分享权威……在国家内部，中央政府的权威正越来越由地方和地区的权威所分占……国家权威已经泄漏——向上面、向旁边和向下面泄漏……它们正在愈益变为内囊空虚或漏洞百出的。"①国际社会与国内社会间的界限正在被打破，如果还按照传统国际关系理论那样，将国家黑箱化为一个个相同的行为体，并将自身的研究定位集中在国际社会体系而忽视国内秩序发生变化所产生的重要影响，显然是不合时宜的。

另外国际关系本身的复杂性决定了国际关系学者需要面对和解决各种

---

① Susan Strange, The Defective State, *Daedalus*, V.124(Spring1995), pp.91–107.

各样的问题。虽然我们在进行理论研究的过程中确实需要尽力避免价值偏见等主观性因素的影响，但人毕竟是道德的动物，应该做的是探索更加有效的方式方法去规避主观性因素，而不是从一开始就将任何有关价值的问题进行隔离。"很多时候学者的责任需要他对重大的政治问题作出价值判断，很难想象国际关系学者在如殖民主义、战争与和平、核武器的使用、种族歧视等涉及全人类命运的问题上保持沉默或无动于衷。"①布尔曾直言不讳地指出："任何一个严肃的、涉及政治目标或价值观的理论，很难做到不对人与人关系中的秩序问题进行价值判断。说自己的研究'不带价值判断'是荒唐的。政治领域的学术研究，必须考察和评论带有价值判断的假设，把提出道义问题和政治问题视为研究工作的组成部分，而不应当排除包含价值判断的假设。"②"只有掌握历史、哲学和法律这些人文知识的人'走进'这个世界，进行不带偏见的学术研究才能懂得它，'思考本身也即研究'；行为主义采取置身于这个世界'之外'的科学方法，无法产生对这个涉及法律和道德等复杂问题的国际关系领域的真正理解。"③

和平学正是在对这些问题的思考中产生与发展的。和平学从一开始就公开其具有明显的价值倾向，将"和平"独立出来作为自己的研究对象，促使我们重新探求"和平"的真谛，赋予"和平"以多层次和多元价值的丰富内涵。这不仅从内容上扩宽了国际关系理论的研究范围，还为国际关系理论的进一步发展提供了更加广阔和灵活的视角，以一种更加积极主动的方式来思考和平，探寻未来。和平学不单是想要创造一个没有战争的世界，更是要打破阻碍人们实现稳定的结构性暴力并确立积极的生活价值和社会结构，实

---

① 张旺：《国际政治的道德基础》，南京大学出版社，2010 年，第 23 页。

② ［英］赫德利·布尔：《无政府社会：世纪政治秩序研究》，张小明译，世界知识出版社，2003 年，导言。

③ 朱瀛泉：《西方国际关系理论：一种学科史视角的鸟瞰》，《历史教学问题》，2004 年第 3 期。

现世界的更加公正和可持续发展。

(二)加尔通在和平学学科的重要影响

加尔通被称为"和平学之父",作为和平学开山之人的加尔通虽然已进耄耋之年,但依然活跃在和平学的研究前沿,成为和平学的重要领军人物。加尔通所领导的团队被视为北欧学派的中流砥柱。加尔通是最先使用"和平研究"这一概念的人,正是在加尔通的努力下,和平学开始明确自身的学科界限,从国际关系学中独立出来,并对传统的国际关系理论发起挑战。

在传统意义上,"和平"是作为"战争"的对立面而存在的:人们往往认为和平就是没有战争,只要找到了战争的根源并进行规避,和平将如期而至。但事实证明,只将战争作为切入点进行研究是远远不够的,除了战争之外,我们还面临许多其他的问题。当前,"世界上 20%的人口拥有全世界 75%的收入,其中不足 2%的人获得 25%的收入,而且 31%的人是文盲,80%的人生活在低于正常标准的房屋里,超过 10 亿人每天的生活费不到 1 美元,近 15亿人得不到清洁的水源,整个世界的状况远远不如人们想象的那么令人鼓舞"①。我们开始意识到,仅仅没有战争并不能满足我们对和平的所有憧憬。如果只将目光局限在防止战争这个单一层面,不仅会因为没有找到生成战争的深层原因而无法从根本上杜绝战争,而且会因为没能实现社会正义和经济平等而无法获得真正的和平。

加尔通正是基于上述考虑将传统和平概念,即"战争的对立面"归入"消极和平",并提出了"积极和平"的概念,从而使"和平"的内涵得以扩展和提升。概念的转化不仅改变了人们对和平的理解,更指引人们在和平的构建过程中不再局限于以往的消极策略而转为更为积极的方式方法。在加尔通的

———————

① 　[美]杜维明:《文明对话的语境:全球化与多样性》,刘德斌译,《史学集刊》,2002 年第 1 期。

观点中,和平不仅要求没有战争,更要求所有形式的暴力消失。对于暴力的理解,加尔通首先区分了"直接暴力"和"结构暴力",后来又引入"文化暴力"的概念。加尔通再一次将人们的传统视角进行扩展和延伸,提醒人们不只需要关注那些显而易见的直接性暴力,更要善于发现那些不易察觉的结构暴力和文化暴力。由于结构暴力和文化暴力的隐蔽性很容易被人们忽视,这不仅使我们中的许多人无形中成为暴力的帮凶,更为重要的是,如果我们根本就没有意识到暴力的存在,何以奢谈消除暴力、构建和平?更具积极意义的是:"文化暴力"概念的提出体现了加尔通力图消解西方传统话语霸权的努力。加尔通希望能够更多地引入东方文化,以多元的视角来看待和平问题。这不仅可以使东方文化更加容易被世界了解和接受,也让我们在努力构建和平的过程中,有了更多可以借鉴的思想来源,有了更多的智慧和方法来帮助我们实现和平的梦想。

加尔通不仅是一位和平研究者,在理论上为和平学的产生与发展贡献了自己的力量;同时也是一位和平实践者,积极参与到各种各样的维和行动中,为世界和平作出自己的努力。这两种身份可谓珠联璧合、相得益彰:和平学相关的理论造诣为其和平实践提供理论指导,更显有的放矢;而和平实践又反过来帮助加尔通对和平本身有更加深刻的理解,使其和平理论更经得起实践的考验。加尔通希望用自己的亲身经历向我们证明,和平学并非一种类似乌托邦的价值诉求,而是一门具有强大实效价值的科学。加尔通和平思想力求"更加客观地审视当代国际关系,以反映全人类根本与长远利益的积极的世界潮流和趋势作为研究的价值指南,把和平问题从避免战争的狭小关注点提升到寻求平等的相互关系的规范高度,为人们认识当代国际关系错综复杂的现象提供了一种新的综合性的视角"①。这不仅为和平学的不断深化奠定了良好基础,也为和平学的继续发展提供了不竭动力。

(三)和平学在中国

中国传统文化中有着丰富的和平思想。在汗牛充栋的古代典籍中,大量内容都涉及和平问题,甚至可以说中国传统文化的核心内容就是围绕和平理念而展开的。不管是儒家的"天下大同"、佛家的"诸法无我",还是道家的"道法自然",其本质都处处与和平相关。加尔通本人就特别看重中国传统文化对和平学进一步发展所起到的重要作用,在其著作中,不乏见到中国传统文化的身影。当代中国将"和平发展"作为自身的发展理念,希望通过自身的发展历程来诠释和平、创造和平。从这个角度上讲,中国在和平学研究中具有巨大优势:一方面,深厚的和平思想的文化底蕴赋予我们智慧;另一方面,身体力行的"和平发展"又可以使我们的智慧获得不断得以付诸实践的机会。但是我们也应该注意到,和平学在我国起步较晚,目前仍处于初级阶段。虽然已有学者努力将中国传统文化与和平学相联系,以期建立具有中国特色的和平学理论,但也仅仅是一个开始。目前,中国和平学的研究缺乏深入、系统的研究框架,想要成功构建具有中国特色的和平学理论,深入研究和学习西方和平学是当务之急,对和平学经典著作与思想进行系统梳理与深入分析是必经之路。加尔通作为"和平学之父"创建了和平学的研究议题,构建了和平学的研究框架,形成了有别于传统意义上的和平研究。因此,对加尔通和平思想的梳理与研究,其重要性可见一斑。

总体说来,本书选择加尔通和平思想作为研究对象理由如下:第一,和平学作为一门新兴学科,具有良好的发展前景和重要的学术价值。一方面,

---

① 倪世雄:《当代西方国际关系理论》,复旦大学出版社,2006年,第241~242页。

和平学的发展在一定程度上弥补了传统国际关系理论研究的局限,为国际关系理论的研究者提供了更为多元的视角;另一方面,当今世界,全球化达到了前所未有的程度,一国的动荡会引起全球的不安,在这样的条件下,和平学的重要性就显得更为紧迫。第二,加尔通和平思想具有重要价值。加尔通的和平思想可以说是一部和平学的发展史,在和平学的发展脉络上占有举足轻重的地位。人们可以赞成加尔通的和平思想并从中获得启发,也可以对其进行否定、进行批评质疑,但却无法绕开。加尔通和平思想从某种程度上已经成为一种基点,支撑着人们在和平学的研究和发展道路上不断前行。第三,中国和平学研究现状。中国的和平学研究起步较晚,目前尚处于初级阶段。继续全方位地学习和研究和平学的各种思想和理论对中国和平学研究具有重要价值和意义,其中加尔通和平思想尤为值得学习和探讨。

二、国内外研究现状

(一)关于和平学

二战所带来的全世界范围内的凋敝使人们渴望永久和平的到来,也促使人们开始思考以往和平研究的不足,和平学应运而生。作为一门年轻的学科,和平学大致分为三个发展阶段:

第一阶段(20世纪50年代至60年代初),和平学的兴起阶段。二战的阴影还未散去,美苏冷战又使整个世界笼罩在核恐惧之下,正是这种可能会给全人类带来毁灭性打击的世界局势所产生的危机意识,促使了和平学的产生与发展。在这一阶段,和平研究开始取得合法地位,各国开始纷纷创建和平研究机构。1956年,以博尔丁夫妇为代表的一批美国学者在安阿伯的密执安大学创立了解决冲突研究所,并在研究所创建的第二年,发行了《解决冲突杂志——战争与和平研究季刊》(*Journal of Conflict Resolution:A Quarterly Related to War and Peace*,简称"JCR")。1959 年,加尔通在挪威首都奥斯陆创建了奥斯陆国际和平研究所(Peace Research Institute Oslo,简称"PRIO")。1961 年,伯特·罗林在荷兰的格罗宁根创立了格罗宁根战争研究所。1964年,加尔通又创办了《和平研究杂志》(*Journal of Peace Research*,简称"JPR")。在和平研究初期,各地的研究内容与方法都比较相似,还没有形成各自风格,研究议题主要集中在危机、冲突、战争根源研究等方面。

第二阶段(20 世纪 60 年代末 70 年代初),和平研究进入蓬勃发展时期。和平研究机构的数量在这一阶段迅猛增加,从 1965 年的 81 家到 1972 年的 149 家,再到 1978 年的 310 多家。①除了第一阶段已经建立的研究机构外,芬兰、德国、法国、日本、奥地利、印度、意大利、英国、韩国等多个国家都纷纷建立了多所和平研究机构。其中美国建立得最多,到了 20 世纪70 年代末,已经拥有一百多所研究机构。这一时期,和平研究也走进大学的校门:美国的贝塞尔大学、曼哈顿大学,英国的布拉德福德大学,瑞典的伦德大学等都开设了和平研究的课程。和平研究的学术期刊的数量也在激增,主要有美国的《国际间行为》、挪威的《和平建议公报》、芬兰的《和平暴力研究月报》等。根据联合国教科文组织的统计,和平研究者的人数在当时已经超过了 5000人。研究机构、期刊、人员数量上的增加是和平研究趋于完善的主要标志,而另一个标志也是从这一阶段开始,和平研究内容及风格趋同的现象逐渐消失,开始形成不同的学派。

---

① See Peter Wallensteen,*Peace Research:Achievements and Challenges*,Westview Press,1988,p.49.

表1　20世纪60年代末70年代初和平研究的不同学派

	古典传统	行为科学	结构主义和批判主义	新马克思主义
代表人物	摩根索、雷蒙德·阿伦	博尔丁、拉帕波特	加尔通、曾哥哈斯	修密特、登希克
和平概念	没有战争	无直接暴力与积极和平(如国际统一)	无直接暴力与间接暴力(如阻碍社会正义的实现)	没有结构暴力(并不否定直接暴力)
学术范畴	国际关系、国际法等传统学科	自然科学、近代社会科学等	近代社会科学、哲学与人道主义等交叉学科的应用研究	对马克思主义进行现代性的应用
研究方法	先验性的思考	经验主义、实证主义	实证主义与结构主义	先验性的思考和规范理论
分析层次	国家、政府	政府、国家、集团、个人	个人、集团、国家、世界	阶级
认同对象	国家、支配、精英	国际社会	国际社会的个人、暴力的牺牲者	与结构暴力做斗争的无产阶级
和平道路	势力均衡、战略思考、外交	以专门技术调和、非暴力纠纷解决	以非暴力的社会变换、以对称性纠纷中主张调停、非对称性纠纷中支持弱者、必要时革命(承认最低限度的暴力)	阶级斗争、作为根绝直接暴力手段的结构暴力革命
前景展望	根源性的悲观主义	相对性的乐观主义	短期上的悲观主义、长期上的乐观主义	破坏性悲观主义、根源性乐观主义

资料来源:韩洪文:《二十世纪的和平研究:历史性考察》,当代中国出版社,2002年,第152页。

第三阶段(20世纪80年代至今),和平研究迈入而立之年,呈现稳步发展之态。根据和平研究教育与发展组织的有关课程目录指南:"1981年,共有36所高校设有和平学课程与项目;1986年这个数字增加到106所;1995年,已有30多个国家的288所大学开展某种形式的和平学研究;2000年,共有42个国家的381所高校榜上有名。"①除此之外,此阶段和平研究的内容也更加多样化。虽然由于当时东西方关系又趋紧张,研究重点在一定程度上有重新向传统课题如战争、冲突、军备等方面回归的趋势,但这次的转移并非一

① [英]卡罗尔·兰克:《回顾与展望:美国和平学的起源和发展》,刘成译,《南京大学学报》(哲学·人文科学·社会科学版),2005年第2期。

次简单的重复，而是在对加尔通结构暴力的结构性理解之后的一种研究实践。和平学已经发展成"多学科的、多层面的、多文化的、既是分析性的又是规范性的，既是理论性的又是实践性的"①研究领域。

目前国外和平学主要有以下三种研究重点：第一，关于和平本身、和平的原因和结果的研究。以美国和平学者马休·梅尔可的"52 个和平社会"为代表，区别于以往世界历史的战争历史，作者着力于挖掘那些经历一个世纪以上的和平社会，以期找到和平生成的原因。第二，有关裁军、国际安全问题的和平研究。1966 年，斯德哥尔摩国际和平研究所成立，标志着有关裁军的研究走向成熟。1980 年，美国学者 R.福斯伯格提出核冻结思想至今对我们仍有重要意义。第三，理论方面的研究。被称为"战争数学之父"的路易斯·理查森在《战争心理学》中通过对一战期间军费开支的统计和比较，得出军备并不能带来安全，也不能防止战争的结论。他的《军备和不安全》与《势不两立之争的统计》被后来的和平研究者大量引用。昆西·赖特在其《战争的研究》中统计了自 1500 年以来的 284 次战争和 3000 次战斗，从中得出国际社会一体化的不断加强可以使避免战争成为可能的结论。P.索罗金的《社会与文化的动力学》考察了战争与文化之间的关系，认为两种类型的文化在进行过渡转换的时期容易爆发战争。英国考文垂大学教授、宽恕与和解研究中心主任安德鲁·瑞格比在《暴力之后的正义与和解》中提出，如果我们希望实现和平，那么暴力之后的和解与宽恕就变得不可避免。瑞格比通过包括南非种族和解、巴以冲突、西班牙、德国二战后的清理工作等在内的诸多案例来揭示如何实现暴力之后的和解与宽恕，为我们今后的和平构建工作提供丰厚的理论积淀。大卫·巴拉什的《积极和平——和平与冲突研究》分别对消极和平与积极和平进行分类，并探讨了实现二者的可行性方法。加尔通的《和平论》

---

① ［英］阿伦·亨特：《什么是和平研究——学科发展史》，陈仲丹译，《学海》，2004 年第 3 期。

对其和平思想进行了比较全面的概括,对和平理论、冲突理论、发展理论和文明理论四个方面进行整合,是其在对和平研究各个方面进行了广泛而深入的探索之后所得出的一个阶段性成果。而他在《超越和转变——如何调解冲突》一书中,则向我们呈现了在其和平思想指导下的各种和平实践活动。

中国的和平研究仍处于初级阶段,主要工作还在于对西方和平理论的引进和概括。让人可喜的是,2001年南京大学历史系世界史学科与英国考文垂大学宽恕与和解研究中心建立长期合作研究关系,目的是在中国高校内建立第一个和平研究中心和和平学学科。2005年3月,双方在南京举行了中国第一届和平学国际研讨会,包括"和平学之父"加尔通教授在内的多名国际著名和平学家参加了会议。南京大学还率先开设了"和平与冲突""20世纪国际冲突与和平化解"等和平学专业课程,招收了和平学方向的研究生。在具体著作方面,南京大学刘成的《和平学》成为中国首部和平学教材。朱成山的《世界和平学概况》对各国的和平学研究现况进行了梳理并总结了各国的研究重点。清华大学阎学通教授的《和平崛起与保障和平——简论中国崛起的战略与策略》《和平的性质——和平不等于安全》等论文也对和平问题进行探讨,并将指导当前国际形势下中国的和平发展。韩洪文的《二十世纪的和平研究:历史性考察》按照时间的发展顺序对和平学进行梳理整合,对和平研究的渊源、发生、扩展及深化进行了细致的阐述。另外,中国还有一批学者着眼于中国传统文化中和平思想的研究:王月清、刘丹的《佛学和平思想研究》、杨宏声的《道家和平思想研究》及范赟的《儒家和平思想研究》本着对中国传统文化所蕴含的各类和平思想进行总结的目标,分别对儒家、道家和佛家的和平思想进行探究,以期展示中国深厚的和平文化传统。总体说来,中国的和平学仍然任重道远。在目前为数不多的研究中,多为对西方和平学的翻译与梳理,缺乏深入细致的研究。虽然已经出现了从中国传统文化中提炼具有中国特色的和平理论的趋势,但目前仍多是停留在从传统文献中找寻与和平相关的各种要素的阶段，而没有从纵深处挖掘传统文化中关于和平的智慧与精髓，从而为中国本土和平学的建立提供一种特有的思维方式。

(二)关于加尔通个人思想的研究

对于加尔通的学术地位，国内外学者都给予了很高的评价。英国和平学学者阿伦·亨特在《什么是和平研究——学科发展史》一文中强调加尔通"对和平研究做出了重要贡献"，"和平或和平状态的准确含义是什么，反言之，应该如何给冲突、暴力和战争下定义？对这个问题所做贡献最大的可能是挪威社会学家加尔通，他比较了不同形式的暴力"。[①]挪威女性主义者比伊特·布罗克·阿特尼认为："加尔通将没有暴力和战争视作'消极和平'的定义，给处于困境中的和平争论点燃了火炬。"[②]现就职于英国考文垂大学宽恕与解研究中心的美国和平学者卡罗尔·兰克在《回顾与展望：美国和平学的起源和发展》一文中认为，加尔通"在关于直接暴力和结构性暴力的著作中，创造'消极和平'和'积极和平'的术语，它们成为和平学研究的基本概念"，并评价"加尔通以及其他欧洲和平研究者确实对和平学的建立做出了巨大贡献"。[③]池田大作在其《我的世界交友录》中单列出"和平学之父"一章对加尔通进行介绍。大卫·巴拉什在《积极和平——和平与冲突研究》中指出，"强调积极和平的重要性"是"一种可供选择的观点"，并认为加尔通"为促进该观点做出了突出贡献"。[④]日本学者星野昭吉的《全球社会和平学》在构筑全球

①　[英]阿伦·亨特：《什么是和平研究——学科发展史》，陈仲丹译，《学海》，2004 年第 3 期。

②　Birgit Brock-Utne, *Feminist Perspective on Peace and Peace Education*, Pergamon on Press, 1989, p.40.

③　[英]卡罗尔·兰克：《回顾与展望：美国和平学的起源和发展》，刘成译，《南京大学学报》(哲学·人文科学社会科学)，2005 年第 2 期。

④　[美]大卫·巴拉什等：《积极和平——和平与冲突研究》，刘成等译，南京出版社，2007 年，第 7 页。

化时代的全球冲突与战争的体系的过程中,多次引入加尔通的和平思想。①
安德鲁·瑞格比在其《和平、暴力与正义:和平研究的核心概念》中将加尔通
称为"被大家公认为的当代和平研究的创立者之一"②。《国际关系学的经典
文献》将加尔通的《帝国主义的结构理论》收入其中,并引起巨大反响。③著名
学者威廉·奥尔森和尼科拉斯·欧纳夫将加尔通 1980 年出版的《真实的世
界—— 一种跨国视角》赞誉为国际关系学科史上重要路标之一。④ 1989 年,
美国学者约瑟夫·克鲁泽尔和詹姆斯·罗斯诺主编的《世界政治的旅程——
34 位学术旅行家的自传体反思》,加尔通受列其中,并写下了属于自己的一
章。⑤刘小林在《探索实现人类持久和平的理论思考》中,称加尔通创办的《和
平研究杂志》是"蜚声国际的专门学术刊物"⑥宋钢在《作为一门学科的和平
研究》一文中认为,加尔通所提出的"'结构暴力'的思想在七十年代以后,成
为西方和平研究的主流,并对当代和平研究的发展产生深远的影响"⑦。李英
桃在《女性主义和平研究:思想渊源与和平构想》中,将加尔通的和平思想与
其所开创的奥斯陆国际和平研究所的一系列研究成果作为女性主义和平研
究的主要思想渊源之一,并在定义"和平"时,认为加尔通的"和平定义受到
广泛认可"而进行了采纳。⑧王祖望在《和平研究的发展和现状》中将加尔通

---

① 参见[日]星野昭吉:《全球社会和平学》,刘小林等译,北京师范大学出版社,2007 年,第 13 页。

② [英]安德鲁·瑞格比:《和平、暴力与正义:和平研究的核心概念》,熊莹译,《学海》,2004 年第
3 期。

③ See Johan Galtung, A Structural Theory of Imperialism, in John Vasquez(eds.), *Classics of International Relations*, Prontice Hall, 1996, pp.265–273.

④ See Johan Galtung, *The True World: A Transnational Perspective*, Free Press, 1980.

⑤ See Johan Galtung, The Shape of Things to Be, in Joseph Kruzel and James Rosenau(eds.), *Journeys Through World Politics: Autobiographical Reflections of Thirty−Four Academic Travelers*, Lexington Books, 1989, pp.165–178.

⑥ 刘小林:《探索实现人类持久和平的理论思考》,《世界经济与政治》,1995 年第 4 期。

⑦ 宋钢:《作为一门学科的和平研究》,《政治学研究》,1989 年第 2 期。

⑧ 参见李英桃、林静:《女性主义和平研究:思想渊源与和平构想》,《世界经济与政治》,2009 年
第 8 期。

列于著名和平研究学者之位。①耿小曼在《和平研究与和平政治学——探讨实现和平可能性的科学》中,将加尔通定义为"欧洲率先进行和平研究的学者",认为加尔通所创办的奥斯陆国际和平研究所"从六十年代到七十年代发挥了和平研究的先导作用"。②

鉴于加尔通在和平学领域的显著地位,在探讨和平学说等相关问题时,加尔通及其和平思想注定是无法绕开的必经之路。倪世雄在其《当代西方国际关系理论》第五章第七节中,将加尔通的和平理论作为北欧国际关系理论的代表进行阐述。倪世雄将加尔通的和平研究总结为"结构主义和平理论",认为其"结构暴力"这一核心概念的提出源于其自身的结构社会观,并将加尔通的和平研究思路归纳为"把和平问题从避免战争的狭小关注点提升到寻求平等的相互关系的规范高度"。倪世雄一方面肯定了加尔通"为人们认识当代国际关系错综复杂的现象提供了一种新的综合性的视角";另一方面,指出加尔通的和平理论需要根据"国际关系的新发展在具体内容和结论上予以重塑"才能避免局限性的显露。③王德禄的《和平研究:一个正在成熟的学术领域》在总结和平理论研究的过程中,认为加尔通"在西方众多的和平研究者中间"是"最引人注目的"。王德禄对加尔通所提出的"和平""暴力"等概念进行了简单归纳,并指出加尔通和平研究的重点"在于导致暴力产生的统治结构"。④南京大学国际关系研究院博士生张义明在其《加尔通的结构一体化理论剖析》一文中,对加尔通的一体化理论进行研究和总结:加尔通的一体化理论"立足而又超越于社会学领域,采用结构主义的方法论","将

① 参见王祖望:《和平研究的发展和现状》,《国外社会科学》,1988 年第 11 期。

② 耿小曼:《和平研究与和平政治学——探讨实现和平可能性的科学》,《政治学研究》,1985 年第 3 期。

③ 参见倪世雄:《当代西方国际关系理论》,复旦大学出版社,2006 年,第 239~242 页。

④ 参见王德禄:《和平研究:一个正在成熟的学术领域》,《未来与发展》,1989 年第 6 期。

一体化定义为两个或以上行为体形成一个新的行为体的过程"。①张义明不仅对加尔通的一体化理论进行了研究，还对加尔通和平研究理论形成的影响因素进行考察，其《试论约翰·加尔通关于和平研究的理论——兼析中国传统文化对其理论形成的影响》一文对加尔通和平理论的形成基础及其"阴阳两分，双重辩证的四分法"的理论命题进行分析，认为这种具有浓厚中国特色的四分法"具有广泛的应用价值"。②韩洪文在其专著《二十世纪的和平研究：历史性考察》的第三章对加尔通的和平思想进行了比较全面的阐述，并将"和平研究扩展的时期"称为"加尔通时代"。③

　　除了以上以中立立场对加尔通和平思想进行客观评价与论述外，还有许多国内外学者采纳或部分采纳了加尔通的核心概念并在此基础上展开自身的研究。日本学者池尾靖志的《和平学入门》一书认为，加尔通"在'暴力'概念的分类方面做出贡献"并采用了加尔通有关"暴力"的定义。④大卫·巴拉什等在其专著《积极和平——和平与冲突研究》的首章就采纳了消极和平与积极和平的分类，并在随后用了五章的篇幅来探究如何构建积极和平。⑤安特尼洛·卡洛斯·罗瑟是《超越媒体服务》(Transcend Media Service,简称"TMS")的编辑，于2010年出版了《和平新闻：加尔通关于和平与战争社论80篇》(Peace Journalism:80 Galtung Editorials on Peace and War)，精选了加尔通为TMS撰写的80篇社论文章并汇编其中。⑥作为中国出版的第一本关于和平学的教科书，刘成所著的《和平学》将加尔通对和平学所涉及的一系列核心概念作

① 张义明：《加尔通的结构一体化理论剖析》，《东南亚纵横》，2009年第5期。
② 张义明：《试论约翰·加尔通关于和平研究的理论——兼析中国传统文化对其理论形成的影响》，《商丘师范学院学报》，2009年第11期。
③ 韩洪文：《二十世纪的和平研究：历史性考察》，当代中国出版社，2002年，第151页。
④ 参见[日]池尾靖志主编：《和平学入门》，池建新、朱庆华译，南京出版社，2004年，第4~5页。
⑤ 参见[美]大卫·巴拉什、查尔斯·韦伯：《积极和平——和平与冲突研究》，刘成等译，南京出版社，2007年。
⑥ 参见 http://www.transcend.org/tup/index.php?book=27。

为自身理论开展的基础。①李巨廉在《战争与和平——时代主旋律的变动》中对"和平"概念进行探讨时，作出这样的表述："首先，它是积极的和平"，即加尔通所倡导的"排除'结构暴力'，以平等、协调、合作、一体化为基础的'积极和平'概念"。②

同时也有部分学者对加尔通的和平思想提出了不同的观点。挪威教育科研部谢尔·艾德的一篇名为"关于加尔通暴力概念的评述"的文章就是作者在对加尔通 1969 年的《暴力、和平与和平研究》一文学习和思考之后，对加尔通提出的"暴力"概念进行反思而作。③美国和平学者肯尼斯·博尔丁的文章《与约翰·加尔通友好的十二点争论》，首先肯定了加尔通为和平学做出的巨大贡献，然后从对结构主义的认识、方法论问题、基本概念的确定等十二个方面对加尔通和平思想提出质疑。④值得一提的是，对加尔通和平思想进行较为系统研究的当属彼得·劳勒的《一个价值观问题：约翰·加尔通的和平研究》。该书是以一种批评的视角而存在，作者沿着加尔通和平思想的历史发展轨迹进行展开：首先对加尔通所强调的"和平学是一门科学"这一命题进行反驳而拉开全书的序幕，然后分别从"结构暴力"概念的确立、科学方法的重建、社会价值基础以及多元文化的认同等多个角度向加尔通提出不同意见并阐述自己的观点。⑤

目前加尔通的著作只有两本被翻译成中文：一本是由南京出版社出版、陈祖洲翻译的《和平论》，另一本是由华文出版社出版、高秀平翻译的《超越

---

① 参见刘成：《和平学》，南京出版社，2006 年。

② 李巨廉：《战争与和平——时代主旋律的变动》，学林出版社，1999 年，第 322 页。

③ See Kjell Eide, Note on Galtung's concept of 'Vilolence', *Journal of Peace Research*, Vol.8, No.1 (1971), p.71.

④ See Kenneth E. Boulding, Twelve Fnendly Quarrels with Johan Galtung, *Journal of Peace Research*, Vol.14, No.1 (1977), pp.75–86.

⑤ See Peter Lawler, *A Question of Values: Johan Galtung's Peace Research*, Lynne Rienner Publishers, Inc.1995.

和转变——如何调解冲突》；在论文方面，有南京大学历史系博士生卢彦名翻译的《和谐致平之道——关于和平学的几点阐释》。这些著作与文章的翻译为我们的和平学研究提供了方便。但对于八十多本著作、上千篇文章等身的加尔通来说，数量如此之少的中文译著对于了解和把握加尔通和平思想显然是沧海一粟。对于加尔通和平思想的研究，我们还仅仅只囿于一角，远远达不到全面与系统。

三、研究的意义与价值

研究加尔通和平思想的价值和意义具体表现在以下三点：

第一，系统归纳总结加尔通和平思想有助于加深对和平学的理解。当今世界，全球化程度不断提高、国家间相互依赖程度不断加深。这使我们有理由相信，世界大战在短期内爆发的可能性极低。可是面对南北差距的不断拉大、恐怖主义甚嚣尘上、全球环境持续恶化等问题，我们不禁要问：和平到底是什么？我们离它又有多远？以国家为中心、以战争为研究重点的传统国际关系理论已经无法给予我们满意的答案。加尔通正是在这样的时代背景下，采用新的视角以期对当下的世界形势进行解释和把握。加尔通认识到传统国际关系理论的研究模式并不能指导我们走向和平，转而将和平作为独立的研究对象，打破以往将和平作为与战争相对立的传统概念，扩大了和平内涵。同时努力探索引发"非和平状态"更为潜在的"结构暴力"和"文化暴力"，从而拓宽和深化了和平学的研究范围。由此看来，加尔通的和平学研究具有开创性，是和平学的奠基之作，考察和分析其和平学理论思想有助于从源头上加深对和平学的理解与认识。

第二，系统归纳总结加尔通和平思想有助于中国和平学的发展。中国的和平学正处于初始阶段，中国和平学理论的发展需要理论基础和分析框架。

"巧妇难为无米之炊。"对于一种理论的构建来说,需要不断从已有的相关理论和思想中汲取养分。而在目前和平学理论中,加尔通的和平学理论举足轻重。因此,要构建具有中国特色的和平学理论,系统地学习和研究加尔通和平思想至关重要。

第三,系统归纳总结加尔通和平思想有助于全面认识加尔通的其他思想。加尔通涉猎极其广泛,其思想理论体系庞大,内容丰富而深远。除了和平学思想之外,还包括一体化理论、非军事化理论等。但毫无疑问的是,和平学理论是其思想的主体部分,贯穿于加尔通各类思想的始末,是其思想的精髓与核心。系统归纳总结加尔通和平思想有助于厘清加尔通各类思想的整体布局和内在相关性,有助于更好地把握和认识加尔通思想。

四、思维路径、研究方法

(一)思维路径

本书以加尔通和平学思想为考察和研究对象,在辩证唯物主义和历史唯物主义的指导下,系统研究这一对象,探究其理论渊源,总结其理论内容,比较其理论学说,评析其理论影响。

(二)研究方法

"方法论"一词最早被使用是由英国哲学家培根开始。"一般来说,学科领域的方法论包括两个层面的内容:一是指对论证一门学科的概念、理论和基本原理的研究,这是抽象的层面。二是指探索某种社会规律、发展某门理论所需要具备的一切思路、程序、手段和工具,这是具体的层面。两个层面密切联系,研究方法论离不开对各种具体方法的了解与熟悉;而进行实用研究也需要方法论进行理论上的指导。"①本书主要运用以下方法：

（1）马克思主义的研究方法。以马克思主义方法为指导，从理论渊源、发展历程、理论基础、具体内容以及理论评析等方面对加尔通的和平学思想展开分析。在研究的各个部分和环节都始终坚持马克思主义的基本立场和分析方法。

（2）文献分析法。本书究其本质是个人思想的研究，其研究目的是系统总结和分析加尔通的和平学思想。对其思想的发展历程、思想渊源、理论基础、思想体系以及分析评说等都是建立在文献的依托和支持之下。

（3）对比分析。对比分析的方法是将客观事物进行比较，以期达到认识事物的本质和规律并作出正确评析的目标。为了更加准确地把握加尔通和平思想的脉络，不仅需要对加尔通和平思想本身的发展历程进行研究，还需要将加尔通和平思想放在整个和平学的范围内进行横向对比。通过比较，加尔通和平思想的特点得以概括和总结，从而对其有更加清晰深入的了解和认识。

（4）归纳和总结法。作为一般逻辑方法的归纳和总结是从个别到一般，即通过对个别事物或现象的分析，得出一般性的结论或规律。本书试图全面、系统地整理加尔通的和平学思想，只有通过对加尔通和平学思想的主要内容进行归纳和总结，才能形成认识上的宏观框架，也才能体现本书的价值所在。

五、本书的创新点

第一，系统归纳和总结了加尔通和平思想的主要内容。这是本书的主

---

① 胡宗山：《政治学研究方法》，华中师范大学出版社，2007年，第5页。

旨,也是本书的价值所在。笔者希望通过系统、全面地归纳总结加尔通的和平理论思想,为和平学今后的发展提供文献资料。

第二,彰显加尔通和平思想的独特魅力。加尔通作为和平学的领军人物,创立了和平学,提出新的概念从而扩展了和平学研究范围。其个人的理论思想具有不可比拟的独特性和影响力,笔者希望在彰显其理论价值和魅力的过程中实现自身的写作价值。

第三,客观、公正地评价加尔通的和平思想。对于个人思想的研究者来说,能够正确客观地对研究人物的思想进行有效评价,是提升对该人物思想认识水平的必经阶段。笔者将在马克思主义唯物辩证法的指导下,实现这一宗旨和归宿。

第一章
和平与和平学

一、何为和平

和平是人类亘古未变的追求,从古至今,几乎在所有语言中,都有象征"和平"的词语,中西方文化中都蕴含着有关和平的大量思考。"和平"概念的多义性也许正说明它是人类跨越时代一直追寻的价值理念。人类期望和平,就需要弄清"和平"的概念。通过认真仔细梳理东西方文化中的和平思想,分析不同历史时期"和平"概念的变化,以帮助我们更加深入地理解"和平"一词的核心所在。

(一)西方和平思想探源

古代西方的和平思想更多地体现在对战争的反思,认为战争的危害是异常巨大的。许多思想家都指出,战争是出于对利益的争夺,用战争的方法来解决纠纷是非常不可取的。

1. 修昔底德

修昔底德在《伯罗奔尼撒战争史》中就多次提出，战争使生产力水平下降、人民道德底线崩塌，给社会带来了空前的痛苦。他特别重视和平的重要性，和平可以使得所有人的利益得以保全。伯罗奔尼撒战争给当时希腊城邦带来了旷日持久的灾难性影响，大部分的参战国不能幸免，各地遭受了经济衰退、国库耗费一空，瘟疫盛行，人口数量大减的损失。战争使人们生活窘迫，人与人之间的信任荡然无存，希腊城邦原有的道德标准均被瓦解，战云笼罩下的民众厌战情绪严重，修昔底德正是在这样的时代背景下完成的《伯罗奔尼撒战争史》。成长于伯利克里"黄金时代"的修昔底德年轻时熟悉先贤们的思想和观点，而后又饱受战争的折磨，在瘟疫中侥幸活命，仕途上蒙冤被革职，所以他异常向往希腊城邦原有的和平和繁荣。因此，他的《伯罗奔尼撒战争史》充满了对和平的思考。在修昔底德看来，"和平是最大的幸福"，和平对于每一个人来讲，都是大有裨益的。每个人在和平时期都可以保持原有的生活方式，遵循较高水平的道德标准，保有应有的荣誉，而社会则会秩序稳定、人口持续增长、财富稳步积累、国力不断增强。因此，发动战争一定要慎之更慎，因为战争会影响很多人的生命财产和城邦的荣辱盛衰，所以发动战争之前一定要充分考虑后果，不能贸然行事，特别是不能受人蛊惑，因一时之气发动战争。同时，修昔底德提出了很多可以取代战争解决争端的方法，比如协商、谈判或仲裁等，应该在公正、平等的基础上平息争端。仲裁者可以是个人，也可以是集体，只要能够秉持公正无私的原则，就很有可能通过协商解决和处理矛盾。修昔底德还特别指出，金钱、马匹、粮食等物质的积累都对和平有所助益。

2. 奥古斯丁

生于北非小城的奥古斯丁在思考诸如战争之类的恶的时候，明显带有宗教色彩。奥古斯丁的父亲一生绯闻不断，母亲却笃信基督教，坚守教义。父母这两种截然不同的品性使奥古斯丁对善、恶具有特别真实的感受,也使奥古斯丁对恶以及恶的起源有探究的热情。在他之前,古希腊先贤们也都对此有过一定的理解。苏格拉底认为恶源于无知,认为没有人明知是恶还会去作恶;但奥古斯丁却保有不同的观点,恶与知识的多寡并没有太多的关联,恶的根源在于人的自由意志,虽然上帝在创造人类时,也赋予了人类理性、意志、知识等这些善的天性,但自由意志却有选择的自由。因此,自由意志会被滥用,因而产生了恶。"不朽的事物总是善的",恶是善的缺乏,是存在中的非存在。恶不是一种实体存在,主要是因为人类用对自己的爱取代了对神的爱。奥古斯丁将恶分为"物理的恶""认识的恶"和"伦理的恶"。"物理的恶"是一种自然状态的残缺表现,诸如生老病死、枯萎衰败;"认识的恶"是对真理认识的不准确而造成的恶;而"伦理的恶"则来源于人类的邪恶意志,也是人自由意志滥用的后果,是与社会道德相违背的,会侵犯他人的权益、损害他人的身体或心灵。前两种"恶"在一定程度上都是由于人类天生的不足所造成的,对于奥古斯丁来说,都是上帝创世时不可或缺的一部分,是为了反证上帝的完美而存在的;而最后一种恶才是真正的恶,由于动摇了上帝所创造的秩序,因此这种恶的危害也是十分巨大的。因此真正的恶,在奥古斯丁看来,产生于意志的缺失。

判断善恶的标准需要根据行为原始目标是否符合上帝所赋予的这些善的天性和规则,要想改正罪恶,需要首先承认罪恶,而不是要为自己的罪恶找借口和理由,推脱责任只能让人的内心越来越狭隘,失去平静。自由意志是上帝赐予人类战胜恶的工具。我们人生在世,总会受到各种欲念的困惑,而我们是善是恶主要区别就在于我们对这些欲望的控制。人类社会所制定的各项法律是"属世的","属世的"法律是需要根据"永恒的律法"即真理不断进行调整的,而我们又是如何获得对真理的认知呢?是通过我们的理性去感知真理,这便是自由意志的全部。对奥古斯丁来说,这也是我们区别动物的关键。我们的理性需要持续不断地感知真理,这是永恒的律法对我们的指引,一个受到理性控制的人才是自由的,身心才能和谐。身心和谐的前提是信仰的建立。信仰一旦发生变化,身心之间的契合度也会变得不一样,而信仰的建立却是一个缓慢的过程。我们的思想需要得到不断的磨砺,经历冲突,经历感悟,不断学习,内心才能得以解放。内心只有在发生冲突时,才会引发怀疑,有了怀疑,才会去求证。这时如果再有一个真正的朋友,能够与我们进行心灵间的沟通,对我们思想和信仰的转变会更有助益。这种转变不是直线运动的,而是曲折往复的,我们的信仰经常受到现实情况的影响而变得左右摇摆,只有通过时间的考验,才有可能找到"永恒的律法"。我们也只有在时间的长河中,在无数次舍与得之中,逃避、犹豫、害怕、抵制、坚持、克服、转变,最终实现一种身心的和谐。在身心关系中,心要高于身,为身指明发展的方向。身是心的载体,为心的发展提供动力,彼此影响,相互作用,相互发展,在我们理性的控制下,不断地靠近真理。在整个过程中,自制的作用无疑是十分重要的。在奥古斯丁看来,只有心灵的律法才能抑制我们的欲望,而且自制是一粒种子,通过不断的培养会茁壮成长,成为最强大的律法。

3. 格劳秀斯

稍晚于奥古斯丁的格劳秀斯同样认为上帝的意志是一种法律。一切事物正义与否都取决于上帝,既存事物之所以是正义的,是因为神决定了它是正义的,由此可以看出格劳秀斯也具有非常强烈的神学观念。格劳秀斯对战争发动权的理解很多是通过神学思想而展开的,在格劳秀斯看来,依神的旨意而发动的战争具有合法性是毋庸置疑的,发动一场善意的战争是完全正当的。上帝赋予了每个人生存的条件,当这些生存条件受到限制或侵犯时,可以通过发动战争来获得,虽然战争会使用暴力,但恢复生存的平等却符合上帝的意志,上帝要求我们首先要自爱,其次才能他爱。当个人的生存受到威胁时是可以实施恶的,这才是更高原则。在这点上格劳秀斯与奥古斯丁有相似之处,奥古斯丁在其《上帝之城》中区分了人类之城和上帝之城。上帝之城中才有可能存在千年和平,而人类之城却需要战争与法才能获得和平与秩序。在奥古斯丁看来,战争是人类社会无法回避的,战争与和平之间本身就具有内在的联系。

格劳秀斯中年之后,更重视对自然法的关注,甚至将自然法与神意相提并论,对作恶的人施加惩罚的法律原则对于格劳秀斯来说就源于自然法。我们每个人都掌握惩罚权,因此当个人的权利受到侵犯,而国家的司法手段又不到位的时候,我们可以发动私战,对自我权利进行救赎。个人如此,国家也如此,由于没有超国家组织的存在,国际法有时也不能及时地解决国家间的争端,这时持有正义的国家可以通过发动公战去保证自己免遭侵害。在格劳秀斯看来,公战和私战,由什么主体发动战争是十分关键的,私战只能由个人发动,而公战却只能以国家的名义来发动,否则战争的正义性就得不到保证。除此之外,战争的正义性的体现还以是否具备司法救济缺失为前提条件,只有在穷尽了司法途径,即无法通过司法手段得到救济时,才可以发动战争。在格劳秀斯看来,正义战争如同正当防卫,当侵害已经发生,却无法借助司法途径来保证自身权利时,方可发动战争,具有合法性的战争是一种补偿正义,即对恶必究、善必偿原则的贯彻执行。

4. 卢梭

卢梭关于战争与和平的思考是在"自然状态"这一概念的基础上展开的。卢梭对"自然状态"的理解明显区别于霍布斯与洛克。霍布斯的"自然状态"是一种"所有人反对所有人"的状态。在这一状态下,是不存在善的概念的,每一个人都在寻求自我保护,每一个人的自我保护也是每一个人的权利,每一个人在能力和欲望上相差无几,在缺乏最高权力制约的情况下,人类将凶猛、好斗的天性发挥到了极致。战争的源头在霍布斯看来理所当然地源于这种充满竞争、猜疑和荣誉的"自然状态"。卢梭却认为"自然状态"下的自然人的欲望远远不像霍布斯所想象得那么严重，作为自然人，欲望是十分有限的，都是最基本的生存需要，最为惨烈的争夺也局限于对食物的争夺。因此，对于这些争夺而造成的流血事件是非常偶发的，当最基本的需要得到满足之后，世界将变得无争。在卢梭的观点中，反而是在社会状态下，人的欲望异常强烈，除了基本需求之外，还要追求更多的东西，因此争夺的惨烈和危害性也要比"自然状态"下更为严重。

对于霍布斯所提出的在自然状态下人与人之间会产生猜疑，卢梭同样表示不赞同。卢梭认为在自然状态下，自然人只会关心眼前需要，而且自然人由于没有比较，也就不会产生所谓的自尊和荣誉，更不会为此进行报复。另外，卢梭认为人天生是具有怜悯之心的，是自爱心的延伸。自爱心和怜悯心在卢梭看来，是人性中两个最为基本的原则。自爱对于卢梭来说并非是一种负面情绪，并没有善恶的概念。人的天性就是要照顾好自己，保证自己的自由和生存。自爱心还会产生怜悯心，能否设身处地地感受他人的痛苦。这两种情绪同时存在，互相协调，自爱心使每个人能自我保护，怜悯心却让人类可以互相帮助，正是二者共同起作用才保证了人类的延续和发展，而怜悯心也是正义的源头，而社会状态却抑制了怜悯心，需要法律来代替怜悯来发挥相应的功能。因此，对于卢梭来说，战争状态并非产生于"自然状态"，而是由于私有财产观念的形成。私有财产的观念通过一代一代地传递，逐渐积累下来，最终使"自然状态"走向尽头，自然人进入社会状态，生活方式越来越相似，交往越来越密切，但天然的情感却被蒙蔽，变成了凶暴残忍的人。疯狂的贪欲使社会陷入战争状态，私有财产使人与人之间的关系越来越呈现竞争和对抗，成为一切暴力冲突和战争的源头。

卢梭同时也指出，任何善良的人是不会对残酷的战争无动于衷的。各国民众都希望找到和平生存之道，这需要从人入手，改造人的方法就是教育。每个国家都由一个个公民组成，所有公民的善恶倾向自然决定了一个国家和社会的好坏，因此要通过教育培养公民的美德。美德是维护和平最为重要的力量，除此之外，尚武精神与爱国主义也是一个国家不受侵略的屏障。卢梭认为，美德源于人类天生的情感，只能求助于内心的感性，也就是人性中的自爱心和怜悯心要得以保存。这一方面需要通过教育和传统习俗的潜移默化，另一方面还要依靠制度与法律的支撑。而卢梭的尚武精神是一种维护自由、抵制侵略的气概，这对一个国家的生死存亡至关重要，如果丧失了尚武精神，就会遭受奴役，而奴役与和平是截然不同的，奴役是一种虚假的和平，是一种极大的不平等，而真正的和平却只会出现在有能力保护自己，同时又珍视其他国家的国家之间。因此，卢梭特别重视国与国之间力量的平衡，均势会造就和平。在卢梭看来，尚武精神的培养首先要有强健的体魄，只有身体的成长与智力的成长同步进行，才能享有自由。因此，对于孩子的教育，卢梭特别强调身体与思想的共同锻炼。一个国家想要不受侵略，仅对民众进行尚武精神的培养是不够的，还需要有向心力，即对祖国的热爱。要想使民众成为爱国者，就需要进行浸润式的教育，通过潜移默化的教育巩固民众对国家的从属感，增强国家的影响力和凝聚力。人性中自爱心与怜悯心的保存使每个国家可以进行自我约束，不去主动侵略其他国家，而尚武精神保证一个国家不至于被奴役、遭受不平等，而爱国主义却保证一个国家的团结统一，这三者对于和平的维护发挥着重要而积极的作用。

5. 罗尔斯

罗尔斯认为，只有自卫、保障人权和维护集体安全是发动战争的合法原因，因此罗尔斯观点中的正义战争往往是在受侵略之后才能发动的，国家只有在意图正当的前提下才能发动战争。罗尔斯特别区分了理由正当和意图正当，正当的意图等于正当的理由加上适当的道德动机。合法的权威也是十分关键的，正义战争需要具有权威的组织根据所应遵循的程序公开宣战方可进行。除此之外，战争应是最后诉诸的手段，只有在一切可行的和平手段都尝试无果之后才可进行。正义战争除了在开战这一环节满足各项条件之外，在整个战争过程中也需要采纳合理合法的正义行为，对于罗尔斯来说，由于战争的破坏性，因此战争的权利应该受到严格的限制。在战争过程中，对人民生命财产安全产生过分伤害的手段是不能够被采用的。除了战争所使用的武器要受到严格的限制之外，使用武力的对象也应特别注意，应该严格区分平民与士兵，应该赋予平民最高规格的豁免权。在罗尔斯看来，正义战争的正义性还体现在应该对受侵略国家进行补偿或对战败国家进行经济重建帮助等战后行为之中，因为正义战争的目的在于和平，只有在战后，帮助那些战败国尽快融入战后世界的和平发展，并赋予作战双方足够的自由、平等，保障各国人权，正义战争才是为实现和平的战争。

6. 罗素

伯特兰·罗素是英国著名的思想家，长期支持和平运动，他的和平思想十分丰富，对整个西方的和平研究都产生了重要影响。罗素和平主义思想的根本原则就是人类和世界要和谐相处，并在此基础上实现自由和发展。经历了两次世界大战的罗素，充分感受到人类所遭遇的苦难和世界文明所遭遇的毁坏，因此提出在任何情况下，生存、自由和发展是人类所应遵循的最高法则。想要实现这些原则，一方面是没有战争，另一方面要促成公正客观的认识观，而所谓的公正客观在罗素看来就是要不受偏见的影响，中立地去思考和理解问题。在罗素看来，战争是一种绝对的邪恶，无所谓侵略战争或是反侵略战争，殖民战争或是反殖民战争。对于罗素来说，没有比人类生命更为重要的东西，无论是意识形态的差别还是信仰的不同，都不能成为发动战争的借口。

二战后，由于核武器的出现，新的战争阴影又一次笼罩在人类的头顶上，同时罗素也认识到世界的和平需要全世界所有国家的共同努力才有可能实现，之后就有了《罗素–爱因斯坦宣言》，宣言中罗素主张要抛开意识形态的偏见,尽可能地保持客观、中立的姿态号召整个人类要将人类自身的生存作为首要目标去完成。罗素参与的多种和平运动中,非暴力原则成为贯彻始终的基本原则。罗素认为,单从破坏性来说,所有的战争都是应该避免的,因此强调非暴力方式解决矛盾是非常重要的。对于整个世界来说,寻找更多创造性的方式,比如发表演讲、组织会议、静坐等,都比借助战争要好得多。战争会激发人类的恶,会对人类和人类文明带来巨大的痛苦和破坏。

罗素主张以非暴力手段取得和平,以尽量避免给人类带来更大的伤害。想要避免战争,一方面要抵制专制政府利用权威蒙骗大众,另一方面也要防范民众的狂热和人性的冲动,对于人性中的冲动,罗素认为虽是不可避免的,但可以将其引向追求善良和创造的冲动。而和平主义者的一个任务就是要防止趋向战争的冲突,通过教育、舆论、社会结构的改革控制人性冲动的发泄点。如果想要引导人性冲动去向创造和善的方面,首先要做的就是去除偏见。罗素认为,偏见和冲动之间存在着某种紧密的联系,因此就需要一种"世界主义"的教育,就是不要片面夸大自己民族和国家的优越性,而更应该培养学生的求实能力和独立思考的精神。让每个社会成员能够尽量地就职于能够发挥自己创造性的职业,改变每个成员的思维方式,构建一系列积极的生活方式,才有可能达到永久的和平。对于整个世界也是一样的,需要通过这类方式进行引导,各个国家内部具有共同理想的人进行合作,充分协商,产生外溢作用,实现世界范围内的和平。

罗素从一战时期就开始构想建立类似世界政府之类的组织。罗素认为,世界政府可以垄断世界的武装力量,可以对违法的国家进行管制,在世界范围内保证国家间的公正和安全。在教育方面,世界政府可以对教育内容和理念进行控制,可以避免各国由于宗教、民族和意识形态等方面的不同,造成教育上的不当。另外,世界政府还可以最大可能地将各国民众的利益进行协调,满足其基本需要,以保证和平的实现。在建立世界政府的过程中,罗素认为存在"渐进式"和"强迫式"两种。"渐进式"在于思想的传播,即在一个较长的时间里,在世界范围内,对各国民众进行教育,破除自己国家和民族要优于其他民族和国家的偏见,形成"人类一家"的理念,这也是罗素比较偏爱的一种方法;而"强迫式"更多的是鉴于二战后核武器给人类带来的巨大灾难,鉴于美苏手中都有核武器,罗素建议应该由美苏建立一个世界政府。

7. 康德

另一位将"永久和平"作为人类最终福祉的思想大师康德对整个西方后世的和平思想也起到了重要的作用。面对欧洲各国间战火不断,民不聊生的状况,康德希望能够提高社会道德水平,制定严格有效的制度,实现永久和平,把人类从战争不断的阴影中解放出来,《永久和平论》就是在这样的背景下写出来的。在康德看来,国家与人一样是有人格的,因此每一个国家都是独立的,如果想要构建和谐的国与国之间的关系,就必须以国家独立为基础,即一个国家独立地决定自己国家的制度、法律和秩序,每一个国家的公民都能够主宰自己的命运。一个国家如果不独立,不具有完全意义的主权,自己的意愿就得不到发展,就不可能获得永久和平。因此,康德是反暴力的,甚至是反霸权主义的。为了能够实现国家间的永久和平,就需要建立基本的国家间共识,即任何一个国家都不能使用武力干涉他国内部事务,否则一旦有国家干涉他国内政,那么被干涉的国家必定产生不满和愤恨,从而引发国与国之间的纷争和紧张,也就更没有和平可言。

在康德看来。这种互不侵犯的国家关系需要靠一种普遍的法制状态维持,而这种普遍的法制状态需要建立一个自由国家的联邦。康德所谓的"自由国家联邦"主要指欧洲的联合。在康德看来,欧洲的联合与世界的和平之间有着紧密的联系,欧洲一旦联合,就会为整个世界提供一个中心,世界其他地域的国家都会纷纷来加入,这个联邦的规模会越来越大,最终实现一个世界大同的终极目标。一旦有了这个联盟,世界各国就可以依靠联合的力量保证自己的安全和权利。在设定这一联盟规范时,康德特别指出这个联盟的组成成员的政治体制应该是共和制,所谓的共和制是要在"自由""所有人对于立法的依赖""平等"三原则基础上建立起来的,也是康德认定的最为基本的条件。在这个联盟中,政治与道德是一致的,政治发展中需要以道德的标准来规范社会行为,使社会行为合法性与道德性相互融合,在道德的义务性之上制定各项法律。久而久之,源于强权的暴力行为将会减少,在联盟之内,各个成员都将遵守法律,遵守法律同时是符合社会道德标准的,这样联盟内的各种行为都会具有更高的信用值,各个成员之间的信任度也会升高,之间的诉讼纠纷会不断减少,最终实现永久和平。

永久和平是人类的最终目的,也是历史发展的必然趋势,而要实现永久和平,并不能靠弱肉强食,只能通过各国在自由平等的基础上携手共建。在联盟内,在道德的基础上,制定需要服从的各项法律,各项法律一经制定,特别是调节战争与和平的国际法规范不容改变,持续不断地制约民众的行为,最终实现永久和平。在康德看来,永久和平并不是一种乌托邦,而是可以付诸行动的可行之路。康德将永久和平寄托于人类的普遍理性。在康德看来,在一个共和体制下的共同联盟中,人类的普遍理性以及所签订的契约是具有重要作用的。通过不断地对人类理性的调整,从而确定民众的努力方向,使永久和平深化于人类的内心,成为衡量人类幸福与否的标准,在这样的状态下,人类就可以不断地趋近于永久和平。

(二)东方和平思想探源

1. 中国和平思想探源

"和"是中国传统文化的精髓。它所表达的和谐、亲和,既是一种价值观,又是一种方法论;既是手段,又是目的。春秋战国时期可谓我国"和"文化发源的时代,当时正是中国由奴隶社会向封建社会过渡的时期,整个社会都处于变动之中,社会生产力有了较大的发展,生产力的发展必然引起社会政治格局和制度的变革。无论是管仲的"相地而衰征"、鲁国的"初税亩",还是商鞅的"废井田、开阡陌"等一系列的改革措施都使阶级斗争异常尖锐,争霸战争频繁,连年征战,民众痛苦不堪,百姓对和平充满了深切渴望,由此各学派纷纷著书立说,促进了"和"文化的形成与发展。中国"和"文化与中国古代的农耕文化有十分紧密的联系,生活在黄河流域的人们需要和谐一致方能抵御自然灾害,原始同心协力的观念成为后来中国"和"文化的思想渊源。进入奴隶社会时期,特别是西周时期德治实践,也成为"和"文化的历史前提。

（1）儒家和平思想

儒家作为中国传统文化中影响深远的一支,将思考如何达成社会和谐与稳定为己任,因此"和"也自然成为儒家思想的核心。儒家的创立者孔子努力捍卫周公以来重视伦理道德的传统文化,并在此基础上发展和完善。孔子提出"和为贵",孟子更是将其发展为"天时不如地利,地利不如人和","和"在儒家学说中表现为和谐与协调,成为处理人与人、人与社会、人与自然,甚至国与国之间的行为准则,同时也是所要追求的目标状态。"和"在孔子看来是多层次的,"听讼,吾犹人也。必也,使无讼乎！"[1]"无讼"是指人与人之间紧张状态的缓和,是孔子对"和"最基本的设定,而"和则一,一则多力,多力则强,强则胜物"则是强调社会成员之间充满信任和理解,在情感上相互依赖和影响,善于沟通,同心同德,相互协作,这是"和"的最高境界。要想达成这种"和",从个人方面要讲义,所谓"君子喻于义,小人喻于利"[2]。每个人都要遵守诺言、言行一致,即使在涉及利益纠纷的时候也要坚持原则,互信互谅地处理人际关系。对于一个国家来讲,要推行仁政,恤民惠民,天下为公,方

---

[1] 《论语译注》,杨柏峻译注,中华书局,2017年,第144页。

[2] 同上,第42页。

能实现和谐社会。由此也可以看出,儒家在国家治理方面,充满了民本思想。"因民之利而利之"①,在儒家思想中,人是世间最为宝贵的,每个人都有存在的价值,因此君主想要实现天下太平,首先就要爱民重民,以民为本。儒家认为"民为重,社稷次之,君为轻"②,民众的利益是国家存在的基石,一个国君只有关心民众的疾苦,让民众安居乐业,才有可能达成"和"的状态。

在儒家看来,"和"并非一蹴而就,是需要修行的,也就是要"修己安人"。孔子特别重视仁德,认为每一个人都要有一种强烈的道德自觉性,随时随地进行内在的德性修养,个人如此,君主更是如此。在孔子看来,"修己"是一个绝对内向型的行为,无关外在,关键在于能否坚守自己的内心。一个人的能力可能大小不一,但每个人只要愿意,都能够修养仁德。而"安人"则是"修己"的目的,通过不断的"修己",个人的道德水平将不断提高,会越来越清晰地感受到自己的社会责任,其主体意识也越来越得以觉醒,这样的个人在社会交往过程中,则更能够表现出对人的尊重、真诚和关心,也就更能够建立起和谐的人际关系,对社会秩序的稳定发挥重要作用。

儒家的"和"主要包括"和而不同""中庸之道"以及"天人合一"三大主要组成部分。关于和同之辩,"和"与"同"是两个不同的概念。"和"是差异性与多样性的统一,而"同"则是排斥差异的。这一思想最早产生于西周末年的史伯。面对当时社会秩序混乱的局面,史伯提出"夫和实生物,同则不继。以他平他谓之和,故能丰长而物归之。若以同裨同,乃尽弃矣"③。在这里,"和"与"同"放在一起进行比较,而作者对"和"的认知无疑更为肯定。春秋末年,晏婴提出"和如羹焉"。羹之所以美味,是由于它是由不同的食材和调料共同组成,这些食材与调料在烹饪过程中,差异互补,方可成就羹之美味。而后,孔

---

① 《论语译注》,杨柏峻译注,中华书局,2017年,第236页。
② 《孟子译注》,杨柏峻译注,中华书局,2011年,第258页。
③ 《国语》,尚学峰译注,中华书局,2007年,第285页。

子将"和而不同"运用到了伦理领域，将其作为君子与小人之间的重要区别。"君子和而不同，小人同而不和。""和"之所以存在，"不同"是前提，如果过分强调"同"，反而会使事物偏离正常的发展轨道。

任何事物都不能独自生活，需要与其他的事物相互依赖、相互促进。存在差异性并不可怕，在事物的发展过程中，矛盾与冲突是不可回避的，只有在矛盾与冲突中实现并存之道，才是一种"和"的状态的达成，而非一方对另一方的简单否定和摧毁。"中庸之道"是儒家思想中最为基本的思维方式和行为方式，其核心思想就是处理凡事凡物都要掌握度，不能采取极端的方式解决问题，而应该准确把握矛盾所在，照顾各方的利益，采取折中的方法来实现各方的共赢。但中庸却并非消极被动地妥协让步，而是积极向上地去寻找更适当的角度实现更高的目标，更合理更有效地化解矛盾，以达成一种和谐。"天人合一"的"和"思想是在处理人与自然之间关系的体现。最早是一种带有神秘色彩的"天人感应"，天是无所不能的，能够控制万事万物，人类是不能违背天意的。后来由荀子取其精华，将天人相分离，不管是大自然还是人类社会都有各自的运行规律，互相分离，不得相互干扰。到了后期，人天相分又进一步发展成天人合德。人道源于天道，人的行为准则应遵从天意，天道可以作为人道的衡量标准。人与自然相互发展、相互影响，人类社会需要尊重自然规律，与大自然和谐共处。

（2）道家和平思想

道家的和谐思想是中国古代思想不可或缺的组成部分。老子作为道家的创始人，其经典著作《道德经》成为道家思想的奠基之作。老子最核心的概念是"道"。"道"有很多重含义：一是宇宙万物的本源，二是万事万物发展变化的规律所在，三是社会生活中应该遵循的行为准则。老子的"道"中充满了

"和"元素。"人法地,地法天,天法道,道法自然。"①世间万物都将"道"作为根基,因此他们之间是一种共生的和谐关系。老子强调"无为","为无为,则无不治"。②所谓"无为",就是要强调尽量避免人为的干涉,顺应自然发展的规律,社会得以效法自然法,便可得到很好的治理。

而庄子则很好地继承和发展了老子的学说,同样将"道"作为万事万物产生的根源,"道"是一种无限性的客观存在。由于万物皆由"道"而生,因此万事万物在庄子看来都是完全平等的。"以道观之,物无贵贱。"③世间的任何一种事物都有权利保持自己原有的天性,每一种事物都应有自己的自由意志。在道家看来,世间的差异性理应受到尊重,这也是人与人、人与自然实现和谐相处的基本前提。在处理人与人之间矛盾方面,所谓"君子之交淡如水"④,即要达到一种"无我"的境界。

道家对个人精神的自由特别重视,现实生活中的人应该不断地进行心灵的修养,抵制外在的诱惑。"若夫乘天地之正,而御六气之辩,以游无穷者,彼且恶乎待哉。"⑤人类只有超越一切束缚方能实现心灵上的和谐。道家同样讲究"天人合一",但道家相较于儒家更看重人的自然性,认为人生来就是自然的一部分,因此主张返璞归真,人类的各种行为只要顺应自然的发展规律即可,如果人为地进行干扰,反而会产生痛苦,滋生罪恶。"天地与我并生,而万物与我为一。"人类应该与自然实现一种和谐共处,要遵守自然规律,而不应该过度利用自然资源,这也是道家"无为"的思想根源。

道家的"无为"体现在治国理念上是"圣人之道,为而不争"。道家认为国家的治理需要处理各式各样的矛盾与冲突,因此需要特别谨慎。作为一国之

---

① 《老子道德经注》,王弼译注,中华书局,2011年,第65页。
② 同上,第9页。
③④ 王博:《庄子哲学》,北京大学出版社,2004年,第42页。
⑤ 王博:《无奈与逍遥:庄子的心灵世界》,华夏出版社,2007年,第35页。

君,应该具有很高的道德标准,要仁慈,只有仁慈才能想百姓所想;要节俭,只有节俭才能减轻民众的负担,实现国泰民安;要谦和,只有谦和,才能受民众的爱戴,维系与民众之间的和谐关系;要诚信,只有诚信,才能得到民众的信服,少了猜疑与不信任,才能构建和谐融洽的关系。

道家的"无为"当然也体现在为人处世上,道家特别重视有一个洁净的内心,方能经受得住欲望的考验,对于欲望,道家的观点并非完全的压抑,而是一定要适度,将欲望控制在合理的范围,"罪莫大于多私,祸莫大于不知足,咎莫大于欲得"①。贪婪往往会造成许多祸患,因此每一个人都应自律、知足、谦虚、低调,同时敢于担当。

(3)佛教和平思想

道家融合了很多佛教的内容,强调缘是万事万物生成、变化的条件。宇宙人生的变化与发展都更依托缘,大千世界皆因缘而生。同时还讲究"中道圆融"。中道是一种最高境界,是一种不苦不乐的中间道路,这条中间道路可以帮助人们保持自己的立场和特点,同时又保证他们之间不产生冲突与矛盾。在释家看来,众生平等,众生皆因缘而生,没有尊卑贵贱,都拥有平等的权利。

(4)对战争的思考

在"和"文化形成的同时,关于战争的思考也成为中国和平思想的重要组成部分。对于战争的思考,儒家孔、孟、荀基本上对战争持反对态度。孔子认为,战争与自己所主张的"仁"是相违背的,战争是对以仁德服天下的社会秩序的破坏。"子贡问政。子曰:足食、足兵、民信之矣。子贡曰:必不得已而去,于斯三者何先? 曰:去兵。"②孔子毫不犹豫地将兵首先去之,足以看出孔

---

① 《老子道德经注》,王弼译注,中华书局,2011 年,第 129 页。
② 《论语译注》,杨柏峻译注,中华书局,2017 年,第 141 页。

子对战争的厌恶。"争地以战,杀人盈野;争城以战,杀人盈城。"①要想解决冲突,儒家认为比战争有效的方法有很多,最好的方法当属推行仁政。对于孔子来说,仁政的力量是无穷大的,具有强大的感召力,完全可以替代战争所起到的作用。在孔子看来,虽然战争应该是慎之又慎之事,但在当时的社会条件下,又不得不接受战争的客观存在。对于诸侯间的争霸战争,孔子都将其归为非正义战争,而且孔子认为大部分的战争都是非正义的,而正义的战争关键在于是否合乎礼,以礼作为使用战争手段的最主要依据。

与孔子的反战立场相似的还有墨家。墨家将"非攻"作为自己理论的核心。墨子认为,战争从远古就不曾间断过,但和平却没有到来,由此可以推断,战争是不能解救人类于水火的,也并非通向和平安定之道。在墨子看来,在战争中无辜人民饱受灾难是一种大不义。战争会影响国家和民众的正常生活,一方面战争发起国不可能百分之百保证战争的胜利,也不能准确估量战争所带来的危害会有多大。只有在特殊的情况下,少数国家才可能从战争中获利,绝大部分的情况都是好战之国得不偿失。另一方面,战争会消耗大量的物力和劳动力,即使获得战争的胜利,得到了土地,也没有足够的劳动力去耕种,因此墨家是极力反对战争的。墨家主张兼爱,爱无等差,而战争的根源在于不相爱,如果人类只爱自己、自己的家庭和国家,而不爱他人,这种损人利己的私心必定会造成社会的动乱。在具体社会实践中,为应对大国所发动的各种侵略战争,墨家提倡应该扶植弱国,抵制强国。因此,墨家特别注重研究防御、守备等战术技巧,同时又为和平奔走救世。但墨家同样将战争进行分类,一种是"攻",一种是"诛"。"攻"是非正义的,需要坚决反对;而"诛"则是正义的战争。

信仰"无为而治"的道家同样对战争持反对的立场,对危害巨大的战争

① 《孟子译注》,杨柏峻译注,中华书局,2017年,第132页。

深恶痛绝,"师之所处,荆棘生焉;大军之后,必有凶年"①。庄子更是旗帜鲜明地反对一切战争,认为战争这种"有为"极大地违背了人的自然本性。

还有一部分的思想家认为,战争是与"利"紧密相连的,或为经济利益,或为政治利益。特别是进入春秋战国时期,对"利"的追求也更为直截了当,当时也就有了很多学说将"利"作为其思想的一个重要组成部分。孙子便是其中比较典型的代表。孙子首先肯定"利"在战争中发挥了重要的作用,"兵,利也,非好也"。战争就是为了谋求利益最大化的,因此在孙子看来,战争从根本上看是一种功利行为,需要在发动战争之时进行利益得失的衡量,"合于利而动,不合于利而止"②。是否发动战争的选择标准,就是要求这场即将发动的战争一定要符合国家和人民大众的利益。除此之外,在战争的整个过程,都要注意时时刻刻对"利"进行关注,尽量减轻民众的负担,以达到"胜敌而益强"的目的。由于战争的耗费非常巨大,所以需要将战争所带来的危害转嫁于地方,可以用粮于敌,也可以以战养战,从敌人手中夺取装备来充实自己。由此可以看出,孙子是一位现实主义者,"军争为利,军争为危"③。

孙子认为,一方面发动战争是可以获利的,同时也清楚地认识到战争或造成劳民伤财。战争是一个利与害相互依存的事物,因此战争想要大获全胜首先需要知道如何避害。不能仅仅将"不败"作为发动一场战争的价值追求,而是要将"求胜"作为目标,由此可以看出孙子对战争的态度也是非常谨慎的,万万不可盲目发动战争,"明君慎之,良将警之"。想要发动战争是需要符合多方面条件的,一是需要判断准备发动的战争是不是真的符合国家根本利益,也就是一定是要有"利"的,而非一时冲动所为;二是要审视能否在战争中有效实现合理避害,即要通过衡量预测战争有无必胜的把握;最后还要

---

① 《老子道德经注》,王弼译注,中华书局,2011年,第20页。
② 《孙子兵法译注》,陈曦译注,中华书局,2011年,第144页。
③ 同上,第73页。

反复确认战争是否是解决问题的唯一方法。孙子特别重视备战的重要性,因为战争是双方的,当敌方主动发动战争时,只有通过平时的备战,才有可能立于不败之地,要依靠自己时时刻刻的警惕、雄厚的武装力量,使敌人"不可攻"。"利"在孙子看来,不仅是是否发动战争的衡量准则,也是可以制敌的手段。由于敌人发动战争也是趋利的,因此可以巧妙地运用敌人的求利心理,有效地调动敌人,实现战争的胜利。

孙子对战争的理解,明显区分于儒家"何必曰利"的观点,在其思想中充满了对战争理性的思考。"兵者,国之大事也。死生之地,存亡之道,不可不察也。"①在对战争进行研究的过程中,孙子尝试寻求战争规律,并用这些规律去指导战争。孙子认为"知己知彼"是获得战争胜利的前提,即要尽可能全面地掌握各方面的实际情况,认识越充分,战争胜利的概率也就越大。孙子不仅强调"知",还特别强调"先知"。战机稍纵即逝,需要在军事行动之前,掌握敌我情况,预测战争发展趋势,"故明君贤将,所以动而胜人,成功出于众者,先知也"②。先知不仅只限于战争时期,在和平时期同样也要谋划在先,在未发生战争的时候,就应该提行谋划,尽可能全面地掌握各方政治、经济、军事等方面信息,以备出其不意的战争发生。在掌握各方资料时,一定要减少主观偏好的影响,尽可能做到全面客观,不仅要知晓有利的方面,还要掌握有害的方面,"不尽知用兵之害者,则不能尽知用兵之利也"③。

而法家却持相反的观点与立场,注重实用。在军事领域,提出了"以战去战"的主战的观点。法家认为,生于乱世,战争在所难免,商鞅甚至认为战争是一种义事。战争具有很多功效,可以免受他国欺压,实现安定、富强,主张通过战争实现利益的最大化。法家可以说是将功利原则推向了极端。"民之

---

① 《孙子兵法译注》,陈曦译注,中华书局,2011 年,第 3 页。
② 同上,第 144 页。
③ 同上,第 12 页。

生,度而取长,称而取重,权而索利。"①商鞅认为"人性好利",每个人都是趋利的,即使是那些隐士隐居深山也毫无例外,只不过是为自己博取名利的手段和方法。不同阶层的人对利的认知是不一样的,君主有君主的利,大臣有大臣的利,普通民众有普通民众的利,这些不同的利之间会产生冲突,如何去协调这些不同的利所产生的冲突,商鞅认为是"耕战"。"耕战"能够发挥如此重要的作用,主要源于两方面:一是耕,二是战。"耕"即农耕,一方面,由于农耕可以为战争提供最基本的物资与经济支持,因此被商鞅看作富国之本;另一方面,商鞅认为民众如果专注于农耕,容易养成吃苦耐劳的品格,这种品格会有利于民众效死战场。而"战",民众可以借此获取官爵,官爵就意味着财富、荣誉,国君可以借此成为霸主,实现国富兵强。商鞅认为可以充分利用战争所产生的激励作用利诱民众投入战争,使上至君主、下至民众都会心向往之,久而久之,"好战"就会成为一种社会风尚,也就不愁战之不胜。

但法家极端功利的战争观到了战国中后期,在一定程度上融入了许多儒家伦理的观念。"禁暴救乱曰义,恃众以伐曰强,因怒兴师曰刚,弃礼贪利曰暴,国乱人废,举事动众曰逆。"②法家吴起的战争观就充满了浓厚的儒家伦理色彩。吴起否定了强、刚、暴、逆,单单只肯定了义,认为发动战争需要以民为本,遂民所愿,解民之忧。同时吴起也认识到政治所发挥的巨大作用,强大的军事力量固然重要,但昌明的政治生态对一个国家的安定团结也是特别重要,两方面要素缺一不可。"将者不可以无德,无德则无力,无力则三军之利不得。故德者,兵之手也。"③德在战争中所发挥的作用被凸显出来,而前期持坚定反战立场的道家也发展出黄老学派,吸纳了许多儒家的仁德思想,将战争一分为二,承认了战争有正义、非正义之分,虽反对穷兵黩武,却支持

---

① 《商君书》,石磊译注,中华书局,2009 年,第 68 页。
② 李天道:《吴子的决胜智慧》,花城出版社,2003 年,第 27 页。
③ 《孙膑兵法》,曹冈译注,内蒙古人民出版社,2005 年,第 310 页。

正义战争。"兵之胜败皆在于政",黄老学派也同样认识到"政"的重要性,行仁义、施恩惠,上下一心,群臣同力,才是王道,其功效要远远大于征战。

与此同时,儒道等家也开始承认战争的价值。"彼兵者所以禁暴除害也,非争夺也。"①荀子认为战争对禁暴除害来说是非常有价值的,但荀子同时提出"凡用兵攻战之本,在乎一民"。"一民"即强调军民一心,而要做到这一点,关键在于爱民。这里的爱民在荀子看来,是超越国界的。不仅要对我方之民行仁义,也要对敌国之民施恩惠,久而久之,利民之德会感化敌国的民众。先秦最后一部著作《吕氏春秋》,充分体现了各方观点的融合。《吕氏春秋》认为,战争在人类历史中发挥了重要的作用,国家的产生、国家的安宁都与战争有着密切的联系,但同时《吕氏春秋》也将战争分为"君子之用兵"与"野人之用兵"即"义兵"与"不义之兵"。《吕氏春秋》认为,义兵是对无道之人的攻伐,必须以拯救民生为目的,并应在战争中坚守人道的原则,而符合这些要求的义战是可以为民众带来福祉的,不应制止,而应该支持,是"活人"之"良药"。但《吕氏春秋》虽推荐"义兵",但认为只有"义兵"又是远远不够的,还需要有强大的军事力量做辅助。

2. 日本和平思想探源

日本和平思想受中国传统和平观影响很大,很多中国传统和平思想在日本和平思想中都有所体现和继承。但同时随着近代西方思想的传入,日本和平思想中又融入了许多人本主义、自由民权等西方和平思想,从而形成了相对独立的日本和平思想。

(1)横井小楠

横井小楠出生在19世纪初幕府时期的一个低级武士家庭,生活拮据,但自幼聪颖过人,年仅8岁便进入熊本藩时习馆开始了自己的求学之路。时

---

① 《荀子简注》,章诗同译注,上海人民出版社,1974年,第148页。

习馆主要以四书五经等中国儒家经典为授课内容。横井小楠入校后勤勉好学，成绩斐然，经过时习馆的学习，横井小楠受到了朱子学的影响，同时萌生了对现实批判性的观点，充满了改革现状的抱负，经常对当时的藩政、藩情进行分析，指出各种问题，流露出经国之志。之后，横井小楠升任藩校时习馆的掌权者，在进行藩校改革的过程中，横井小楠的实学思想初步体现。但很快，横井小楠的改革引起了藩政保守势力的不满，三十一岁的横井小楠开始了他的江户之旅。在这期间，横井小楠接触到了水户学，对水户学"尊王攘夷"的理论极为推崇。重归家乡的横井小楠，主张学以致用，仿效中国上古的"三代之道"，治国安民，救百姓于水火之中。

横江小楠认为，儒家学派的本质在于"经世救民""修己治人"，但后来却偏离了轨道，认为朱子学只强调"理"，却脱离现实，于民无益，而应该"受天帝之命，获天工心得，格物于山川、草木、鸟兽、货币，以尽其用，开地经野行厚生利用之事"①。三十五岁的横井小楠设立私塾，吸引了大量的弟子，在私塾中，虽然众弟子身份各异，却受到了平等的礼遇。横井小楠在教授的过程中，主张不要过分地把精力放在经典词句的解读上，而应该"学之义如何"，重视自己内心的修行，要用心去体会生活中的各种道理。在开办私塾不久，横井小楠针对当时熊本藩存在的问题，将自己的意见写入文章。在《时务策》中，横井小楠揭示当时下级武士与农民生活异常贫困的社会现实，建议藩主和上级武士不应该再对民众进行压榨，而应该行"节俭之政"，以缓解社会下层民众所承受的压力，不应再私通特权商人，废止专卖制度，帮助民众回归藩内务农，发展生产。在横井小楠看来，执政于民是至关重要的。

进入幕末时期，日本传统的藩政割据已经严重制约了日本全国范围内商品经济的发展，"只图一郡一国各自之便利，不行正大之融通，财货不得自

---

① 李含：《近代日本和平思想的轨迹》，中国社会科学院研究生院 2010 年博士论文。

由出入,故而各国物产均冻滞及于陈腐矣"①。横井小楠认为,应该将日本作为一个整体进行改革,实际上是对德川幕藩体制的改革。在横井小楠提出的改革措施中,主张建立以天皇为中心的统一国家,天皇应该具备儒家思想对君主的要求,即要拥有德行。同时,国家应该构建分权制度。

随着对西方认识的加深,横井小楠也由原来的锁国攘夷转变为开国攘夷。如何将"开国"与"攘夷"二者进行有机的结合,横井小楠首先将日本定位于能够"体得天地之心,尤重仁义"的君子国。在这一点上,朱子学对横井小楠的影响还是比较明显的。"仁义"是朱子学判断事物的哲学基础,横江小楠将世界各国分成"有道"和"无道"两类,对于那些不违背"天地之心"的"有道之国",日本应该乐于与其进行交往;对于那些"无道之国",应该以道说服之,"凡天地之间有道理,以道理说教,即便夷狄禽兽也不得不从"②。虽然横井小楠一针见血地指出锁国的弊端要大于开国,但他想要实现的是"真攘夷"的目标。一方面,横井小楠指出,"天皇烦恼""万民激愤"是幕府的一种犯罪,应该"尊崇天皇的诚意",所谓"尊王";另一方面,横井小楠也认识到"洋夷各国治术精明",西方国家政治先进、社会繁荣,应该对其进行深入地学习,实现富国强兵才能"攘夷"。由此可以看出,横井小楠在处理国际关系中,充分贯彻了中庸的思维模式。横井小楠从小习惯读儒家经典,拥有过于常人的儒学造诣。中庸思想中的"时处位"的思维模式对横井小楠形成了潜移默化的影响。"时"是指大的时代背景,"处"便是所处的地域,"位"是指自己的身份、社会地位。"时处位"的思维方式强调根据实际情况选择合适的方法,而不应该对先贤理论生拉硬套。"我既不取朱子,亦不取阳明,唯取古之圣人

---

① 李含:《近代日本和平思想的轨迹》,中国社会科学院研究生院 2010 年博士论文。
② [日]山崎正董:《横井小楠遗稿篇》,大和学芸图书,1977 年,第 435~436 页,转引自陈毅立:《横井小楠中庸思想之研究》,《日本问题研究》,2015 年第 6 期。

之智。"①横井小楠主张实学,在"西学东渐"的大潮中,因地制宜地把握了当时的国际局势,拒绝原理主义,尊重世界变化的趋势。

横井小楠对西方各国的认识可谓充分诠释了"和而不同"。中庸的"和而不同"是一种承认差异的"和",首先需要能够客观地把握不同事物之间的统一,然后"以他平他",将不同和对立进行统一。这一点在横井小楠的"开国攘夷"思想中体现得淋漓尽致。为了适应时代的不断变化,横井小楠也在对自己的思想进行反思,但却又非毫无原则地随波逐流,而是有一条始终坚持的原则。横井小楠对朱子学的继承与批判正是如此。横井小楠对朱子学最重要的诠释是将"格物"与"诚意"相联系,主张"理一分殊"。其中"理"是普遍存在的,具有统一性,而"分殊"则是"理"多样性的表现,是一种个别存在,所谓"理本无限之多样性"②。"理"在横井小楠看来是应该放在时间变化的前提下来进行考察的,过去的锁国是天理,而随着时代的变化,开国也是天理。因此,"理"是要顺从时势的。朱子学中的"理"是一种普遍存在的人伦规范,但横江小楠却认为"理"是要符合人的主观目的的,即"理"应该具有实用性,真正的"格物"是要对实际情况进行考察,要能够为民所用,最大限度地追求功用性。朱子学中认为"理"是一种至善的状态,"穷至事物之理,欲其极处无不到"③。这种至善的状态需要设立一个平衡点并保持不使其动摇。而横井小楠却认为"至善即无限之多样性,圣人常尽平生之力以求至善,故不可将至善作为极来把握"④。横井小楠将"思"作为追求"理"的首要位置,这一点也与朱子学不同。朱子学中"思"只是"读书"的一种辅助,但横井小楠却认为"理"是通过"思"而产生的,人们需要充分发挥主观能动性即所谓"诚之思",因此

---

① 陈毅立:《横井小楠中庸思想之研究》,《日本问题研究》,2015年第6期。

②④ 转引自[日]内藤俊彦:《论横井小楠"开国与殖产兴业"的哲学》,《国际政治研究》,1998年第3期。

③ 《大学》,刘强译注,中国纺织出版社,2007年,第5页。

"理"是千变万化的,需要将"理"变成一种自我体验,进而活用于万事万物。虽然"理"在横井小楠看来是一种自我体验,但却并非随心所欲,是有"天"这一超越者进行评判的。在横井小楠的理解中,"天"是一个囊括过去、现在和未来的一个整体,我们每一个人只是联结过去与现在的一个节点,起到承上启下的作用。

(2)福泽谕吉

福泽谕吉是日本近代史上最杰出的思想家之一,被誉为日本的伏尔泰。幕末明治初,福泽谕吉作为"明六社"的领导者著书、办学、立说,为日本引入西方的启蒙思想,拉开了日本西学东渐的近代化进程。日本能够在短短一百年的时间里得到迅速的发展,与日本较早地、较为彻底地接受西方先进启蒙思想有着紧密联系。福泽谕吉出身下级武士之家,但受博学的父亲影响,终成社会奇才。福泽谕吉一方面向日本社会传播西方先进思想,一方面批判原有封建思想,希望能够为日本找到一条通向文明富强的道路。

当时福泽谕吉所生活的日本长期受封建统治,封建思想影响仍然大量存在,福泽谕吉希望日本民众能够从封建束缚中解救下来,福泽谕吉的《文明论概略》将文明分为"狭义文明"和"广义文明"。"狭义文明"是指那些人类所获得的物质成就,而"广义文明"更是将人类所创造的精神文明纳入其中。所以在福泽谕吉看来,文明有外在的,也有内在的。外在的文明一方面是指人类基本生存所需要的一切物质资料,另一方面是指人类所创造的各种制度和法律。这两方面虽然都属于外在的文明,但也存在明显的不同。"仿效西洋建筑铁桥洋房就容易,而改革政治法律却难。我们日本虽然有了铁桥洋房,但是政治法律的改革直到现在还未能实行,国民议会未能很快地成立,其原因即在于此。"[①]至于内在的文明,即文明的精神,在福泽谕吉看来就是

---

① [日]福泽谕吉:《文明论概略》,北京翻译社译,商务印书馆,1982 年,第 34 页,转引自张嫦娥:《论福泽谕吉的启蒙思想》,湘潭大学 2004 年硕士论文。

一种"国民的风气"。"至于进一步想要改变全国人民的风气,更是谈何容易,这绝不是一朝一夕所能奏效的。"①

福泽谕吉特别重视"文明的精神",虽然求之最难,但实现文明的模式却是"首先变革人心,然后改革政令,最后达到有形的物质"②。文明对于福泽谕吉来说,是发展变化的。人类社会会经历"野蛮""半开化""文明"的发展阶段,其中"文明"阶段即指涉当时的西方文明,而日本处于"半开化"阶段,需要以西方文明为目标进一步发展。但福泽谕吉也强调,日本在向西方学习的过程中,应该取其精华弃其糟粕。"例如战争是世界上最大的灾难,而西洋各国却专门从事战争;盗窃和杀人是社会上的罪恶,而西洋各国盗窃和杀人案件层出不穷;此外,西洋各国还有结党营私争权夺利的,也有因丧失权力而互相攻讦吵嚷不休的;至于外交上耍手腕、玩弄权术,更是无所不为。"③西方文明中的种种弊端应该进行区分,拒绝效仿。同时,在学习过程中,还要考虑国情的不同,"东西方人民风俗不同,思想自相悬殊,各国相沿的习惯已历数千百年之久,纵使利害十分明白,也不应骤然强搬硬套"④。福泽谕吉认为"文明"的发展,会使人类迎来最终的和平。

在福泽谕吉看来,文明的发展离不开"智慧"与"道德"两方面的要素。"智慧"在文明的发展过程中,应该体现为一种群体的力量,而非个人。西方各国的人民,如果单就个体来讲,不一定比日本人民更加智慧,但从集体来讲,却往往更具有办事效率。究其根本,是在于西方社会在人与人的交往过

---

① ②　[日]福泽谕吉:《文明论概略》,北京翻译社译,商务印书馆,1982年,第34页、第14页,转引自张嫦娥:《论福泽谕吉的启蒙思想》,湘潭大学2004年硕士论文。

③　同上,第10~11页,转引自张嫦娥:《论福泽谕吉的启蒙思想》,湘潭大学2004年硕士论文。

④　[日]福泽谕吉:《劝学篇》,群力译,商务印书馆,1984年,第74页,转引自张嫦娥:《论福泽谕吉的启蒙思想》,湘潭大学2004年硕士论文。

程中,往往不强求观点的一致,各种立场的碰撞反而产生了卓越的见地。而对于"道德"的理解,福泽谕吉在一定程度上继承了儒家的一些观点,重视公德的作用。"天不生人上人,也不生人下人,即天生的人一律平等,不是生来就有贵贱上下之别的。"①福泽谕吉将平等视为道德的重要组成部分,认为人与人之间的平等能够有效保持社会的均衡,从而保证文明的持续发展。因此,福泽谕吉抨击当时日本社会的封建等级制度,提倡男女平等,认为每一个人都具有追求幸福的权力。福泽谕吉还将"利"纳入其道德的内涵之中,认为金钱和道德并不是相互对立的,"争利就是争理",号召大家求利赚钱,从而满足"国富民强"的文明标准。

"要谋求东洋革新,必须首先输入西洋文化教育。"②福泽谕吉认为,民族意识和国家观念的教育对于日本的兴亡是至关重要的。福泽谕吉借鉴了西方"天赋人权""社会契约论"等理论对当时日本传统社会中的神权政府进行了抨击。政府是在人民签订的契约的基础上成立的,因此政府只有在人民委托的范围内进行管理,当政府出现随意专权的情况时,人民就具有抵抗权。神权政府的政府权威是建立在荒诞蒙昧之上,因此只能寄希望于人民愚昧无知,推行愚民政策。而这种统治之术已经跟不上时代发展的步伐,当下的日本最为首要的事情是培养日本民众的爱国热情,通过教育帮助日本民众具有独立思考的能力,才能实现民族独立和国家富强。在福泽谕吉看来,只有民众拥有了个人独立,不再凡事依赖他人,整个国家才能够独立。而当时日本社会的贵贱上下之别却严重阻碍了这种个人独立意识的培养,这需要通过教育方可消解。因此,福泽谕吉将培养独立意识贯彻于日常教学过程

---

① [日]福泽谕吉:《劝学篇》,群力译,商务印书馆,1984 年,第 1 页,转引自张嫦娥:《论福泽谕吉的启蒙思想》,湘潭大学 2004 年硕士论文。

② [日]福泽谕吉:《福泽谕吉教育论著选》,王桂主译,人民教育出版社,2005 年,第 5 页,转引自张嫦娥:《论福泽谕吉的启蒙思想》,湘潭大学 2004 年硕士论文。

中,鼓励学生形成自己的观点,对于所学知识的选择上,福泽谕吉也突破传统,主张实学。"所谓学问,并不限于能识难字,能读难懂的诗,能咏歌和作诗等不切实际的学问。"应该普及学校教育,发挥学者的社会作用,并将经济学、地理学、物理学等实学作为日本的急务。对于福泽谕吉来说,人的一生都要不断地接受教育。幼儿要接受家庭教育,良好的家风至关重要;成长过程中要接受学校的教育,讲究德智体美劳全面发展,身体健康、精神愉快、道德高尚、具有独立意识是学校教育的宗旨所在;进入社会,还要接受社会的教育。

(3)中江兆民

有着"东洋卢梭"之称的中江兆民以小国主义为核心架构起来的和平思想是近代日本和平思想的主要来源。中江兆民出生于土佐藩下级藩士之家,幼时便熟读经书、诸子百家等汉学,后又赴法国留学,留法期间,他阅读大量的西方哲学、历史等著作,因此在中江兆民的和平思想中,既有西方近代自由民权的观念,也有东方传统文化的烙印。

在中江兆民看来,东方的儒家思想与西方的近代思想并非截然对立,而是可以相互影响,融会贯通的。中江兆民大力宣扬卢梭的人民主权思想,并将"民权""自由""平等"等要素包含在他所推崇的"理义"之内。"民权是至理也,自由平等是大义也。反于此等理义者,终不能不受罚。"[1]中江兆民所提到的"民权"与卢梭在《社会契约论》中所表达的人民主权异曲同工。卢梭的"人民主权"是一种"公意"的表现,"个别意志由于它的本性就总是倾向于偏私,而公意则总是倾向于平等"[2]。"公意只着眼于公共的利益,而众意则着眼于私人的利益,众意只是个别意志的总和。但是,除掉这些个别意志间正负相

---

[1] [法]卢梭:《社会契约论》,何兆武译,商务印书馆,2003年,第7页。
[2] 同上,第36页。

抵消的部分而外,则剩下的总和仍然是公意。"①

除此之外,中江兆民对卢梭有关"自由"的思想也是推崇备至。卢梭将"自由"分为"自然的自由""社会的自由"和"道德的自由"。"自然的自由"是人类处于自然状态下所能够享受的自由;"社会的自由"是人类在签订契约之后,契约所赋予的自由,也就是通常通过国家法律予以保障的自由;而"道德的自由"是人类在摒除了欲望制约之后才能拥有的自由,即"唯有道德的自由才使人类真正成为自己的主人"②。中江兆民将"自然的自由"理解为一种"天命的自由";将"社会的自由"理解为"行动的自由",也就是每个社会成员都具有思想、言论、集会等自由;将"道德的自由"理解为"心的自由",这也是自由的最高境界。"心神之自由,是谓我精神心思绝不受他物之束缚,完全发达而得无余力。古人所谓配义与道之浩然之一气,即此物也。内省而不疚,自反而缩,亦此物也。乃俯仰天地而无愧怍,外之政策教门所不能钳制,内之五欲六恶所不能妨碍,活泼泼,转辘辘,凡其所得驰骛者驰骛之,而愈进无少挠者也。"③

中江兆民的民权思想也同时吸纳了许多儒家政治理念。儒家所倡导的"仁义"与西方基督教精神可谓并驾齐驱。"西土之道学以希腊苏格拉底、柏拉图为原本,而论二贤之道不外乎仁义忠信。"④中江兆民认为西方的民权思想与儒家的民本思想是十分相似的,正是有了君主对民众的慈爱,才有了民众对君主的感恩。国内社会如此,国际社会亦如此。

国与国之间的交往应该有道,应该重德重义。中江兆民的小国主义也同样受到了儒家孟子的小国外交的影响。小国主义是与霸权主义相排斥的,强

① [法]卢梭:《社会契约论》,何兆武译,商务印书馆,2003 年,第 39 页。

② 同上,第 30 页。

③ 转引自王家骅:《中江兆民的自由民权思想和儒学》,《历史研究》,1996 年第 3 期。

④ 转引自唐永亮:《试论汉学对中江兆民政治思想的影响》,《日本学刊》,2008 年第 6 期。

调国与国之间的交往,不应该恃强凌弱,要信守国际正义,一个国家的军事实力只应限于专守防御,而非军事扩张。《三醉人经纶问答》是中江兆民思想的集中体现。这本书以洋学绅士、豪杰君和南海先生三人畅谈的形式对日本独立发展之路进行探讨。这三个人的思想可谓中江兆民思想中三个不同组成部分之间的相互碰撞。洋学绅士认为,共和制才是和平的保证,在这一点上明显继承了许多卢梭和康德永久和平论的思想。在洋学绅士看来,日本并非物产丰富、疆域辽阔,所以称霸世界的目标设置并不适合日本。日本作为一个小国,只能打造民主制度、努力发展经济、专心学术研究,以此来获得世界各国的认可与尊敬。洋学绅士的观点在一定程度上契合了中江兆民小国主义的和平发展战略,其提出的"非武装民主立国论"也蕴含了中江兆民从卢梭思想中所继承的"民权"理念,这是中江兆民关于民生民权思想的集中体现,崇尚道义、主张和平,具有较为强烈的理想主义色彩。

而中江兆民的思想中也有对武力征伐的思考。豪杰君就是这样一种存在。豪杰君主张应该通过侵略中国,从而实现日本的强大和民主化。豪杰君认为,世间万物都需要通过猎取才能生存下来,同理,国家也不可避免地需要战争。正因为日本是个小国,才更需要加强自身的军事力量,依靠对外侵略来弥补自身的短板。在此基础上,豪杰君特别指出,应该乘当时清政府衰败的时机进行对华侵略和占领,从而实现日本的强国之梦。

南海先生的思想可谓是中江兆民和平思想的深化,对洋学绅士和豪杰君二者的观点进行了批判,认为二者的观点都过于极端和片面,对现实问题的解决无益。南海先生认为面对当时的国际形势,日本应该采取更加务实的态度来处理自身的发展问题。一方面,不能只如洋学绅士那样只讲道义,因为中江兆民一针见血地指出号称平等、自由、友善的欧洲各国却"凶顽至极""悍图侵攻",坚持正义之道固然重要,却终无之奈何;但另一方面,中江兆民也反对日本走豪杰君所主张的军国主义道路。中江兆民认为,当时的国际形势并非想象得那样恶劣,虽然国际社会中,弱肉强食的确存在,但国际法的影响力也在不断强化。南海先生持一种中庸的观点,道义需要坚守,同时也应该加紧日本的军事训练,虽不能贸然出动,但应该做到养精蓄锐,一旦敌人来袭,奋勇杀敌、坚决抵抗。

除此之外,中江兆民还主张与邻国保持良好的关系,保证战时可以得到邻国的援助。日本与清政府同属东亚文化圈,两个国家在很多方面有极大的相似性,再加上中国地大物博,能够满足日本许多经济上的需求,所以日本应该与清政府搞好关系,达成合作。在如何处理日本与欧美列强之间的关系问题上,中江兆民主张不要妄图与之结盟,认为日本在当时对于欧美国家来说属于弱国,弱国对于强国的依赖只能换来无尽的羞辱,不可能只仰仗欧美国家的帮助来获得日本的独立,只能依靠日本自身的努力,才能实现国富民强。日本在军事上,应该实行民兵制,既能够避免高额军费所造成的民众与政府结怨,又能很好地保存军备。总之,中江兆民的现实和平主义思想是希望能够以更加动态的眼光,更为准确、全面地把握国际形势,将理想主义与日本现实国情很好地进行融合,为日本指出一条有效可行的和平发展道路。

(4)植木枝盛

与中江兆民齐名的植木枝盛同样是自由民权运动的思想家。植木枝盛积极投身当时的自由民权运动,在其短暂的一生中,发表文章四百余篇,讲演五百余次,希望能够将欧美的民主思想与日本当时的国情相结合,对当时日本国内的藩阀专制统治进行勇敢斗争,对日本社会的改革起到了重要的推动作用。植木枝盛自由民权思想的来源是多元的,他十一岁进入藩学“文武馆”,熟读四书五经,接受传统的儒家思想教育。之后,两次游学东京的经历使植木枝盛接触到福泽谕吉等人的近代启蒙思想。他深受启发,在此基础上,便开始搜罗各种西方的民主主义理论,了解西方国家的政治制度和历史文化,并形成了具有自己特色的民主主义思想。

"民为本,国家为末"①是植木枝盛自由民权政治思想的核心。他认为自古以来,有民才能有国,国家本身就是人民的一种集合,即使没有了国君,只要人民存在,国家就可以存在,所以人民是一个国家的根本。在这一点上也明显继承了儒家的民本思想,但同时又吸纳了西方"主权在民"的思想,将国民作为"独立社会中之独立分子,即作为组织其国之根本元素者,皆必掌握主权之一分"②,并借此批判了中国古代将治国理解为"牧民"的观点。在植木枝盛看来,一个国家应该制定宪法来保障国民的人身、思想、言论、信仰、结社、财产、参政等各项权利。特别需要指出的是,植木枝盛将抵抗权和革命权纳入人民各项权利当中,这在当时日本自由民权运动史上留下了光辉的一页。在植木枝盛心中,民权是先于国权的,"国本为民所集聚者,欲张国权,若不首先扩张民权,国权亦不得真正扩充"③。植木枝盛"民为国本"的思想是其人学思想的集中体现,相对于传统思想中所提出的"神创造了人,所以人理应对神顶礼膜拜"的观点,植木枝盛持完全否定的立场,认为人才是至尊至高的,是万物之灵,是神的创造者,"耶稣有什么了不起的,我将成为耶稣的耶稣"④,以人性取代神性,人才是真正的神,人具有无限的创造能力,不仅创造了神和万物,而且还创造了国家和世界。既然人是万物之灵,因此人的尊严不容侵犯,这里的人不仅是指富人,贫民亦然。在植木枝盛看来,从事生产劳动的贫民相较于富人更应值得尊重,这也是其思想难能可贵之处。在处理人与人关系问题上,植木枝盛主张人人平等,天赋人权的观点,认为每一个人都应该关心国家大事,在完全自由的状态下,对国事进行议论,对暴虐进行反抗……国民一旦具有了独立自主的气质,国家自然会强大兴盛。

(5)幸德秋水

幸德秋水是日本社会主义思想运动中的灵魂性人物,不仅是日本社会

---

①②③ 转引自王家骅:《植木枝盛的自由民权思想与儒学》,《历史研究》,1996年第3期。
④ 转引自朱开君:《论植木枝盛的人学思想》,《四川师范大学学报》,2001年第2期。

主义运动史上关键性的人物，而且对中国社会主义思想也产生了深远的影响。幸德秋水作为中江兆民最为得意的学生，接受了大量自由民权的思想，"自由、平等、博爱是人生在世的三大要义"①。幸德秋水一直站在自由民权运动的前列，之后在片山潜等人的介绍下参加了无产阶级政党的一些建党活动，开始逐渐投身于社会主义运动当中，大量学习马恩著作，在当时日本国内普及社会主义思想，并把社会主义运动与反战运动相结合。

1904年，幸德秋水在《平民新闻》陆续发表社论《战争来》，反对日俄战争，主张两国的无产阶级应该携起手来，结成反战同盟，为争取和平而奋斗。1905年，幸德秋水被判入狱，监狱生活使其天皇观发生了动摇，开始转向无政府主义。出狱之后的幸德秋水远赴美国，接触到了大量无政府主义者，开始公开反对天皇。幸德秋水十八岁成为中江兆民的学生，在中江兆民的指引下，学习黑格尔、费尔巴哈等人的思想，推崇唯物主义哲学传统。"若夫问仆之宇宙观人生观者，吾依然报之以唯物主义与科学的社会主义者也。"②幸德秋水使用钟摆运动的两种形式来诠释生死，生命中包含死亡就如钟摆的摆动中就包含着静止。死亡就像是元素的离散，离散的元素会以另外一种形式复合，在元素的离散进化中，生命获得不断的代谢和进化，社会亦如此，需要不断地进行新陈代谢。因此，幸德秋水是一位坚定的无神论者，明确表示不信神、不信鬼，认为宗教的产生与阶级压迫有非常密切的联系。"人类社会若无阶级无压迫都能过上自由平等的生活，衣食有余。那么，也就不能有什么神和来世了。"③宗教只是阶级社会里一种不得已的安慰手段，是会被社会主义所取代的。

除了对宗教的批判，幸德秋水还专门对资本主义社会制度予以批判，资本主义社会的分配不公是产生贫困的重要根源。1901年他出版了《二十世纪

---

①②③　转引自张陟遥：《幸德秋水社会主义思想研究》，华东师范大学2007年博士论文。

之怪物——帝国主义》一书。书中开宗明义地指出帝国主义是一个怪物,由于内部的自由竞争制度使资本和财富都不可避免地集中到少数资本家手中,致使大部分民众的购买力大幅下降,贫富差距悬殊,因此资本主义社会的主要特征就是工人阶级与资产阶级的对立和斗争。幸德秋水以马克思主义为主要理论依据,揭露资本家生产方式的罪恶,认识资本主义制度的内在矛盾,只能依靠建立社会主义制度来解决。正是对帝国主义本质的认识,在当时日俄帝国主义进行远东地区势力范围争夺的形势下,幸德秋水率先主张"非战论"。当时由于甲午战争的胜利,日本成为亚洲唯一一个殖民资本主义国家,之后的十年,日本资本主义获得了迅猛的发展,日本的侵略野心也日渐膨胀。日俄战争前夕,狂热的战争言论充斥日本的大街小巷,幸德秋水却痛斥日俄战争的掠夺性,是为资产阶级服务的,而人民的利益将是战争的牺牲品,鲜明地表达了自己的反战立场:"我们始终坚持反对战争,战争从道德上看是可怕的罪恶,从政治上看是可怕的毒害,从经济上看是最大的损失,破坏社会正义,蹂躏人民幸福,呜呼,全国已经为了战争而疯狂了,多数国民的眼睛被蒙蔽,国民的耳朵为之变聋了。虽然以我们的一己之力大声疾呼防止战争是很难的,但是我们必须为了真理正义而大声疾呼。呜呼,爱国的同胞们从狂热中醒来吧,不要陷入罪恶、毒害、损失的战争深渊了。天作孽犹可避,自作孽不可活。战争的结局不论胜败,最终带来的必然是无限的痛苦和无边的悔恨,大家为了真理,为了正义、为了天下苍生而扪心自问吧!"[①]

在系列的反战运动中,幸德秋水强调国际合作,主张日本和俄国两个国家的无产阶级应该联合起来,组织劳动者国际大联合,携手反对共同的敌人。在幸德秋水看来,只有社会主义社会才能解决现存的社会矛盾。社会主义社会的各种生产资料都是归社会全体成员共有的,并且应该在社会成员

---

① 转引自张陟遥:《幸德秋水社会主义思想研究》,华东师范大学 2007 年博士论文。

中选出代表，社会所有成员都应该参与生存劳动并对这些生产资料进行经营，生产所获得的收益除去必要再生产所需之外，应该针对社会成员的不同需要来进行分配，在这种境界基础上形成的国家自然是全体人民的国家。在社会主义国家中，每个公民都应该直接参与到政治权力当中，除了保证公民的投票权，即任何社会重要事务都需要经过公民的同意方可施行，还要保证公民的创制权即只要多数公民联名就可以修改、废止或制定新的法律。社会主义社会平等、博爱，实现每个人的机制最大化，因此社会主义社会必定是优越的、和平的。这样的社会主义社会需要"志士仁人"的推动，所谓"志士仁人"，与儒家对知识分子的理想要求颇为相似，要能够客观全面地分析时代发展动向，并有追求理想社会的担当。"志士仁人"需要不断提高自身的道德修养，不求回报，将齐家治国平天下为己任，百折不挠，至死不渝。

(6)内村鉴三

内村鉴三是日本近代史上著名的和平思想家。内村鉴三出生于武士家庭，受武士精神的影响。在日俄战争之前，内村鉴三并非完全地反对战争。在中日甲午战争爆发之际，内村鉴三认为这是一场日本为推动世界文明进步的正义之战。当时的中国是旧文明的代表，而日本则是新文明的代表，二者之间的冲突在所难免。如果此时一味地追求和平，反而是逆历史而动。新文明的代表有义务对旧文明进行拯救，即使是需要发动战争。很快甲午战争之后签订的《马关条约》使内村认识到日本发动战争的趋利性，开始对甲午战争进行反思和批判，但一直到日俄战争之前，内村鉴三仍然将战争进行"正义战争"与"非正义战争"的分类，并对"正义战争"抱有幻想。

1903年，内村鉴三发表《战争废止论》，开始了他绝对非战论的主张。随着基督教信仰的深化，内村鉴三越来越认识到战争的罪恶，并认为军备是战争的基础，主张废除军备。"如今若日本与俄国开战，则是世界性的大事，而为此而痛苦的不仅是日本人与俄国人，或许为此而引起全世界的战争，使五大陆皆化为地狱也未可知。"①同时，内村鉴三将其非战论与基督教义相联系，经常引用《圣经》中的警句来警醒世人。此外，内村鉴三也通过珍视生命这一视角来对战争进行批判："牺牲同胞的生命而赢得战争后，立即主张商权的扩张，而商权果真较人命更为重要？世间没有像主战论者般残忍酷薄之人，他们在同胞的鲜血未干之际，已开始公开宣言利益的获得。"②

内村鉴三对和平的理解不仅仅局限于反战的一面，认为"倡导非战"只是"消极的一面"，而和平还有更加积极的一面："和平主义的积极一面是殖产，是家庭的幸福、山林的栽培、鸟类的保护、河川的利用、土壤的增肥等。总而言之，是使所有平民的生活幸福。"③内村鉴三站在平民主义的立场斥责战争的欺骗性和残酷性，指出即便战争获得了胜利，平民依然无法摆脱饥饿、低微和穷迫。一个国家战争能力的提高无助于一个国家民众幸福指数的提升，只有停止战争，民众才有可能摆脱忧苦。随着一战的爆发，内村鉴三和平思想的宗教色彩也越来越凸显。内村鉴三将战争产生的根源理解为一种"神的刑罚"，是对人类的伪善、背信、堕落等行为的惩罚。战争的本质就是神希望通过对人类的惩罚来建立一个新的世界，所以只有在耶和华统治了整个世界之后，战争才会真正地结束。人类所能够做到的是进行自我的道德改造，获得"心灵的平安"，而其他诸如民主政治、社会主义等举措都是无效的。可以看出，内村鉴三的后期思想失去了积极的现实主张，充满了对现实世界的绝望和无奈，但内村鉴三坚定的反战、倡导和平的立场在战乱纷飞的年代却具有重要的意义。

（7）吉野作造

被誉为"大正民主运动旗手"的吉野作造以其"民本思想"蜚声于日本舆论界，极大地推动了日本民主政治思想启蒙运动。吉野作造是虔诚的基督教

_____

①②③　转引自王枫：《内村鉴三的和平主义思想》，华北师范大学 2013 年硕士论文。

徒,基督教教义为他提供了道德指向和价值判断。吉野作造在人性观上持乐观的肯定态度,认为神存在于每个人的本性之中,每个人都可以与神进行沟通,因此每个人对于神来说都是平等的,在神的关爱下,每一个人都可以获得无止境的发展。一旦民众的道德水平普遍得到了发展,整个社会都将被推动。

吉野作造在认识社会现象时总是以一种发展的眼光来进行分析,始终着眼于既存制度的改进,持温和的改良主义立场。吉野作造认为,民本主义是对基督教教义的一种体现,是具有普遍性和必然性的。民本主义是时代的潮流,专制必然会被自由所取代。在日俄战争前后,吉野作造主张"主民主义",强调实施宪政的重要性,认为一个国家的为政者应该按照法律准则施政,民众也应该谨守本分,从而实现国泰民安。在吉野作造看来,专制政体不是长久之计,通过立宪制度、议会制度、内阁制度方可实现权力的制衡,保证施政品质。在欧美留学之后,吉野作造进一步发现了民众所蕴含的政治能力,开始关注民众的政治觉醒,意识到只有依赖民众的力量才能实现政治的清明,民众应该行使政治过程最终的监督权。

吉野作造的政治思想体现在国际舞台上表现为一种国际民主主义论。吉野作造认为国家是一种相对存在,有超越国家之上的普遍价值对国家的行为进行限制。吉野作造对武力至上的观点提出质疑,认为虽然在残酷的国际竞争之中,发展军备是不可避免的,但只依靠武力却是无法取得胜利的。国家与国家之间的关系并非只有利益导向,道德约束依然存在。以大历史观的视角来看,国家与国家之间的关系是越来越呈现有序化,武力与道义并非水火不容的,只有将二者有机结合,一个国家才能够发展。一个国家的崛起可能离不开武力的扩张,但如果只是仰仗武力而无视道义,将无法获得其他国家的承认,也就无法避免走向衰败。而在当时的国际环境下,吉野作造认为结盟是立于不败之地的重要手段,而想要结成同盟就必须获得国民的认同。对于国际道义的理解,吉野作造的观点是个人到底与国家道德并没有什么本质的区别,国际道义就是一种国际民主主义,是个人行为规范在国际社会的扩大,同样需要倡导自由平等。因此,吉野作造特别重视国际法的作用。通过国际法,国际社会的公平正义可以得到保障,吉野作造同样重视国际机构所发挥的重要作用,对当时的国际联盟给予了很高的评价。在吉野作造看来,随着人类社会的发展,相互依赖的程度不断加深,人类社会越来越需要具有统一裁决权的国际组织的出现。同时,吉野作造也特别重视民众在国际事务中所发挥的舆论导向作用。民众舆论上的启发引导会使国际社会接受道德的制约。

(8)石桥湛山

小日本主义主要倡导者石桥湛山出生于一个宗教气氛浓厚的家庭。日莲宗与基督教都对石桥湛山产生了重要的影响。从这些宗教的教义中,石桥湛山领悟到和平爱国主义的重要性,成为其构建和平政治思想的精神源泉。除了宗教的影响,石桥湛山在中学时期通过大岛正健接触到西方民主主义、自由主义和个人主义等西方文化,从而造就了石桥湛山中西方交融的价值观和人生观。进入大学后,石桥湛山接触到田中王堂教授,十分认同田中王堂教授所主张的个人利益应该与国家利益相协调的观点。同理,每一个国家的国家利益也应该与整个国际社会的利益相统一。可以说后来石桥湛山的小日本主义思想在很大程度上受这一观点的指引。

在石桥湛山看来,个人、国家、社会都是紧密相连的,"人时时刻刻都会产生欲望,为了实现欲望而进行自我实现,便成为推进社会进步的原动力,从而发现社会活动的最终目的"①。石桥湛山一方面重视自我意识,认为人生的本源就在于个人出于自我欲望的满足而进行的改造现实的一系列活动;另一方面,石桥湛山所强调的自我意识又不能脱离整个社会生活。石桥湛山

①　转引自周致宏:《石桥湛山的小日本主义》,吉林大学 2016 年博士论文。

的"自我意识"是指"通过社会生活把自我、个人、社会、欲望、境遇相互作用，调和统一而实现相对的自己的欲望"①。将这种个人主义延伸至国家层面，石桥湛山认为日本想要壮大，实现自身利益的最大化，就必须将国家经济、社会以及国际形势等各方面因素综合起来，进而提出了他的小日本主义。

石桥湛山于早稻田大学毕业之后，体验了一年的志愿兵生活。艰苦的军队生活对石桥湛山产生了重要影响，在其《将校、下士、士兵、马》中，石桥湛山写道："如果把军队看作以战争为目的的机关，人们一直提倡尊重人权，但却只是考虑到补给问题而没考虑将校、下士、士兵、马的牺牲的问题，那么这样的军队终会走向毁灭。"②石桥湛山认为，如果军队只是发动战争的机关，那么久之会盲目扩张军备，徒增国家和人民的负担，从而充分体现了他的反战思想。军队应该为人权的自由和以社会协同生活为目的而组建成为其小日本主义思想最重要的组成要素。

石桥湛山的小日本主义思想初始于一战前后。1911 年，石桥湛山加入《东洋经济新报》，并将其作为明确提出小日本主义思想的阵地。这一时期的小日本主义思想，提倡政党政治和普选权，认为随着时代的变化，政治的民主化程度也在不断提高，民众对权利平等的渴望也愈来愈强烈。石桥湛山认为日本应该顺应这一时代潮流，推进自身民主化进程，让日本民众参与到政治选举过程中，实现普选制。按照民众的意愿，组建责任内阁，准确表达民众的意愿和利益，实现"善政"。可以看出，以人为中心，倡导真正的民主政治，实现民众利益最大化是石桥思想中最大的闪光点。石桥湛山认为，只有推动普选制，才能够将国家的利益和民众的利益更好地统一、协调，日本才能走向兴盛。但当时的现实情况却是日本军队不断扩张，人民的自由、平等、权利长期受到压制，内部矛盾激化，社会动荡不安，民众暴动此起彼伏。对此，石

①②　转引自周致宏：《石桥湛山的小日本主义》，吉林大学 2016 年博士论文。

桥湛山特别指出，普选权的确立可以极大地减少统治者因为私利而产生的内部斗争，也就有了更大的空间去满足民众的利益和需求，也就保证了社会的稳定。由此可以看出，石桥湛山自始至终都秉持着民众与社会利益相统一的立场。石桥湛山还认为通过普选权的推广，民众有更多机会去参加选举，其政治觉悟也会随之提高。久而久之，经历了政治实践磨炼的民众就不会再陷入盲目的暴动，而是能够将道德、秩序相结合。对于民众如何参与政治实践，石桥湛山更偏爱代议政治："国家主权归于国民这种明确的规定，是无任何意义的，而为避免主权争夺的革命危险，现阶段在实现民主政治之前应先采用代议政治，这是保障人民主权的最好方法，也是最稳妥的手段。"①但石桥湛山也指出代议政治并非终极目标，而是一种过渡手段，其思想核心仍然是要实现人的自由平等。因此，其思想中的个人主义、自由主义的色彩还是比较浓厚的，推广普选权也是其自由主义政策的重要手段之一。

除此之外，石桥湛山还强调进行税制改革，缩小社会贫富差距，同时打破高等文官、律师等就职人员传统选择标准的限制，让民众都有任职的机会并充分保障民众思想言论的自由。但石桥湛山的自由主义并非是无限制、片面的，而是不能脱离社会的，需要将个人与社会相协调。石桥湛山也特别关注妇女问题，主张女性解放论，认为应该推广日本全国的女性教育，积极提高女子的社会待遇及政治地位。

除了在内政方面提出了许多独特的见解，在对外政策上也形成了自成体系的观点。殖民地放弃论就是一项重要主张。1914年石桥湛山发表《放弃对青岛的占有》。文中石桥湛山明确指出日本应该停止对亚洲大陆的领土扩张，放弃对青岛和"满洲"的罪恶行为，认为对青岛的占有是异常危险的，不仅会面临中国国内的反抗，也会招致其他各国的进攻。石桥湛山主张日中友

---

① 转引自周致宏：《石桥湛山的小日本主义》，吉林大学2016年博士论文。

好："倘若我国能同中国交好，能被中国人接纳、信赖，那么中国自然就会同我国握手言和，那不但是对于中国的大喜，对于日本而言也是件喜事，会给我国带来更为丰厚的利益。"①石桥湛山认为，中日交好不仅能够消除英、美等国进攻日本的理由，还能够获得中国更大的支持，从而实现日本利益的最大化。由此，可以清晰地看到石桥湛山的反战思想。石桥湛山认为，战争并没有给人类带来预想的利益，反而严重阻碍了我们对美满生活的追求。在石桥湛山看来，只有推行自由贸易主义和工商立国主义，才能实现日本的利益最大化。石桥湛山认为，当时各国由于处于战时而纷纷推行的贸易保护、自给自足等政策都是异常狭隘的，应该推行贸易国际化，实现产业的国际分工。石桥湛山还特别重视人力资源，认为人力资源在生产力发展上的重要性远远高于资本、资源等物质要素。只要人力资源方面能够被合理地进行利用，很多物质上的不足都可以得以弥补，所以应该控制缩小对军事上的支出和浪费，扩大对教育、保健、社会保险等与人才培养有关方面的投入。

以石桥湛山为代表的小日本主义与当时日本国内盛行的大日本主义形成了强烈的对抗，但却没有阻挡日本军国主义的侵略步伐。二战时期，日本法西斯对当时社会的思想和言论进行了严密的控制。石桥湛山的小日本主义思想迫于形势也发生了一些转变，隐藏了前期的锋芒，选择了有妥协、有坚守的曲折道路。1931年石桥湛山发表《满蒙问题解决的根本方针》，一方面主张日本应该彻底解决"满蒙"问题，重修中日关系，但同时也表示这一立场在当时日本政府和社会的认可度不高，因此需要长期工作才有可能达成。针对日本国内不断膨胀的扩张野心，石桥湛山主张日本应该避免事态的扩大，"如果日中冲突仍然继续发生，就很有可能波及世界列国参与其中，引起第二次世界大战。为东洋和平及世界和平，日本应该做表率停止这种无意义的

---

① 转引自周致宏：《石桥湛山的小日本主义》，吉林大学2016年博士论文。

军事冲突"①。日本应该放弃崇尚武力的思想,采取更加和平、公正的外交手段来处理国际事务,不能只局限于眼前利益,而应该以更加长远的视角去考虑。在此基础上,石桥湛山还对日本想要独占东亚的国际孤立化道路提出质疑,认为经济本不应该限制地域。日本应该采取东亚开放主义政策,强调世界经济的一体性,所以当时所宣传的大东亚共荣圈在石桥湛山看来是完全没有存在的必要。建立这样的共荣圈只会人为地切断与圈外地区和国家的联系,反而使日本立于不利的地位。由此可以看出,石桥湛山在当时特定的时代背景下,有转变也有坚持。

从国际关系上看,石桥湛山继承了对日本军国主义的批判,但对"满洲国"这一既成事实采取了默认的态度。在经济上,石桥湛山坚持自由贸易、国际分工的原则,可以说石桥湛山有进有让的方式很大程度上保留了小日本主义在日本社会的声音。二战后,日本的战败使小日本主义思想得到了重新认可。作为小日本主义思想最具代表性人物,石桥湛山本质上坚持了功利主义视角,自始至终都从经济的角度来分析日本的获益大小。功利主义源于19世纪英国学者边沁,把个人利益看成人类行为的普遍准则,提倡追求最大幸福。石桥湛山的核心思想都是围绕如何使日本及其民众获得更大的利益,无论是对殖民地的反对,还是对战争的反对,又或是主张世界和平、经济国际化,他都是从日本如何获益的角度进行分析的。他认为只有采纳那些他所提出的措施,日本才能摆脱危机,得到真正的发展。

除此之外,石桥湛山的小日本主义思想特别看重个人主观能动性在社会实践中的重要作用,认为人类自我实现的愿望是社会进步的巨大推动力。因此他的小日本主义思想始终坚持以个人为中心的价值基准,将人类生活是否幸福、安定作为最基本的价值判断原则。在这一点上,石桥湛山更是秉

---

① 转引自周致宏:《石桥湛山的小日本主义》,吉林大学 2016 年博士论文。

持全球性的观点,不再局限于日本国内,主张世界一体化,全体人类的共同幸福,这也是他为什么特别看重人力资源的重要原因。在他看来,个人才是社会发展的出发点,同时也是社会发展的终极目标。在所有资源中,石桥湛山认为,人力资源的重要性要远远大于其他资源,物质上的资源会有各种不足,但只有合理利用人力资源,物质上不足都是可以弥补的。所以在他的观点中,不断进行军备扩张,将多数生产力投入军事行动是非常不可取的,而是应该将有限的资源和生产力投入到提高人力资源水平方面。以人为中心进行产业革命,改善国民生活水平,提高国民教育程度,公平分配,缩小贫富差距,促成全体国民的共同努力,从而解决日本所面临的各种问题,重建新日本。

石桥湛山特别强调国民的个人主义发展,认为当时日本国内使用极端服从主义和极端禁欲主义来进行国民伦理教育是十分错误的。石桥湛山认为,道德的标准不应该与人类的现实生活相脱离,应该更现实化和生活化,即在推行伦理教育的过程中,也应该以人为中心,应该彻底摆脱以往的愚民倾向,着力提高日本民众的政治素养,使其积极参与到国家的政治生活中,从而实现日本民富国强的目标。虽然石桥湛山特别重视个人主观能动性,但还是指出要达成一种"欲望统一"。所谓"欲望统一"的哲学是指每个人的欲望或者理想需要与其所在的社会环境相统一,也就是说,每个人的欲望或者理想都受到社会诸多要素的支撑,并随着这些要素的变化而变化。石桥湛山认为一个人的欲望或者理想首先就要能够适应当时的社会环境,否则就无法继续存在,需要能够根据社会形势的变化作出相应的调整和改变。而个人欲望或者理想能够持续在一个社会环境中坚持存在,也就在一定程度上对社会环境进行了重构。因此,从个人的欲望或者理想与整个社会形势这二者来说,之间并非是一种单向存在,而是双向互动的,需要能够时时保持一种动态的平衡。这种"欲望统一"的哲学本源,可以说体现在石桥湛山思想的方方面面。

首先，体现在其个人主义思想方面。在石桥湛山看来，个人欲望或者理想是不能够孤立存在的，需要与所处的社会环境相协调，才能够实现真正的自我。石桥湛山本人就是这样把握自己思想与社会形势之间的协调关系的。二战前后，石桥湛山明显降低了其小日本主义思想与当时社会主流思想之间的对抗性，在一些既成事实方面作出了一些让步和妥协。这不仅仅是一种迫于形势，更是石桥湛山基于对现实社会环境和国际环境作出的准确判断，然后将自己的核心思想与之进行比较和调整，既坚持了自我的价值基准，又不脱离现实的变化和需要。

其次，石桥湛山的"欲望统一"的哲学也体现在其自由主义观点上。石桥湛山虽然是自由主义坚定的支持者，但却坚决反对激进的自由主义。追根溯源，就是认为激进的自由主义已经无法实现自我欲望或者理想与社会环境的相互协调。在石桥湛山看来，自由并不是盲目的、放纵的，而是自律的、温和的。自由主义当然要坚守，但他所坚守的自由主义是与社会各要素相统一的，是需要接受社会规范的，同时也是自律的自由主义。石桥湛山对民众运动所持立场一直都与这一思想互为支撑。

再次，石桥湛山的"欲望统一"的哲学也体现在其民主主义思想上。石桥湛山的小日本主义主张中一直强调民主政治，但是他却认为应从代议政治慢慢过渡到民主政治，这一婉转的实现方法就是因其运用"欲望统一"的原理，结合考虑到日本的国情和国民的接受能力而选择的曲折的实现方法。

最后，石桥湛山的"欲望统一"的哲学还体现在其和平主义上，石桥湛山本身提倡和平主义反对战争的主张，就是将其实现日本利益最大化和国际贸易工商立国的欲望，结合多方面考虑协调统一选择出来的外交取向。

二、何为和平学

近几十年,和平学开始作为一门独立的学科进入人们的视野。这源于全世界人民对和平的向往和追求,同时也是和平学研究者持续研究的成果。和平学普遍被认为是从国际关系理论中分化出来的一门新兴学科。传统的国际关系理论将战争等相关问题作为其研究的重要组成部分,将和平与战争看作一组二元对立的概念,认为只要找到了战争的根源、进行规避,和平将如期而至。和平学的兴起打破了这种沉闷的格局,扩展了和平的内涵,认识到战争只是直接暴力的一种极端表现形式,消除战争只能实现"消极和平",而只有同时消除了"结构暴力"和"文化暴力"才能实现"积极和平",也就是真正意义上的和平。和平学以其全方位、多层次的视角丰富和发展了国际关系理论。

二战后,虽然世界和平力量不断增强,国际形势总体趋向缓和,短期内再次爆发世界大战的可能性不大,但和平秩序仍然受到挑战——局部地区冲突不断、恐怖主义甚嚣尘上、大规模杀伤性武器扩散……人们不禁要问,我们应该如何规避战争,和平到底离我们还有多远? 正是为了回答这一问题,"1919 年,英、美、法、意等国在巴黎和会上达成了在大学开设国际关系专业的共识。同年,英国威尔士大学建立了西方第一个国际关系学讲席。此后,其他英美大学也纷纷仿效,国际关系课程和专业迅速成为大西洋两岸大学里最热门的课程之一"[1]。二战后,现实主义学派取代之前的理想主义学派,在国际关系理论学术界迅速兴起,强调国际社会的无政府性,认为国家与国家之间的关系究其本质就是对权力的争夺,从而使国际关系理论整体趋向

---

[1] 王逸舟:《西方国际政治学:历史与理论》,上海人民出版社,1998 年,第 45~47 页。

对军事、政治、经济等硬权力的关注;随后经过第二次学术辩论,实证主义成为国际关系理论的主流方法论,即强调社会事实的客观性、主客体的可分离性和社会科学的价值无涉性。虽然随着国际关系理论的不断发展,新的理论观点层出不穷,但现实主义与实证主义的主体地位不曾动摇。现实主义帮助国际关系理论从理想主义的乌托邦中解脱出来,更加实事求是、系统化地对世界进行考察和研究,为我们更加清晰、准确地认识世界提供了条件;实证主义也确实提高了国际关系理论的科学化程度,使国际关系理论实现定量化、系统化、精确化。但随着时间的推移,二者在为国际关系研究做出巨大贡献的同时,也产生了自身的问题即国际关系学的研究范围受到了严重限制,很多重大问题被排除在外。人们开始疑惑,难道没有战争就可以称之为和平吗? 国际社会与国内社会之间的区别真如现实主义所渲染的那样不可逾越吗? 价值问题不应该成为国际关系学者关注的重点吗? 规范性理论理应被视为"非科学"的化身淡出人们的视野吗?

　　国际关系理论一直将战争问题作为其主要研究内容,普遍认为规避战争就等于实现和平。但是非洲之角的饥荒、贫富差距的加大、气候问题的严峻等一系列事实告诉我们没有战争并不等于获得和平,除了研究战争,我们还需要了解更多。随着冷战的结束,全球一体化程度不断加强,传统国际关系理论中的国家行为体观也受到了巨大的挑战。苏珊·斯特兰奇曾指出:"国家正变得在经济和社会中同其他实体(政府间组织、非政府组织、跨国公司等)分享权威……在国家内部,中央政府的权威正越来越由地方和地区的权威所分占……国家权威已经泄漏——向上面、向旁边和向下面泄漏……它们正在愈益变为内囊空虚或漏洞百出的。"①国际社会与国内社会间的界限正在被打破,如果还按照传统国际关系理论那样,将国家黑箱化为一个个相

①　Susan Strange,The Defective State,*Daedalus*,V.124(Spring1995),pp.91–107.

同的行为体，并将自身的研究定位集中在国际社会体系从而忽视国内秩序发生变化所产生的重要影响，显然是不合时宜的。

另外，国际关系本身的复杂性决定了国际关系学者需要面对和解决各种各样的问题。虽然我们在进行理论研究的过程中确实需要尽力避免价值偏见等主观性因素的影响，但人毕竟是道德的动物，应该做的是探索更加有效的方式方法去规避主观性因素，而不是从一开始就将有关价值的任何问题进行隔离。"很多时候学者的责任需要他对重大的政治问题作出价值判断，很难想象国际关系学者在如殖民主义、战争与和平、核武器的使用、种族歧视等涉及全人类命运的问题上保持沉默或无动于衷。"①布尔曾直言不讳地指出："任何一个严肃的、涉及政治目标或价值观的理论，很难做到不对人与人关系中的秩序问题进行价值判断。说自己的研究'不带价值判断'是荒唐的。政治领域的学术研究，必须考察和评论带有价值判断的假设，把提出道义问题和政治问题视为研究工作的组成部分，而不应当排除包含价值判断的假设。"②"只有掌握历史、哲学和法律这些人文知识的人'走进'这个世界，进行不带偏见的学术研究才能懂得它，'思考本身也即研究'；行为主义采取置身于这个世界'之外'的科学方法，无法产生对这个涉及法律和道德等复杂问题的国际关系领域的真正理解。"③和平学正是在对这些问题的思考中产生与发展的。

和平学从一开始就公开其具有明显的价值倾向，将"和平"独立出来作为自己的研究对象，促使我们重新探求和平的真谛，赋予和平以多层次和多元价值的丰富内涵。不仅从内容上扩宽了国际关系理论的研究范围，还为国

---

① 张旺：《国际政治的道德基础》，南京大学出版社，2010年，第23页。

② ［英］赫德利·布尔：《无政府社会：世纪政治秩序研究》，张小明译，世界知识出版社，2003年，导言。

③ 朱瀛泉：《西方国际关系理论：一种学科史视角的鸟瞰》，《历史教学问题》，2004年第3期。

际关系理论的进一步发展提供了更加广阔和灵活的视角，以一种更加积极主动的方式来思考和平，探寻未来。和平学不单是想要创造一个没有战争的世界，更是要打破阻碍人们自我实现机会的结构性暴力并确立积极的生活价值和社会结构，实现一个更加公正和可持续发展的世界。二战所带来的全世界范围内的凋敝使人们渴望和平的永久到来，也促使人们开始思考以往和平研究的不足，和平学应运而生。

作为一门年轻的学科，和平学大致分为三个发展阶段：第一阶段为 20 世纪 50 年代到 60 年代初。二战的阴影还未散去，美苏冷战又使整个世界笼罩在核恐惧之下，正是这种可能会给全人类带来毁灭性打击的世界局势所产生的危机意识，促使了和平学的产生与发展。这一阶段，和平研究开始取得合法地位，各地开始纷纷创建和平研究机构。1956 年，以博尔丁夫妇为主的一批美国学者在安阿伯的密执安大学创立了解决冲突研究所，并在研究所创建的第二年，发行了《解决冲突杂志——战争与和平研究季刊》(*Journal of Conflict Resolution：A Quarterly Related to War and Peace*，简称"JCR"）。1959 年，加尔通在挪威首都奥斯陆创立了奥斯陆国际和平研究所（Peace Research Institute Oslo，简称"PRIO"）。1961 年，伯特·罗林在荷兰的格罗宁根创立了格罗宁根战争研究所。1964 年，加尔通又创刊了《和平研究杂志》(Journal of Peace Research，简称"JPR"）。在和平研究初期，各地的研究内容与方法都比较相似，还没有形成各自风格，主要的研究议题主要集中在危机、冲突、战争根源研究等方面。

第二阶段为 20 世纪 60 年代末至 70 年代初，和平研究进入蓬勃发展时期。从 1965 年的 81 家，1972 年时的 149 家，再到 1978 年的 310 多家，[①]和平研究机构的数量在这一阶段迅猛增加。除了第一阶段已经建立的研究机构

---

① Peter Wallensteen, *Peace Research：Achievements and Challenges*, Westview Press, 1988, p.49.

外,芬兰、德国、法国、日本、奥地利、印度、意大利、英国、韩国等多个国家都纷纷建立了多所和平研究机构。其中,以美国数量最多,到了20世纪70年代末,已经具有100多所研究机构。这一时期,和平研究也走进大学的校门:美国的贝塞尔大学、曼哈顿大学,英国的布拉德福德大学,瑞典的伦德大学等都开设了和平研究的课程。和平研究的学术期刊也数量激增,主要有美国的《国际间行为》、挪威的《和平建议公报》、芬兰的《和平暴力研究月报》等。根据联合国教科文组织的统计,和平研究者的数目在当时已经超过了5000人。研究机构、期刊、人员数量上的增加是和平研究趋于完善的其中一个标志。而另一个标志则是从这一阶段开始,和平研究内容及风格趋同的现象逐渐消失,开始形成不同的学派。

第三阶段为20世纪80年代之后,和平研究迈入而立之年,呈现稳步发展之态。根据和平研究教育与发展组织的有关课程目录指南:"1981年,共有36所高校设有和平学课程与项目;1986年这个数字增加到106所;1995年,已有30多个国家的288所大学开展某种形式的和平学研究;2000年,共有42个国家的381所高校榜上有名。"①除此之外,研究内容也更加多样化。虽然由于当时东西方关系又趋紧张,研究重点在一定程度上有重新向传统课题如战争、冲突、军备等方面回归的趋势,但这次的转移并非一次简单的重复,而是在对加尔通结构暴力的结构性理解之后的一种研究实践。和平学已经发展成"多学科的、多层面的、多文化的、既是分析性的又是规范性的,既是理论性的又是实践性的"②研究领域。

日本是世界上唯一遭受过核打击的国家,面对二战的惨痛经历,日本社会各界都特别关注和平与战争的问题。日本的和平学研究萌芽于20世纪40

---

① [英]卡罗尔·兰克:《回顾与展望:美国和平学的起源和发展》,刘成译,《南京大学学报》(哲学·人文科学·社会科学版),2005年第2期。

② [英]阿伦·亨特:《什么是和平研究——学科发展史》,陈仲丹译,《学海》,2004年第3期。

年代中后期。在这个阶段,二战刚刚结束,日本社会濒临崩溃,日本国内掀起了反思战争的热潮,开始在各个范围内进行广泛地思考,探索日本的未来发展方向。同时,冷战的爆发以及核战争的笼罩都使日本的和平运动此起彼伏,也在一定程度上推动了日本和平学的诞生。1949 年,日本学术会议成立,将和平问题作为自己的主要关注点,并发表了"和平利用原子能的三原则";1954 年,禁止试验原子弹氢弹的署名运动在日本全国范围内展开,在这一历时一年多的和平运动中,当时超过日本总人数 1/3 的民众反对日本政府进行核试验;1956 年,原子弹氢弹被害者团体协议会成立,对日本和平学的发展起到了重要的推动作用。日本国内开始出现石田雄、川天侃、坂本义和等和平学研究者,当时日本国内的和平研究主要以和平宪法为重点课题,对美国指导下制定的和平宪法进行研究,探讨和平宪法第九条的重要意义以及对日本产生的深远的影响。

进入 20 世纪 60 年代,东京和平研究团体、日本和平研究恳谈会等纷纷成立,同时也开始走出国门,与国际性组织和其他国家进行学术交流。70 年代初,日本的和平学研究开始兴起。这一时期,国际局势也发生了巨大的变化,美苏对抗依然存在,南北问题也慢慢凸显,对和平问题的关注不仅仅再局限于核战、军事竞赛等问题,贫困、发展不平衡等更多问题成为和平研究的重点课题。当时,"关于和平的科学研究工作"的 2817 号、3065 号决议在联合国大会上通过,展现了国际社会对和平研究的持续性关注,美欧各国也进一步推进了和平学一系列的制度化建设、出版杂志期刊、创办研究所、在大学专门开设专业等措施,都深刻地影响着日本和平学的发展。1973 年,日本和平学会成立;1975 年,由日本和平学会创办的《和平研究》正式发行,同年,日本广岛大学设立和平科学研究中心;1976 年,创价大学设立和平问题研究所;1977 年,长崎综合大学成立长崎和平文化研究所,当时的和平学者关宽治、冈本三夫、藤田秀雄等人发表了大量关于军控、反核、和平教育等相关内容的论文。同时和平学的相关课程也开始越来越多地在日本大学里开设。进入 90 年代,日本和平学进一步繁荣,在大学开设的和平学相关课程越来越多,研究机构的专业性也有显著地提高,学术著作出版,日本和平学研究的本土化也越来越明显。从内容上讲,宪法与和平关系问题一直是日本和平研究的重点。日本和平研究还特别重视和平教育,如何使日本年青一代充分认识到战争的残酷性以及远离战争,是日本和平学本土化的一个显著特征。和平教育的内容也由最初的战争反思扩展到环境开发甚至是生活方式的教育。将广岛和长崎作为其研究重镇也是日本和平学的一个重要特色,结合两地特殊的历史遭遇,更加深入直观地推动日本和平学的发展。①

我国对和平学的研究开始于 20 世纪 80 年代。改革开放之后,我国的学术环境发生了巨大的变化,学术风气逐渐开放、自由。1985 年《和平研究与和平政治学——探讨实现和平可能性的科学》成为国内第一篇介绍和平学的论文,文中对西欧、北美、日本等地的和平学发展进行了简要的梳理。除此之外,该论文还对和平研究的一些现实问题提出反思,标志着和平研究在我国的开始。之后相关论文的发表向国内传递了和平研究的国际动态,对和平学的一些核心概念进行了分析和思考,国内和平学处于蓄势待发的萌芽状态。但这一时期,国内和平学的研究影响还十分有限,对一些基本概念、研究范式等方面的理解还不十分准确。

进入 20 世纪 90 年代,学者们对和平学的研究变得更加积极主动,不再满足于知识介绍,开始立足于我国具体国情,形成对关于和平学相关内容的主观思考。1996 年,李向平在其《构建新型文明的和平学》中,开始提出应该深挖我国传统文化中的和平资源,形成具有中国特色的和平学研究,可谓中国和平学的先行者,虽然其观点还未成系统,但为中国和平学发展指明了方

---

① 参见梅秀庭:《当代日本和平学研究探微》,《日本研究》,2013 年第 4 期。

向。这一时期,对和平学的研究明显更加客观全面,对和平学的研究内容、研究方法都有了更加多元化的认识,开始与国际接轨,社会影响也进一步扩大,为中国和平学研究的正式开展打下基础。

进入 21 世纪,中国和平学研究正式起步。2001 年,南京大学历史系同英国考文垂大学和平与和解研究中心建立合作关系;2003 年,南京国际和平研究所成立,同年,其创办的《南京国际和平学研究》出版,大量开展了对国外和平学研究专著的翻译工作,同时关于和平学研究的论文也取得了一些创新性成果,开辟了新的研究道路。从 2005 年开始,我国和平学研究开始进一步深化。这一年,国内首次和平学国际研讨会在南京召开;和平学研究的论著大量涌现,首批和平学教科书《和平学》《和平学概论》由南京出版社出版,书中对和平学的发展历程进行了回顾,指出了和平学的重要性,同时对和平学多涉及的核心概念、观点进行了深入阐述。除此之外,中国和平学本土化进程也进一步推进,中国传统文化中循环着丰富的和平思想,也就成为我国和平学研究本土化的主要路径。这一时期,《儒学和平思想研究》《佛学和平思想研究》《道家和平思想研究》等著作,为我国传统和平思想的研究填补了空白,开辟了我国和平学研究的新思路,也为形成具有中国特色和平学研究道路指出了方向。2005 年之后,我国和平学研究的研究深度得到了极大的挖掘,和平学学科的学科知识及理论较为系统地进入到国内学者的视野,国内学者也开始尝试新的研究思路和方向,本土的和平资源开始得到挖掘和采纳。

第二章
加尔通和平思想的形成背景与理论渊源

"哲学家们既是果,也是因。他们是他们时代的社会环境和政治制度的结果,他们(如果幸运的话)也可能是塑造后来时代的政治制度信仰的原因。在大多数哲学史中,每一个哲学家都是仿佛出现于真空中一样;除了顶多和早先的哲学家思想有些联系外,他们的见解总是被描述得好像和其他方面没有关系似的。与此相反,在真相所能容许的范围内,我总是试图把每一个哲学家显示为他的环境的产物,显示为一个以笼统而广泛的形式,具体地并集中地表现了以他作为其中一个成员的社会所共有的思想与感情的人。"①加尔通作为和平学最具代表性的人物之一,他关于和平学的许多概念和观点得到普遍的认可,其和平思想的形成也由特定的时代、地缘及个人经历所造就,同时受到东西方思想家的共同影响。

---

① [英]伯特兰·罗素:《西方哲学史》,英国版序言,转引自徐嘉:《权力与国际政治》,长征出版社,2001年,第1页。

一、加尔通和平思想的形成背景

(一)时代格局的影响

二战的罪魁祸首德、日、意企图用最残酷野蛮的暴力行为对其他国家和民族进行彻底的征服，因此无论从战争的规模、激烈程度、残酷性以及对人类社会造成影响的广度和深度来说，二战都远远超过历史上任何一次战争。这次战争给世界带来的空前浩劫使广大人民群众在更加广泛的范围内产生了普遍且强烈的反战情绪。随后核武器的出现以及在广岛和长崎所显示出的毁灭性威力更成为推动二战后和平运动与研究进一步发展的现实力量。二战后世界两极对峙，东、西方意识形态严重对立，北约、华约两大军事集团的先后成立，朝鲜战争、柏林危机、古巴导弹危机等一系列事件的发生，以及20世纪50年代中后期美苏大规模的核军备竞赛、核武器在欧洲和亚洲的扩散与部署，更使全世界人民都陷入极度恐慌之中。对战争的极度恐惧成为和平运动发展的强大动力。1947年11月首次群众性发动的保卫和平与自由代表大会在巴黎举行。1948年8月世界文化界人士在波兰举行了保卫和平大会。1950年3月该大会委员会发表要求无条件禁止原子武器的斯德哥尔摩宣言，形成了有五亿多人在宣言上签名的群众性和平运动。同年11月，世界和平理事会成立，在倡议和组织众多和平行动中发挥重大作用。1955年，由伯特兰·罗素起草、十位世界著名科学家签名的《罗素–爱因斯坦宣言》发表。两年后，来自东西方十个国家的二十二位著名科学家为响应《罗素–爱因斯坦宣言》在加拿大的大西洋沿岸小城帕格沃什举行了国际科学家和平反战会议。在这些知名科学家的影响和促进下，群众性和平运动也迎来高潮。

和平运动的高涨也引发了学术界对和平的进一步思考和研究。对于和平的思考古来已久,东、西方都有其各具特色的和平思想。在西方,奥古斯丁早在罗马帝国时期已经首先对和平概念进行系统考察,在其《论上帝之城》中,"和平"被定义为一种特定的秩序,是由不同甚至部分敌对的元素构成的多元整体,并存在于一种未受干扰的宁静中。对于奥古斯丁来说,尘世间的和平并不能依靠人类自身得以实现,只有在世界走向终结才能达到,是一种末世的希望。①伊曼纽尔·康德从近代历史的和平状况出发,为"和平"发展提出了一种新的意义。战争是和平的先决条件,和平是人类历史的终极目标,只能不断靠近,却不能最终实现。②东方两千多年前先秦哲人也已经开始讲究追求和平、追求天、地、人三者合一的大同世界。儒家认为,实现和平的手段和途径是将伦理性"和"与秩序性"礼"进行完美结合;"非攻"与"兼相爱交相利"是墨子在对人类实现和平的主要障碍"攻伐思想"进行认定后所作出的应对措施,即反对任何侵略战争、发扬人类的博爱之心、在各方平等的基础上才能实现和平。

但严格意义上的和平研究则是从 20 世纪才开始并主要产生于西方学术界。西方学术界通常将路易斯·理查森、P.索罗金、昆西·赖特作为和平研究的先驱,但其实三者的主要研究对象还停留在战争之上,之所以被奉为和平研究的先驱,主要是因为其对后来研究者的重要影响。1956 年,第一个专门从事和平研究的学术机构"解决冲突研究中心"在美国密歇根州的安阿伯成立。第二年该中心刊发了和平研究领域的第一份学术期刊《解决冲突杂志》,标志着人们开始将和平作为独立的研究对象。在这种历史背景下,加尔通1959年起草了关于和平研究的规划并在挪威成立奥斯陆国际和平研究所,几年

① 参见[罗马帝国]奥古斯丁:《上帝之城》,转引自[德]海因里希·贝克等主编:《文明:从"冲突"走向和平》,吴向宏译,中国社会科学出版社,1998 年,第 129 页。

② 参见[德]伊曼纽尔·康德:《世界文明目标的普遍历史观》,转引自[德]海因里希·贝克等主编:《文明:从"冲突"走向和平》,吴向宏译,中国社会科学出版社,1998 年,第 140 页。

之后又创刊《和平研究杂志》，成为世界主要的和平研究中心。1961年，战争与冲突研究所在荷兰格罗宁根成立。由此，这三大和平研究机构成为当代西方和平研究的发源地，影响了众多和平研究者，并激发了和平研究机构和组织的迅猛发展。这一阶段是加尔通和平研究的初始阶段，其所领导的奥斯陆国际和平研究所的具体研究课题和方法与其他和平研究中心没有很大的区别，还没有形成自身独有特色，其重点还处于论证和平研究独立性问题。

进入20世纪六七十年代，国际形势发生了很大变化，美、苏两大超级大国展开双边对话，东西方紧张局势有所缓解，在东西矛盾有所缓和的情况下，人们注意力开始发生转向，南北问题日益受到关注。南北差距的不断拉大使人们开始意识到不公正的结构性存在。随后越南战争、苏联入侵捷克斯洛伐克等事件的发生也让西方学者意识到"不对称冲突"新问题、新情况的出现。同时，以《禁止在大气层、外层空间和水下核武器试验条约》的签署为契机，曾经陷入低潮的世界和平运动再一次掀起高潮，一场一场声势浩大的反战运动席卷西方社会。在此背景下，加尔通开始尝试对传统和平观念进行突破，对和平研究领域进行扩展。加尔通对"和平即无战争"的传统观念提出挑战，认为仅仅没有直接暴力并不能成为构成和平的充要条件，并首次提出"结构暴力"的概念，从而将第三世界的贫困、饥饿等以往被认为由经济落后所引起的众多现象归入了暴力范畴。加尔通认为这些现象的本质是统治者对其社会成员之外的其他价值观念存在偏见和社会结构的不合理。"结构暴力"概念的提出意味着把发展问题纳入和平研究轨道，将和平与发展作为一个问题的两个方面，扩大了和平研究领域。

20世纪70年代末随着苏联入侵阿富汗以及美国里根政权不满美国日益衰落的国际地位推行对苏强硬政策，东、西方重现紧张对抗局面，美、苏为了争夺核威慑的绝对优势，纷纷加强在欧洲部署中程导弹，世界和平运动再揭高潮。和平研究的研究重点回归传统的战争和裁军问题。加尔通提出了自己的军事转向理论,设想用"防御性武器"代替"攻击性武器",认为如果各国都进行"防御性武器"配置,那么即使通过军事手段实施防卫也不会导致大规模军备竞赛。加尔通还提出要想实现"防御性武器"配置的目标,就需要实现自力更生、保持自身独有文化不受外界的干涉。随着冷战的结束,一个多极和多文化的世界逐渐展现在我们的面前,西方国家的普世主义日益将它引向同其他文明的冲突,加尔通的注意力也随之发生转向,从"结构暴力"到"文化暴力",加尔通希望能够找到阻碍和平实现的更深层的原因。综上所述,加尔通的和平思想不仅有其自身的发展逻辑,同时与不同时期的时代背景有着密切的关系。

(二)地缘政治的影响

加尔通的出生地挪威全称为挪威王国,国土面积包括斯瓦巴德群岛、扬马延岛等属地在内近四十万平方千米。它位于斯堪的纳维亚半岛西部,东邻瑞典,东北与芬兰和俄罗斯接壤,南同丹麦隔海相望,西面濒临挪威海。海岸线长两万多千米。全境属于海洋性气候。全国人口截至 2008 年约为四百七十五万,其中百分之九十五为挪威人,北部有萨米族约三万人。百分之九十的居民信奉国教基督教福音信义会。官方语言为挪威语,首都为奥斯陆。挪威为君主立宪制国家,国王为国家元首兼武装部队统帅,议会是最高立法机构,政府是最高的行政机关,并对议会负责,首相由国王提名。挪威是拥有现代化工业的发达国家,经济部门以海上石油、航运、水电、电气冶金、化工、造船和木材加工业较为发达。工业在国民经济中占重要地位,是西欧最大的铝生产国和出口国,也是西欧最大的石油生产国之一。农业的年产值占国民生产总值的 2.9%,耕地面积为近九千平方千米。实行九年义务制教育,学校大多数为公立,中央政府负责高等教育,地方政府负责中等和初等教育。全国有高等院校二百一十一所,最著名的大学为奥斯陆大学。[①]挪威在世界的印象中是一个充满和平的国度,和平与和解一直是挪威外交传统的重要组成部分。1905 年 8 月 31 日瑞典和挪威进行会谈,正式宣布废除《瑞挪联盟法》,挪威重新获得独立。挪威选举丹麦亲王查理为国王,称哈康七世,政体确立为世袭君主立宪制。挪威独立后,在一战期间,奉行中立政策。1933 年挪威工党执政后,采取了一系列的社会福利政策,如劳动保护立法、建立全民养老金和社会失业救济金等。二战爆发后,挪威重申传统的中立立场,但法西斯德国在 1940 年 4 月 8 日入侵挪威。挪威政府和军队奋起抵抗,6 月底,挪威全境陷落,王室和政府流亡英国。挪威人民在祖国阵线领导下向德国占领者展开英勇斗争, 流亡政府在英国也组织了挪威旅和空军中队等武装力量。1945 年 5 月德国占领军投降后,挪威光复。历史表明,挪威始终倡导采取和平与和解的外交政策来解决冲突,为世界和平事业做出了自己的贡献。加尔通生于斯长于斯,受到了很大的影响。挪威之所以能够发展成为一个和平之邦,主要有国际和国内两个层面的原因。

第一,从国际层面来讲,挪威隶属北欧五国,虽然与欧洲其他国家和地区一样,在二战后被纳入美、苏争霸范围,但毕竟由于地处欧洲中心的外围地区,所面临的局势不像中欧国家那样险恶。美国虽然要求挪威参加北约,但并未在其领土上驻扎部队。苏联军队也在挪威解放之后不久就进行了撤离。挪威所处的地理位置以及美、苏对其采取的克制态度为其提供了较为宽松的选择空间, 使各项和平的方针政策得以出台和推行成为可能。除此之外,北欧五国作为一个整体,所展现出的外交智慧与对和平的坚守也是不容忽视的原因。战后,美、苏两个超级大国之间尖锐对抗,北欧五国为避免卷入其斗争漩涡,通过"北欧平衡"格局的形成来保持北欧地区相对稳定的局面。

---

① 参见 http://baike.baidu.com/view/4918.htm。

所谓"北欧平衡"是人们用来描述二战后北欧地区所形成的安全格局的一种说法。当时,芬兰由于参加侵苏战争失败,于1948年与苏联签订条约,在条约义务约束下宣布中立;瑞典曾经争取挪威与丹麦共同组织中立的北欧防御联盟,但没有成功,于是瑞典宣布继续执行其传统的不结盟的中立政策;挪威、丹麦、冰岛则参加了北大西洋公约。虽然从表面上看,五国似乎在对外方针和安全政策选择上分道扬镳,但仔细品味之后不难发现,五国并没有放弃他们之间唇齿相依的合作传统。芬兰与苏联保持正常的外交关系,无形中在瑞典与苏联之间形成了缓冲,有利于瑞典保持其中立地位。挪威、丹麦作为北约成员虽然在形式上处于与苏对立的状态,但两国都宣布在和平时期不接受盟国驻军,以缓和对苏关系,避免了苏联援引芬苏条约向芬兰提出军事方面的要求。

"北欧平衡"的重要特点就是通过芬兰、瑞典的保持中立和挪威、丹麦和平时期不接受外国驻军的保证,使北约和华约两大军事集团在北欧地区呈现一种脱离接触的状态。北欧五国依靠这种平衡关系得以保持北欧地区相对稳定的局面,即使是在东西方矛盾最为尖锐的时期,这里也只是一个所谓的"低度紧张区域"。可以看出,北欧五国虽然在二战后对外政策方面走上了不同的道路,但只是方法上不同,本质目标却是一致的,即安全与和平。挪威、丹麦、冰岛参加北约,其实质是为了安全与和平;芬兰与苏联建立"特殊"关系其实质也是为了安全与和平;瑞典顶住了美国要求它放弃中立的压力,不受苏联指责的干扰,坚持中立原则,还是为了安全与和平。面对冷战时期恶劣的国际环境,北欧五国顶住压力,坚守中间道路,最终成为一种维护世界和平的区域性力量。也正是借助这一整体性力量的支持,挪威才成就了其和平之邦的地位。

第二,从国内层面来讲,作为和平之邦的挪威能够实现对和平道路的坚守首先得益于其政党制度和挪威国内工党的长期执政。挪威主要的政党有工党、进步党、基督教人民党、保守党、中央党、左翼社会党、自由党、挪威共产党、挪威工人共产党等。[1]工党是挪威最大的政党,成立于1887年8月。工党从建党之初便与各工会密切合作。在1903年大选中,1名工党代表首次入选议会。1918年,工党有保留地参加第三国际。1923年,工党退出第三国际,党内左翼退出另建共产党。1927年,社会民主党并入工党,在同年举行的大选中,工党获得36.8万票、59个议席,一跃成为议会大党。1945年10月的议会选举中,工党获得多数选票和议席组成了一党政府,一直执政到1961年。执政期间,工党政府进行了税制改革,实行了全民医疗保险。20世纪70年代末至80年代初,工党内部在防务问题上出现分歧而使力量削弱。1990年工党再次上台执政。工党的目标是实现民主社会主义,倡导取消阶级差别,消除社会、经济和文化上的不平等;主张高额税收和广泛的政府控制,其政策基石是保持与发展福利国家的模式,实行高水平公共开支;力求实现全体就业,提高人民生活水平,并逐步改变所有制内容,在越来越多的领域内实行国家和市政所有制;重视社会民主化的建设,强调职工有权参与生产和劳动条件的计划和安排。[2]由此,我们可以看出挪威政党体制结构的牢固以及工党偏重大众利益的党政方针为挪威的和平走向奠定了良好的社会氛围。

其次得益于挪威悠久的民主制度。民主意味着平等与尊重,是和平的重要保证。给挪威带来民主面貌的各种制度可以追溯到中世纪。当时,国王与议事会之间的竞争已经开始,竞争的结果是国王的权力受到了契约的限制和约束,而议事会作为一种高度参与的政体形式成为日后挪威民主制度的基石。到了19世纪,在美、法两国的民族革命和英国的工业革命的影响下,挪威群众运动此起彼伏。据统计,到1814年时挪威已经大约有45%的二十五岁以上男性公民获得选举权,成为北欧五国中第一个接近群众民主的国

---

① 参见王祖茂:《当代各国政治体制——北欧诸国》,兰州大学出版社,1998年,第195页。

② 同上,第195~197页。

家。自此,公民参与政治生活的格局已经基本形成。

另外,挪威司法制度中还有一个不同于其他北欧国家的调解委员会机制。设立这一机制的目的有三,即使争端以友好的方式解决,减少正式法院的工作压力,给所有人提供以花最小的费用使争端得到解决的机会。挪威国内每一个市政当局都会设立一个调解委员会,委员会由三名成员组成,由市议会选举产生,任期四年。社区内年满二十五岁的居民,除郡行政长官、受雇于司法和警察部的起诉部门的官员及从业法律工作者外,如果被市议会指定,必须服务于调解委员会。调解委员会的成员没有薪金,但他们可从每个被处理的事件中获得小额报酬。在挪威全国总共有七百五十个左右的这种调解委员会。①调解委员会的组织和判决与正式法院一样受法律保护。挪威法律规定,除某些情况外,一个民事争端在被提交到正式法院之前必须先提交到调解委员会调解。调解过程中不雇请律师。争端双方各自解释自己的立场及对自己有利的论点。调解委员会成员,尤其是在小的社区,大都熟悉争端双方当事人,甚至了解有关争端的事件,因此通常能提出一个为双方都能接受的解决方法。如果双方同意调解,调解委员会就做出一个正式的协议,并记入委员会记录,争端就算被解决了。如果调解员不能在争端双方之间达成协议,原告可将争端提交到地方法院作正式的司法判决。可见,和平传统已经渗透于挪威社会生活的方方面面,正是由于多种和平因素的共同作用才造就了挪威作为世界和平之邦的地位,哺育了如加尔通这般杰出的和平学者。

(三)个人经历的影响

一个人的思想建设离不开其家庭生活和社会经历的影响。加尔通和平

---

① 参见王祖茂:《当代各国政治体制——北欧诸国》,兰州大学出版社,1998 年,第 221 页。

思想的形成自然也不例外。1930 年,约翰·文森特·加尔通出生于挪威奥斯陆一个贵族后裔家庭。"加尔通"这个姓氏源于霍大兰,是其曾祖父的出生地。加尔通的曾祖父和父亲都是位医生。这一点对加尔通日后的和平研究产生了重要影响。作为一名合格的医生,要严格遵守希波克拉底誓言,肩负起对病人、对社会应有的责任,践行医生各项行为规范,平等地对待每一位病人,面对因身患疾病而痛苦的病人,报以十二分的热心和耐心。除了具有高度的责任心和优良的道德品质之外,一名优秀的医生还要不断提高自身医疗水平和素养,需要尽可能多地掌握与医学有关的各种学科知识,及时更新自身知识体系,善于拓展自身理论视角,这样才能凭借自身所学造福人类。以上两点不仅是对医者的要求,同时也是对一名和平学者的要求,更是成为日后加尔通对和平学者的要求。加尔通明确表示和平学者要具有高度的社会责任感和社会良知,对世界和平事业抱有极大热情;同时不断扩展自身研究视角,吸收各科所长以期实现和平的目标。

对加尔通和平思想形成重大影响的另一位家庭成员当属他的现任妻子。加尔通本人曾说过他妻子在很多方面给予他启发。加尔通有两次婚姻,现任的妻子是位日本人,与日本妻子的朝夕相处为加尔通深入了解东方文化提供了不可多得的机会,从而使加尔通和平思想充满了浓郁的东方气息,不仅有助于打破以美国为首的西方学术霸权,而且为世界进一步了解东方文化创造了平台,为世界和平的构建提供了更多资源与视角。

除了家庭的影响,加尔通本人的社会生活经历也注定其成为一名优秀的和平学者。加尔通经历过二战,纳粹德国占领挪威时期,十二岁的他目睹父亲被纳粹抓捕。1951 年,在其义务兵役服役期间,加尔通被选为和平协调员并在当地进行了十八个月的社会服务。社会服务工作进行了十二个月后,加尔通坚持其社会服务的剩余时间应用于与和平相关的活动。加尔通曾向挪威司法部提交请愿书以停止进行强制性的军事演习。在请愿书中,加尔通希望在国际政治领域采取更为积极的方式以消除或减少对军事手段的使用,并提到了"和平研究"这一概念。而挪威官方的回应是将他投入监狱服刑六个月。加尔通还曾经是挪威工党的积极分子,但当挪威工党于1952年决定加入北约的时候选择离开。加尔通关于甘地的研究发表于1955年,随后的一年,加尔通获得奥斯陆大学的数学硕士学位。1957年完成了奥斯陆大学的社会学博士学位。1958年,加尔通被授予哥伦比亚大学社会学系的访问助理教授。在美国,加尔通讲授社会学,对监狱的社会学意义、美国的种族间关系等问题进行研究和写作,发表了很多有关统计方法的文章,并且开始涉足冲突理论的研究。1960年,加尔通返回奥斯陆并设立了奥斯陆国际和平研究机构。1962年,年仅三十二岁的加尔通已经撰写了四十五篇文章,多产成为加尔通的标志。一直到1969年,他都在奥斯陆国际和平研究机构担任主任理事,见证了这一机构从挪威社会研究所下属的一个部门发展成由挪威教育部提供资金的独立的研究机构。1964年,加尔通领导下的奥斯陆国际和平研究机构创建了第一份致力于和平研究的学术期刊——《和平研究杂志》。同年,加尔通帮助成立了国际和平研究协会(The International Peace Research Association)。1969年之后,加尔通离开了奥斯陆国际和平研究机构,在奥斯陆大学任和平冲突研究的教授职位,任期一直到1978年。之后,他就任于杜布罗夫尼克的国际大学中心的主任,同时兼任世界未来研究联盟(The World Future Studies Federation)的主席。同时期,他还在其他大学兼任客座教授。目前,他在塞布鲁克大学教授人文科学,同时还是挪威文理研究院(The Norwegian Academy of Science and Letters)的一员。

随着年龄的增长,他将精力更多地投入到和平调节工作当中。1993年,他与他人共同创建了"超越–和平发展与环境网络"(TRANSCEND International)。这是个利用和平的方式进行冲突转化的组织。加尔通认为目前常见的四种传统冲突转化方法(①A赢B输;②B赢A输;③由于A、B都没有准备好去结束冲突,因此解决方案被无限推迟;④令人困惑的妥协虽达成,但 A、B 都不满意)并不令人满意,试图找寻"第五条道路"来达到双赢。这种方法强调人类的基本需要,诸如生存、身体健康、自由、身份认同等,主张在国际冲突中,运用谈判超越的方法,让冲突各方明确自身目标,努力得出满足各方目标的解决办法,给各方提供详细的方案,使其达到双赢的目的。

加尔通是一位涉猎广泛、著作丰厚的研究者,上千篇文章,百十本专著等身,主要贡献集中在和平学。与此同时,加尔通更是一位和平的践行者,先后获得了十项荣誉博士学位,1993 年获"英迪拉·甘地和平奖"。四十多年来,加尔通建立了多所遍布世界各地的和平与调停中心,还担任联合国及其相关组织的高级顾问,他本人参与过一百多起国际冲突的调停,并因成功地调解了厄瓜多尔和秘鲁在安第斯山区的领土纠纷而获得诺贝尔和平奖提名。可以说,加尔通生活中的每一步都在其和平思想中留下了烙印:经历过战争的洗礼使加尔通比常人更加明白和平的重要,而对和平的渴求引导加尔通走上了和平研究道路;加尔通多学科、跨国界的学术背景有为其能够以崭新的视角扩展传统和平思想打下了坚实的基础;加尔通积极参与各种和平调解工作,重视和平实践,又使其和平研究摆脱了单纯的价值诉求的局限,成为具有科学性、可操作性、经得起实践考验的和平理论。

二、加尔通和平思想的理论渊源

时代、地缘以及个人经历的造就只是加尔通和平思想形成的一个方面,影响加尔通和平思想形成的另一个重要方面就是他所接受和吸收的各类思想。加尔通与其他欧美思想家不同,其作品明显受到了东、西方文化的共同影响。

（一）以帕森斯为代表的结构功能主义的影响

社会学中结构功能主义对加尔通的影响十分显著，加尔通在进行理论研究的过程中经常会使用结构功能主义的相关概念和观点。帕森斯将社会学中结构主义与功能主义进行最大限度的整合，支持社会整体性观点，强调对隐藏的结构和潜在的功能进行考察，无疑是结构功能主义的集大成者。帕森斯结构功能主义思想形成初始，受到了罗斯福新政的影响。[①]当时，罗斯福为应对美国正经历的经济危机实行"新政"，通过"新政"这种社会变革实现了国内利益关系的调整，促进了社会的稳定，规避了大规模的战争和冲突极端化。帕森斯在此启发下，也希望通过系统内部的整合实现社会系统的均衡与稳定，正是在这种思想的巨大推动，完成了其结构功能主义理论。结构功能主义理论的形成挑战了芝加哥学派的传统学术地位，试图构建一个适应各种社会结构类型和文化背景的、具有普遍性和综合性的社会学理论体系，重视将经验研究与理论研究相结合，推进社会学的发展和应用。

帕森斯结构功能主义理论主要由社会行动理论、社会系统理论以及结构功能理论三大部分组成。[②]帕森斯认为，单元行动是社会行动最基本的单位，需要以行动者、处境和目标为前提，同时受到规范导向的制约；而社会系统作为一种制度化模式，由单位行动构成，受到文化系统、人格系统以及行为有机体的限制和约束；社会系统的内部结构需要满足"适应、目标达成、整合以及维模"四大功能，这四大功能通常由经济系统、政治系统、社会共同体系统和文化系统所执行与完成。帕森斯结构功能主义理论明显从功利主义、

---

① 参见［美］杰弗里·亚历山大：《社会学二十讲——二战以来的理论发展》，贾春增等译，华夏出版社，2003年，第83页。

② 参见［美］乔纳森·特纳：《社会学理论的结构》（第七版），邱泽奇等译，华夏出版社，2006年，第38~39页。

实证主义和理性主义中获益，对三者的假定与概念进行了批判和继承。其中，强调规范取向、重视文化价值观念或主观因素的重要作用是其理论的一种重要特点。价值规范是一定环境下的行动指南，影响着人的心理、思维方式、价值取向和行动。在帕森斯看来，价值规范是构成社会秩序的基础，是维持社会稳定与发展的关键。价值规范对行动的调解作用成为帕森斯社会理论的核心，渗透于整个理论体系中。

1937 年帕森斯的《社会行动的结构》一书奠定了结构功能主义的基础，此书被看作现代社会学的一次重要的理论综合，在美国产生过重要影响。虽然很多人将帕森斯作为结构功能主义的鼻祖，但不可否认，帕森斯也是在继承和发展了前人已有理论的基础上逐渐形成自己理论的。结构功能主义是人们对社会的探索性研究。自 19 世纪中叶以来，在生物学的影响下，孔德将社会看作成人的身体，认为社会也如生命有机体一样，有自己的演变过程。斯宾塞将这种观点进一步扩展，认为社会像人体一样，是由不同的组成部分相互依赖、相互作用的系统。法国的犹太裔社会学家迪尔凯姆吸纳了斯宾塞的思想精华，虽然淡化了社会有机体的概念，但特别强调社会的整体性，也就是强调要通过社会的整体性来观察和研究各种社会现象和社会行为，并且指出社会价值体系在社会组织中的重要作用，认为社会价值体系在整个社会组织的维持和发展过程中起到了"纽带"的作用，这一点对帕森斯思想的形成具有重要的启示意义。

迪尔凯姆对帕森斯的另一个重要影响在于对社会整合和社会秩序的强调，认为社会系统在一般情况下，总是趋于平衡与稳定的状态，即使发生一些"反常"的现象，社会自身也具有反馈机制，能够自发地返回至平衡状态。社会人类学家马林诺夫斯基提出社会文化中的风俗、习惯或是制度、信仰都源于社会中的某种需求，从而指出功能普遍性和不可或缺性。而另一个社会人类学家拉德克里夫·布朗更指出，社会文化对维持社会结构的连续性具有重要的功能性。马克斯·韦伯与帕累托的思想也对帕森斯发展结构功能主义产生了重要影响。韦伯对社会行动的理解对将自身理论称为行动理论的帕森斯来说影响是深远的。韦伯认为,想要了解社会现象,需要通过行动者的行动和意图来进行把握,帕森斯正是将韦伯的"社会行动"概念作为自己研究社会的一个基本假设,认为社会生活的方方面面都表现为各种社会行动,只有理解社会行动者的行为,才能理解各种社会现象的发生与发展。社会行动者是多层面的,可以是每个社会成员个体,也可以是一个组织团体,还可以是整个社会,因此对于帕森斯来讲,社会组织或群体,甚至是整个社会系统都可以人格化为社会行动者。帕森斯同时吸收并发展帕累托的社会均衡理论,认为社会行动者相互依赖并形成社会系统,社会行动者的变化也就必然产生社会系统的整体性变化,而在一般情况下,系统是趋于平衡稳定的状态。

帕森斯的结构功能主义理论首先是一个行动的理论。1937年,帕森斯在他第一部著作《社会行动的结构》中,提出了"唯意志的行动论"。帕森斯在这本书中将以往的行动理论归纳为功利主义类型、实证主义类型和理想主义类型。帕森斯对这三种类型的行动理论进行了批判和借鉴,从而形成了自己的行动理论。帕森斯认为,"理性的经济人"是最为典型的功利主义类型的理论假设,认为作为"理性经济人",行动的共同特征就是花费最小的代价,获取最大的利益。在功利主义类型的行动理论中,所有的行动、所有行动手段的选择都要服从于这个目标,即指明凡是社会行动是要具有目标导向的,同时行动者也具有一定的选择自由。但帕森斯认为,仅仅关注功利因素是不全面的,还需要其他要素的渗入,因为如果完全采取这种个人主义的行为倾向,社会秩序将会十分随意并不可预料。帕森斯认为,这种类型的行动理论回避了行动者如何会产生这种倾向性,即为什么每个行动者都是趋利的。实证主义类型的行动理论将行动看作一种物理现象,认为社会行动是一种因果关系的反映。所有行动的发生是因为所处情境，包括各种物质环境、生物遗传等在内的各种要素。环境因素是行为的唯一原因，因此将行动者的主观性排除在外。帕森斯虽然继承了环境巨大的决定性因素，但却认为忽视了行动者思想的复杂性也就无法解释社会行动者的随意、选择性和为目的奋斗的倾向。而理想主义类型中对共同理想、共同价值观的重视无疑成就了帕森斯对价值规范的认知，认为某一社会行为的产生必有相应的社会文化价值为前提，将价值规范作为自身理论的独立变量。

帕森斯在其《社会行动的结构》一书中，将分析重点放在"单位行动"上，认为一个"行动"应该具备以下三个基本要素：第一，要有一个行动者，即行动的主体，一个具有能动性，能够"努力"的行动主体；第二，这一行动者要有自身的行为目标；第三，这一行动者的所有行动要受到情景的制约。情景在帕森斯看来又分为两部分内容：一方面是行动实施的条件，另一方面是行动的手段，前者是不受行为者控制，在短时间内是不能改变的，而后者所采用的手段却是可以进行选择的，但不管是不可改变的环境，还是可以选择的手段，都受到社会共同规范的约束。在帕森斯设定的行动模式中，每个行动者都具有一定的能动性，在进行行动时都会设定自己的行动目标，展现自身的自由意志，但行动者的"努力"是受到情景制约的。这些情景由物质因素和非物质因素两部分组成。其中，非物质因素中的规范是帕森斯特别强调的，因为规范会深入行动者的思想，通过行动者的主观判断带入每一次行动和情景之中，可以说包括行动者设定目标、手段的选择等行动的全过程都在规范的引导下进行，所有的行动都有一个规范尺度，不管是人类的理性行为还是非理性行为，规范要素可谓无处不在。

帕森斯的"行动"与"系统"是高度复合的，任何一种"行动"都是系统范围内的"行动"，任何一种"系统"都需要"行动"的支撑。每个系统都需要发挥必要的动能才能延续。帕森斯认为这些前提性的功能为适应（adaptation）、目标实现（goal-achieving）、整合（integration）和模式维持（pattern-maintaining）四个主要功能。所谓的"适应功能"是指一个系统需要能够从所处的环境中不断汲取各种资源，并且适应所处环境的能力，因为在帕森斯看来，一个系统只能具备获取所需资源的能力，才能继而将这些资源进行加工并分配给系统内各个组成部分，从而维续整个系统的行动能力；"目标实现功能"是指每个系统都会有自己特有的行动目标，有时还需对多个行动目标进行排序，并能够调动系统内的各种资源来满足达成目标的各种行动；"整合功能"是指每个系统都要有能力保持各种行动之间的均衡关系，只有这些行动之间的关系是稳定的，这个系统才能稳定持久的；"模式维持功能"是指一个系统不仅仅要整合各个行动之间关系的均衡，还要形成核心价值观，通过制度化手段保持这一价值观的稳定，因为只有一个系统具有稳定统一的价值观，社会成员才会在一定的规范和秩序下持续行动，而且这种核心价值观在帕森斯看来能够有效缓解成员间情感上出现的紧张状态，是一个系统应该具有的非常重要的能力。这四种功能相互关联，互相促进。"适应""目标实现"功能保证了一个系统能够从外界获取有效资源，并按照自己预想的目标轨迹持续发展，与此同时，"整合""模式维持"功能则很好地实现了内部的稳定和聚合。因此，按照帕森斯的观点，一个系统想要持续行动，就需要这四种功能的满足，也就是说这四种功能在帕森斯看来是一个行动系统存在的必要条件。

帕森斯将行动系统分为四个主要组成部分，即行为有机部门、文化部门、社会部门与人格部门。帕森斯着重对社会部门的运行进行了分析。社会部门内部又被细分为四个子系统，在社会部门内部承担着不同的功能。这四个子系统分别是经济系统、政体系统、社会性社区系统和文化模式托管系统。经济系统所执行的功能是适应环境，也就是说经济系统所发挥的功能是从社会部门所处的外部环境中吸纳各种资源，并进行加工生产，保障消费品在整个社会部门内部流通，从而实现这个部门的物质生存；政体系统所执行的是目标实现功能，这一系统需要明确整个社会部门所需要的共同发展目标，对不同发展目标进行排序，并合理配置已有社会资源去实现这些目标；社会性社区系统执行的是整合功能，即如何更好地增加整个社会的聚合力和向心力，一方面要建立社会部门内部所需要的如司法、军队或是其他社区组织在内的各种机构，通过这些机构帮助社会成员行为的有序，另一方面还要实现这些机构间的平衡稳定，从而实现整个社会内部的团结；文化模式托管系统所执行的是模式维持功能，所要发挥的作用是要形成一个社会范围内达成共识的核心价值观，通过各种制度法规进行维持，并依靠社会化手段，使社会成员接受这些社会规范，在社会规范的制约下进行社会行为，从而缓解社会内部人员之间的紧张状态，实现整个体系的和谐存续。在帕森斯看来，这四种功能都需要充分发挥，并相互协调，这个社会才能够均衡运转，但对其中文化模式托管功能的重视也是帕森斯理论的一个显著特点。

虽然这四个子系统都发挥了不可替代的功能，但这四个子系统在排序上却是具有等级次序结构的。帕森斯在对这一观点进行阐述时，借助现代控制理论，认为这四个子系统中，会有等级层次高的系统，也有等级层次低的系统。具体来说，文化模式托管系统是等级层次最高的系统，之后依次是社会学社区系统、政体系统和经济系统。高一级的体系制约和规定着低一级的体系，低一级的体系接受高一级体系的调节。对于帕森斯来说，文化模式托管系统所形成的社会文化共同价值观等一系列社会规范直接制约着社会性社区系统中各个机构的构建，而社会性社区系统中各个机构的组成和关系处理又调节这政体系统功能的实现，政体系统功能是否能有效发挥又影响着经济系统的运行。但高一级系统与低一级系统之间又是相互依赖和支撑的，只有低等级提供了充分的能量供给，高一级系统才能发挥应有功效。经济系统只有提供了充分的物质资源，保证了整个社会经济发展的稳定，政体系统才有可选择的资源，才能将这些资源进行合理分配；而政体系统能否保证社会形成共同发展目标间的排序，直接影响社会性社区系统社会法律制度建设和社会整合功能的发挥；而只有社会性社区系统形成了完善的社会法律制度，满足了基本的社会整合，才有可能实现文化托管系统中形成具有约束力社会统一规范的目标。因此，这些子系统之间持续不断地进行信息和能量的交换，相互补充，相互支撑。

在这些子系统相互交换信息和能量的时候，会采用不同的符号作为各自的共同形式。经济系统将货币作为自身的交换媒介，政体系统则把权力作为自己的主要交换媒介，社会性社区系统将影响力作为自己与其他三个子系统进行交换的媒介，而文化系统则采用价值承诺的方式进行互换。帕森斯认为，应该根据不同子系统所采纳的不同交换媒介对这一子系统进行输入和输出的分析。帕森斯认为，由于这些子系统之间相互依存、相互作用，各自发挥着自己的各项功能，因此社会部门一般处于均衡的状态，即使由于外部或内部的原因，社会系统发生失衡，出现了不稳定的现象，社会部门内部文化模式托管系统产生的共同社会价值规范或者社会性社区系统所形成的各种机构机制也能够自行修复。因此，帕森斯的系统分析理论最为关心的问题是如何实现社会体系达成稳定和均衡，并且强调社会自身可以依靠各自功能的发挥和调整来实现整个社会的整合。这也是帕森斯理论经常被学者诟病的地方，即过度强调社会的稳定，而无法对社会变迁进行理论解释。但其实，虽然帕森斯最为关注的是稳定、整合和均衡的社会系统，却并不否认系统的变迁。帕森斯使用了"紧张"这一概念来诠释社会内部所出现的失衡，是对所有致使社会偏离正常规范，影响社会整合的各种因素的总称。当社会出现紧张，产生偏离社会规范的行为时，社会各个子系统会进行修正，在修正的过程中，会产生一些新的单位以取代原有产生偏差的单位，这些新的单位还有可能分化成两个或两个以上的单位或系统，新分化出的单位，不仅担负着原有的功能，甚至还提高功能发挥的效力，从而产生结构的分化、社会的变迁。

　　加尔通在构建自身和平理论时,明显受到了帕森斯的影响。第一,二者构建理论的终极目标是相通的。加尔通也希望能够通过和平理论的构建与发展为实现世界的均衡与和平提供强有力的理论支持。加尔通和平思想本身的温和中庸也表明其拒绝任何极端手段的立场,坚信内部的调节整合和不断的变革是实现和平有效的也是唯一可行的手段。帕森斯希望建立的普遍适应、高度综合的社会学理论也与加尔通"和平学是世界的,不应有国界限制"的观点相吻合。加尔通认为,和平理论应该超越国界,加强世界各种文明间的交流与对话,加深彼此间的了解,不断认识到自身的局限,去其糟粕取其精华,才是实现和平的终极之路。同时,加尔通也如帕森斯一样十分重视将理论研究与经验研究相结合,认为"一个合格的和平理论研究者同时也应该是一位优秀的和平工作者"[①],用理论指导实践,再在实践中检验理论并发现不足之处。加尔通所提出的理论研究三角"经验研究-理论研究-建构研究"可以说是这一观点最为典型的一种体现。

　　第二,结构功能主义一个首要特点就是强调整体性观点、承认社会结构的约束功能、重视对隐藏的结构与潜在的功能等深层次的考察和研究。加尔通"结构暴力"概念的提出注定了他成为整体主义认识论持有者中的一员。加尔通强调和平应该是所有暴力形式的缺失,不仅要拒绝直接暴力,更要去除结构暴力,即使"这一暴力形式由于深植于社会结构之中而不易被人所察觉"[②]。"结构暴力"对人类自我实现造成结构性制约和限制,因为缺乏明显且具体的影响客体,常常被人们所忽视,但正因为结构暴力的隐蔽性,其伤害周期也相对较长,破坏性并不亚于直接暴力给社会所带来的伤害。"结构暴

　　[①]　Stefana Guzzini,Dietrich Jung,*Contemporary Security Analysis and Copenhagen Peace Research*,Taylor & Francis,2003,p.23.

　　[②]　Johan Galtung,*The Meaning of Peace*,International Peace Research Institute,1967,pp.43–49.

力"概念的提出表明加尔通格外强调社会结构观,即"把社会理解为不同的安排和布置,任何一种行为体在这样的结构环境中都不再只是它自己,同时还承担一定的角色任务;进而,它的行动也不再只是对与之发生关系的其他行为体具有意义,同时也影响着它所处的社会的整体结构"①。

第三,帕森斯重视价值规范的重要作用也给予加尔通重大启发。20 世纪80 年代末,在对价值观、信仰、规范等文化因素进行认真思考之后,加尔通提出"文化暴力"的概念。这一概念表明不仅我们身处的社会结构能够产生暴力,而且我们从小接受熏陶的文化也同样能够产生暴力。加尔通认为:"文化就是我们从小学习的一组规则。这组规则涉及好坏、对错、美丑、真理谬误、神圣亵渎等等。文化通过演讲、行动、结构、法律、科学、艺术等多种方式来显示自己的存在。然后,我们再用这些规则进行评估界定。"②"文化暴力"就是指这组规则中的某些部分通过改变某一行为的道德色彩,在一定程度上使暴力合法化,甚至变成了一种荣耀,从而助长了暴力的滋生。现存最为显著的"文化暴力",在加尔通看来,主要表现为西方文明在世界观与价值观上的垄断地位。目前最为紧迫的是引入和吸纳东方文明,加强各种文明间的了解与学习,才能更加深刻地意识到文化暴力的存在,从而对其进行有效避免和防范,以实现最终达成和平的目标。

(二)以福柯为代表的后现代主义的影响

一般认为"现代主义思潮"开始于文艺复兴、经历了启蒙运动直至 20 世纪 50 年代发展至顶峰。这一过程基本与西方资本主义的产生、发展和实现现代化的进程相吻合。而"后现代主义思潮"试图打破传统理论观念对人类思维的束缚,通过对"现代主义思潮"的反思和批判,为人类创造了一个重新

---

① 倪世雄:《当代西方国际关系理论》,复旦大学出版社,2006 年,第 240 页。

② Johan Galtung,Culture Violence,*Journal of Peace Research*,Vol.27,No.3,1990.

认识世界的机会。具体表现在以下三个方面：

第一，传统现代主义思潮习惯将所有概念及范畴进行非黑即白的处理：善与恶、对与错、精神与物质等。在这些成组出现的概念和范畴中，前后两项并非处于对等的位置，第二项从一开始就被排除在外，永远作为对第一项的否定和破坏的形态出现。后现代主义思潮力图对这一现象进行解构，对其存在的前提条件和所发挥的作用进行全方位的批评，目的就在于防止思想、文化、道德体系的僵化和极权化。福柯认为，这一现象是第一项对第二项的压制，这一现象得以实现和延续在于对第一项的霸权地位进行保证。这种保证通过多种途径得以实现，最具代表性的是制度的建构，经过数百年形成的社会制度所具有的规训功能对第一项的霸权地位的获得和维持具有重要保障作用。规训的力量成为一种权力，将诸多第二项作为一种恶、一种病态来认识和处理，然后再通过戏剧、文学、学术等各个领域进行衍生和强化。因此，在福柯看来，权力不仅通过国家、政权等这些传统权力形式，更以知识、科学、真理、规范等形态发挥作用、产生影响，最终的结果是凭借第一项垄断地位的确立对不同的声音进行排斥和压制，对多元性、差异性、个体性进行抵制和打击，从而实现社会的绝对服从。在现代主义思潮下，人们总是倾向于根据不同等级对万事万物进行安置和应对，使全世界呈现一种等级体系，既然是等级体系，就必然产生中心和边缘；而在后现代主义思潮下，却将此看作对多样性的极度损害，认为这种等级体系应该彻底打破，宣称这种等级体系限制了人类思维，取而代之的是对一种"游牧思维"的倡导，强调动态、异质、非二元对立，所追求的是开放、多样、自由，而不是静止、封闭以及拒绝任何差异的同一。

第二，现代主义思潮强调理性，认为理性是所有知识与真理的基础。理性固然具有独特的价值，但当人类对理性的崇尚已经达到一种盲目、一种无以复加的地步，理性实际上已经歧化为一种非理性，其脆弱与不合理性也就昭然若揭。如果说理性是获得正确判断和行为的能力，那么"非理性"就是理性的对立面。福柯在其《疯癫与文明》一书中，对理性进行了深入的批判：对于有关疯癫等种种非理性的界定都是从理性的角度出发的，都是理性偏执与垄断的结果。纯粹理性在福柯看来，是对非理性的压迫和专制，成为一种强制性力量。"现代性是一个要以理性创造和发展人们生活为目的、其结果又事与愿违，反而使得人自身变得不自由的过程……这实际上意味着理性自身是有限的，人受制于这些作为他者的因素。"①因此，在纯粹理性下，自由将不复存在，那些所谓的自由只能是一种"奴役状态"—— 一种被内心的欲望和激情所奴役的状态。理性并非是一种绝对的价值规范，那种具有"惩罚性"和"规训性"的理性应该被否定；理性的统治地位是历史的产物而非本质，应该实现非理性与理性的平等对话。当然我们需要指出的是，批判并不代表完全的否定，对于福柯来说，理性的疯狂与虚伪才是要坚决抵制的，消除理性与非理性之间截然对立的状态才是最为重要的，其最终目的是要实现二者的转移，保证理性的使用维持在一个可控的范围内，从而使理性能够更加有效地发挥其自身作用。究其本质，福柯所要倡导的是对知识多元化、个体丰富化的一种尊重。

第三，在现代主义思维模式下，人的主体性是不容置疑的：人理所当然地成为世界的主人，自然万物受人类的支配与利用，人类中心主义成为必然。而福柯却大胆的写道："人将被抹去，如同大海边沙地上的一张脸。"②这不仅揭示了主体的消亡，更为重要的是从人类中心主义的误区中清醒过来。在福柯看来，主体是一种历史和经验的产物，会随着时间、地点的不同而发生变化，"主体的位置也同样是由它相对于对象的各种不同范围或群体有可

① 李晓蓓、刘开会：《理想与现实的对话——谈福柯和哈贝马斯的争论》，转引自杨大春、尚杰：《当代法国哲学诸论题——法国哲学研究》，人民出版社，2005 年。
② [法]米歇尔·福柯：《词与物》，莫伟民译，上海三联书店，2001 年，第 506 页。

能占据的处境所确定"①。福柯进一步探索人作为主体的历史进程:古典哲学时期,人并没有成为一种主体,反而处于一种被压制的状态下,随着启蒙运动和科学技术革命的发生,人才得以解放,开始居于主体地位。但人的主体地位在不断强化的过程中已经演变成为一种过度的自信,甚至是一种病态的自恋,作为主体的人具有了至高无上、生杀予夺的一切特权,主体反省自明的丧失在福柯看来就意味着"主体的死亡",并且将这种死亡看作"一个解放,将之从没有赋予他可以生存之处的构架中解放出来"②。福柯所希望的是具有自我塑造、自我改变、自我完善能力的主体,只有这样的主体才能真正地关心自我、关心他人、关心世界。福柯对于主体的解构是为了新主体的形成。"关心自己包含有改变他的注意力的意思,而且把注意力由外转向内"③,也就是将注意力转向对自我的建构。福柯认为,正是现代主义思潮下主体意识的极度膨胀蒙蔽了真正的主体,人类所需要的是在实践中努力从自身做起,关注自己,培养自己。这种"关心自己"不仅可以使我们重新关注自身,而且还会关切他人与整个世界。在这一过程中,人类将获得自由。福柯认为只有通过关注自我,才能真正做到关心他人、关注世界。"人与自身的关系决定了人与他者的关系。"④"关心自己"是一个起点,在人类自我创造、自我升华的进程中,也就自然而然地将世界及他人联系在了一起。

在后现代思潮中,福柯的思想举足轻重。他的主体思想更多的是对西方传统哲学思想的反思和批判,因此福柯将自己的研究对象放在了社会边缘性文化现象,比如监狱、疯癫等,并由此得出自己的观点和立场。在福柯看来,现代西方主体哲学坚持主客两分的认识论方法来分析问题,而这种思想

---

① [法]米歇尔·福柯:《知识考古学》,谢强等译,生活·读书·新知三联书店,2003年,第56页。

② [德]彼得·毕尔格:《主体的退隐》,陈良梅等译,南京大学出版社,2004年,第6页。

③ [法]米歇尔·福柯:《主体解释学》,余碧平译,上海人民出版社,2010年,第8页。

④ 转引自[德]马文·克拉达、格尔德·登博夫斯基主编:《福柯的迷宫》,朱毅译,商务印书馆,2005年,第67页。

严重束缚了人类的思想,产生了许多的不良影响。采用主客两分认识论来研究问题,会不自觉地将人作为主体,并从人这一主体出发进行研究,整个研究的范围都将围绕这一主体所涉及的领域,呈现出明显的人类中心主义的态势。这个世界都是人类的世界,世界的真理都需要人去把握,客体相对于主体人来讲都具有相对意义。由此,人类这一主体相对于客体来讲,明显具有绝对的权威。什么问题值得研究、需要研究什么问题、如何去研究问题、得出怎样的研究结果等这些问题都被人类所主宰,而福柯认为这恰恰是人类的局限性。福柯思想的主旨是要努力突破这种局限性,即向现代西方哲学结构进行解构,将人类的思想从束缚中解脱出来。在福柯看来,我们更应该从客体的视角去理解世界、把握世界,这样才能避免由于主体的片面和主观而造成的对整个世界的曲解。我们如果想得出什么真知灼见,需要首先对这种人类主体主义倾向说不。正是在这一主导思想的指导下,福柯才提出了人之死的观点。人之死表层的意思即主体死了,但深层意义就在于要对现有的主体历史和社会进行批判,是对西方传统思想文化的突破。但福柯并非一味地反对或取消主体的认识,而是要取消主体的中心和特权地位,倡导多元性。

在福柯看来,真理本身就应该是多元化的,真理不是唯一的。传统西方哲学认为所谓真理要求主观与客观的高度统一,只有符合这一标准,才能称之为真理。可是福柯却认为主观认知是无法实现与客观真理绝对的统一,我们人类能够做到的,只有使用不同的话语、构建不同的观念将客观真理进行表述,因此真理应该是多元的。人类一般认为科学知识是人类对客观对象进行了能动的主观反映而形成的。有些知识是对客观事物本质属性的反映就称之为理性认识,对客观事物表层属性的认识则称之为感性认识,但在内容上,都是客观对象所具有的各种属性经过人脑而形成的主观反映。但福柯对知识的理解却大相径庭:"由某种言语行为按它所独有的规则构成的,它被认为是某门科学建立所不可缺少的重要组成部分,尽管它们并不是一定会产生科学,但我们也可以将其称之为知识。"①在福柯看来,不同知识的话语主体是不一样的,因此每一个话语主体对知识的理解也是不一样的。所有的知识究其根本是一种语言,每个个体从自己的话语角度对知识进行解读,即主体是伴随着知识的产生而产生,伴随着知识的消亡而消亡,知识创造了主体。

　　进入 20 世纪 70 年代之后,福柯的思想在上述的认识论的基础上进一步修正和深化,形成了福柯的权力观,即微观权力观。微观权力观形成于对传统权力观的反思与批判。传统权力观往往是围绕经济或者政治等相关内容或领域而展开的。传统权力观中的权力需要建立在一定的经济基础之上,镶嵌于某一个经济结构所形成的各种利益关系之中,拥有权力往往是与拥有物质财富同步进行,因此传统权力观通常将经济作为权力的一个重要组成部分,甚至起到了核心作用。但福柯却认为,权力和经济是完全对等的两个部分,因此用一个去诠释另一个是没有任何意义的,需要使用一个非经济的中介,才能够更加准确地认识权力的内涵。同时,传统权力观中的权力往往是通过各种社会实体而存在的,需要通过各种国家机关才能发挥功效,但福柯却认为这种对权力的理解过于肤浅,我们需要探究更深层的东西。在福柯看来,权力是一种异常复杂的力量关系,在人类各种行动中得以充分的展现,不可能与其他事物进行简单的互换,因为权力在福柯看来只有在具体行动中,各种力量相互较量之中才能得以展现。虽然福柯认为"权力就是战争",但在福柯看来,权力绝不仅仅具有破坏性,而是充满生产性和创造性的。福柯的权力不属于某一个主体或某一群体,因此权力是无中心的,来自于许多地方,是与复杂的社会环境相对应的。福柯提出的微观权力观着重对权力、道德和知识三者之间的关系进行探索,更加侧重从一些具体的细节之处对权力进行分析。福柯将权力放入实践活动中,用动态的眼光去观察和思

---

　　① ［法］米歇尔·福柯:《知识考古学》,谢强等译,生活·读书·新知三联书店,2003 年,第 45 页。

考,从最小的机制开始,以小窥大,从而实现对权力整体机制的研究。由于福柯的权力是动态的,所以权力是一种效应的联合,不是对某一社会现象单独的描述或解释,而是在复杂的社会力量对比关系中,一种行为作用于另一种行为,一场同整个人类社会所有领域和范围内的诸多因素的对抗和抵制作用。在福柯看来,权力普遍存在于人们生活的方方面面,不管是传统习俗,还是闲言碎语,权力无处不在。权力是由多种要素组成的,不论是知识、话语或是教育,都和权力密切相关。因此,任何人都是拥有权力的,伴随着人类的活动,体现在人类各种关系之中。

在福柯看来,权力与知识之间的关系是十分明显的。由于社会中实现了王权到人权的变革,权力与知识可谓是相伴相生,成为现代生活的主体。一方面,权力不仅仅是一种力量,更是一种知识,权力不能离开知识而单独存在;相反,知识也并不是单纯的,权力内嵌其中。知识与权力是相互支持和渗透的。福柯的微观权力说是在回应 20 世纪 60 年代以来各种新社会运动的政治诉求的过程中脱颖而出的。福柯试图向我们展现微观权力的各种形式,对"权力"这一传统概念进行重构。

对于福柯的微观权力说,可以从以下四点来进行理解:①关注点不同。"我们现在需要的是这样一种政治哲学,它不是围绕王权,不是围绕着法律和禁令构造起来的。我们需要做的事情是砍下国王的头颅。这是政治理论中还有待完成的事情。"①之所以要"砍下国王的头颅",就是要摆脱以往金字塔式的权力结构和运行机制,将眼光更多地投向现代的、毛细血管式的微观权力形式及其政治效应。这并不是说传统的国家、政府机构不再重要,而是强调除此之外,诸如学校、工厂、家庭等微观权力的强大控制力。②实现方式不

---

① Michel Foucault, *The Essential Foucault: Selections from the Essential Works of Foucault 1954–1984*, The New Press, 2003, p.309.

同。"我们今天在研究权力的时候,必须要避免《利维坦》的模式。"①在福柯看来,传统权力发挥作用的方式更多地借助禁止和惩罚,而现代社会的政府管理则是通过科学与规范等一系列知识手段来实施。权力不再高高在上,不再仅仅意味着限制和压迫,更多地是构成性和生产性的。"权力与知识直接就是相互包含的;没有构建一个相关的知识领域就不可能建立起权力关系,与此同时,离开权力关系的设定和建立也不会产生知识。"② ③实施主体不同。福柯认为,传统权力观将其实施主体定位于政党或阶级的时代已经一去不复返。"在今天,政治的重要意义大多从政党的政治转向了运动的政治。"③大众虽然缺乏宏大的政治纲领,看似凌乱,但正是大众的多元化诉求引导着当今政治的走向,当仁不让地成为微观权力说中的实施主体。④权力关系的变化。在福柯的微观权力说中,权力关系也发生了重大变化,其重要特点即对权力泛化的强调。在福柯的权力关系中,权力需要通过各种关系、各种行动,以一种动态的形式得以存在。不再是自上而下的单向运动,而是弥散性的,分散于社会的各个领域、各个方面,时而有形,更多时候却又发力于无形。

后现代主义思潮对加尔通和平思想最显著的影响当属对其批判精神的继承。批评性和平研究是加尔通所认定的三种和平研究范式之一。"批评主义是其研究基础。其价值与经验性的现实(资料数据)有系统地一一对应关系,如果资料与价值不合,也就是价值超越了资料,就要试图在文字和(或)行动上改变现实。"④"根据批评主义逻辑,价值比资料重要",即"在和平研究

---

① Michel Foucault, *Power/Knowledge: Selected Interviews and Other Writings*, 1927–1977, Harvester, 1980, p.102.

② Michel Foucault, *Discipline and Punish: The Birth of the Prison*, Vintage, 1979, p.27.

③ Agnes Heller and Ferenc Fether, *The Postmodern Political Condition*, Columbia University Press, 1997, p.38.

④ Johan Galtung, *Methodology and Ideology*, Ejlers, 1977, 转引自[挪]约翰·加尔通:《和平论》, 陈祖洲等译, 南京出版社, 2006年, 第14页。

中,归结在和平主题下的价值观比较重要,它决定着用来说明资料的理论建构"。"与其他应用学科一样,和平研究也建立在这样的信念基础之上:世界是能够改变、有适应性的,至少在一定程度上是如此。"①由此可见,批判精神深植于加尔通认识论之中,已经成为其认识和把握世界的基础。批判精神反映在加尔通和平思想的具体内容上,主要表现为两个方面:一是对传统国际关系理论的批判。加尔通正是在对西方国际关系理论,特别是当时占垄断地位的现实主义流派进行反思的基础上,逐渐形成自身和平研究体系的。二是对自身理论研究的不断批判。加尔通总是会根据世界形势的变化和亲身经历进行不断的学术思考,从而使其和平思想获得不断的充实和完善。后现代主义思潮所强调的"动态多元"也在加尔通和平思想中有充分的体现。加尔通所提出的"熵"的概念在其看来是一个起着基础性作用的关键性概念。"熵"值的高低与和平有着直接的联系,如果一个系统内允许多种成分共存,那么就说明这一系统更具有和平的潜质,所要强调的即是系统内多元化存在的重要意义。②另外,加尔通也如后现代主义者一样注意到过度强调人的主体性的危害,希望淡化主客体之间的截然对立,实现人与社会、人与自然的和谐共存;也更重视"关心自己"这种内向性转化,认为这种注意力的转向有助于减轻人与人之间零和博弈的紧张状态,为进攻性武器向防御性武器转化和人类生活方式转化提供必要的心理基础。

(三)以索罗金为代表的社会分层和社会流动理论的影响

分层概念是从地质学引入社会学的,地质会出现层化现象,人类社会同样也具有层化的趋势。社会分层就是对社会或群体根据其所占有社会资源

---

① Johan Galtung, *Methodology and Ideology*, Ejlers,1977,转引自[挪]约翰·加尔通:《和平论》,陈祖洲等译,南京出版社,2006年,第14页。

② See Johan Galtung, *Theories of Peace*, International Peace Research Institute,1967,p.186.

的不同进行社会地位的排列，即人类社会中存在着个体或群体间的等级差异。由于在社会分层的过程中，人与人、人与群体以及群体之间在资源配置上的不同，也就意味着必定会产生社会不平等现象。正是由于这种不平等现象的持续存在，社会分层才可以得以进行，一旦在资源配置上不再产生任何差异，社会分层现象也就不复存在。社会分层造成的人与人、集团与集团之间的各种不平等，主要表现为在社会中，人与人、集团与集团之间在权利、责任、义务、分配以及价值观上存在着巨大的差异性。要想了解这个社会，就需要从这些社会不平等着手，而这些社会不平等通常并非偶然造就，而是由于某些稳定的社会结构所形成。

对于社会分层的理解，不同学者会有不同的思考，我们最为熟悉的当属马克思关于社会分层问题的分析。马克思认为社会分层的主要原因，即社会不平等现象的主要原因就是私有制的产生，随着生产力的发展，私有制成为社会普遍现象、社会不平等的普遍诱因。一般认为社会分层具有一定的积极意义："不平等意味着对创造性、努力、智力和节俭等为人们所尊重、并认为值得报偿之品质的公正奖励。"[1]这种积极意义能够得以发挥的基础在于保证社会流动的合法性。

1927 年，社会学家索罗金在其《社会变动论》一书中首次提出"社会流动"这一概念。"社会流动"概念成功实现了对社会结构的动态分析，是社会分层理论的一个重要组成部分。在索罗金看来，社会流动是"个人或社会对象或价值——被人类活动创造的或修改的任何变化——从一个位置到另一个位置的任何转变"[2]。索罗金将社会流动分为水平流动和垂直流动两种基本类型。水平流动是指个人或社会价值根据上下关系在同一层级的社会地

---

[1]　Ceia S. Heller, *Structured Social Inequality: A Reader in Comparative Social Stratification*, Macmillan Publishing Company, 1987, p.122.

[2]　[美]P.索罗金:《社会变动论》，钟兆麟译，世界书局，1932 年。

位间的流动;而垂直流动则是上下排列的社会阶层间的流动,根据流动方向的不同,又可以细分为向上流动和向下流动。一般通过以下三个变量来衡量个人社会位置是否发生变化:个人的社会出身、个人刚进入社会的初始位置以及个人当前社会位置。个人的社会出身由先天因素决定,个人进入社会的初始位置和个人当前社会地位更多由后天因素决定,但不可否认,在后天因素发挥作用的过程中,先天因素的影响同样存在。社会流动是多种因素作用的结果。索罗金认为导致垂直流动的因素包括人口统计学的差异、父母与子女之间的差异、环境特别是社会学环境的变化以及在社会层级中个人地位的社会性分配的缺陷。垂直流动是最为普遍的社会流动,一般来讲,人们更多偏爱向上流动,也就是移动后的社会位置高于移动前的社会位置。人们是否能够实现向上流动,一方面决定于个人所具有的才能,另一方取决于个人所处的社会客观条件。

在每一种社会制度条件下,个人向上流动的限制也是不一样的。在封建社会,个人向上流动的难度要高于资本主义制度下的社会。在封建社会,出身门第会比较严格地限制着个人向上流动;而在资本主义社会制度下,个人向上流动可能更多地取决于个人奋斗和自由竞争,但仍要受到家庭背景、种族、财富等因素的阻碍。垂直流动受到社会条件的限制,同时也会对整个社会运转产生巨大影响。社会也如生物体一样,需要不断地新陈代谢,才能保证社会的持续发展,而这种社会的新陈代谢正是通过垂直流动而实现的。合理的垂直流动会使社会成员,特别社会精英进行流动,确定社会成员找到适合自己的社会位置,从而为社会带来生机和活力。另一方面,垂直流动还能够促使社会成员在不同社会位置变动的过程中,增加对社会各个阶层的了解和联系,加强社会的整合能力,从而有利于社会的良性运转。

而水平流动虽然对于个人来讲,因为是同一社会位置上的移动,不管是经济收入还是政治地位都不会产生明显的变化,但其在社会所发挥的作用却是不容忽视的。一方面,个人进行水平流动,更多的是由于个人关注点不同,有人注重经济收入,有人注重名誉,有人注重成就,因此个人才会在水平的社会位置之间进行转移和调节,从而满足各自不同的社会需要,当社会绝大部分成员的需要都能够得到满足时,社会才有可能实现稳定。另外,当个人的社会位置得到最佳配置的时候,个人能力也得到了最大的发挥,只有保证有效的水平流动,才能够充分发挥个人的能力和专长,促进社会的发展。因此,水平流动对于整个社会来讲,有利于形成社会范围内的自我完善机制,促进成员的合理配置,使得各个地区与行业之间的协调发展。同时,横向流动也发挥着倒逼机制,在不同的地区、行业之间形成竞争,促进落后地区和行业的发展,实现社会系统的协调发展。

社会流动的另一种分类是代内流动和代际流动。所谓代内流动主要关注个体成员一生中社会位置移动的状态,而代际流动则是考察个体成员上下两代之间的社会位置变化。对代内流动的研究能够帮助我们了解整个社会的发展状况。如果一个社会的经济实力不断增强,那么这个社会就会为自己的成员提供更多的教育和就业机会,那么代内流动的幅度将大大加大。而代际流动的社会意义则更为明显。如果一个社会严重缺乏代际流动,那么这个社会无疑是封闭的。如果代际流动中的世袭率比较低,则表明上辈对子辈的影响比较小,社会也就变得越来越开放。由此可以看出,在社会流动的过程中,有很多社会位置的移动,是与整个社会结构的变化直接相关的,即结构性社会流动,比如经济发展所带来的社会工业化和知识化进程,使得农民成为工人,体力劳动者成为脑力劳动者;再比如一些社会制度的出台也会直接影响社会流动,教育机会均等或户籍政策都会改变社会流动的可能性。

总之,合理的结构性社会流动会为社会带来好的后果,而不合理的结构性社会流动则会为社会带来破坏。人口统计学显示,高阶层的人口出生率经常性呈现持续走低的趋势,最终的结果是其人口数量不足以发挥这一阶层所应担负的社会政治功能,这就使得社会向上流动成为必然。父母与子女的差异是指个人在其先天品质和后天品质上存在不一致现象,即一个人因为其出身而被置于的位置与其个人的后天品质不相称。当一个人的出身位置低于其后天品质所应达到的位置时,就会形成不满情绪并产生发挥自身潜能将其改变的强烈愿望,社会流动为这种愿望得以实现提供条件。社会学环境的变化是一种结构性社会流动,指的是整个社会结构的变迁会引发社会流动,人们社会地位会产生翻天覆地的变动。"促进变化的一切因素都是促进垂直社会流动的因素,反之亦然。"①这里社会学环境的变化包括经济、政治、社会等多方面因素,当这些因素发生变化时,先前适应于某一位置的社会阶层会整体性地不再适应这一位置。

社会层级中个人地位的社会性分配存在缺陷在索罗金看来是每一个社会都不可避免的。根据社会成员的各种特质对其进行社会地位上的分配总会存在一定程度的滞后现象,因此每一个阶层都会存在与其社会地位不相符的人群。这种现象越是普遍,社会流动的速度也就越慢。社会流动在一定程度上有利于保持社会的稳定。社会流动机制有助于个体打破其初始地位,凭借自己的坚持不懈、聪明才智与勤奋努力实现其自身社会地位的转变。当社会不平等现象不可避免之时,如果社会流动不能得到保证,社会底层希望改变自身初始位置的愿望就会受到压制,长此以往,不断累积的压抑情绪就只能通过暴力手段得以疏解,社会稳定会因此受到极大的破坏。社会流动不仅会对个人的地位、心理、行为、态度等多方面产生影响,还会对社会结构产生作用。一个人在社会流动过程中,社会地位的改变自然会引发其心理、态度的转变,而社会地位的改变在本质上也改变了社会阶层的构成;一个人由较低社会阶层向上流动至较高社会阶层,伴随这一过程,这个人的心理、态

---

① Celia S. Heller, *Structured Social Inequality: A Reader in Comparative Social Stratifiction*, Macmillan Publishing Company, 1987, p.253.

度、行为方式也相应发生变化，一个典型表现就是对其初始阶层的忠实度将逐渐削弱和丧失。

"社会分层理论对于理解结构暴力是必不可少的。"[1]可以说，对社会分层和社会流动理论的运用贯穿加尔通结构和平理论的始末。在《进攻性的结构理论》一文中，加尔通开章就指出应该将"进攻性"放入社会结构中进行考察，并强调这里的"社会结构"主要指"社会结构中的不同分层"。[2]加尔通将社会分层为"完全高阶层"（the complete topdog）"完全低阶层"（the complete underdog）"不均衡阶层"（unequilibrated positions），并在此基础上得出"不均衡阶层更容易产生侵略性"的结论。加尔通对于"侵略性"表现出一种中立态度，并认为"极端的侵略性行为才是恶的"[3]。而"侵略性行为"转变成"极端性侵略行为"，在加尔通看来是有条件的，其中一条就是"其他进行平衡化的努力都已经尝试但无成效"[4]，这里的"其他平衡化努力"主要就是通过社会流动所实现的。随后在《暴力、和平与和平研究》一文中，加尔通更是借助社会分层理论中的基本概念"行为者、系统、结构、阶层和层次"来对结构暴力进行深入分析。加尔通最具代表性的文章《帝国主义的结构理论》将社会分层提升至全球结构——"世界由中心国家和边缘国家组成，而这两类国家又分别有其中心地区和边缘地区"[5]，同时认定"中心与边缘的互动关系属于垂直流动类型"，正是这种垂直流动类型的互动关系造成了世界范围内的不平等。

（四）甘地思想的影响

甘地思想以及其他一些东方哲学要素是加尔通和平思想的重要组成部分，可以说，加尔通和平思想的许多核心命题更多地来源于甘地而不是西方

---

[1][2][3][4]　Johan Galtung, A Structural Theory of Aggression, *Journal of Peace Research*, Vol.1, No. 2, 1964.

[5]　Johan Galtung, A Structural Theory of Imperialism, *Journal of Peace Research.*, Vol.8, No. 2, 1971.

先哲。早在和平研究之初,加尔通曾经做过著名哲学家阿恩·奈斯的研究助手,将其视为自己的良师益友并与他合著了《甘地的政治伦理》。同时,加尔通还为各类报纸和杂志写了包括甘地、拒绝兵役以及作为赴苏联的学生代表的经历等各种内容的文章,都能明显看到甘地思想的身影,随着加尔通和平研究的不断深化,他对甘地思想的采纳愈加公开化和明朗化。

甘地的一生是"体验真理"的一生,"Satyagraha"(坚持真理)是他选择的生活方式同时也是其进行斗争的方式。这个概念对于甘地来说是一种内在的精神力量,而这一概念所涉及的真理是一种宗教式的真理,是神灵也是一种爱。在甘地看来,虽然宗教多种多样,但是究其本质都是对真理的追求。"真理便是至高无上的原则,它包括无数其他的原则。这个真理不单单是指言论的真实,而且是指思想的真实,不只是我们所理解的相对真理,而是绝对的真理、永恒的原则,即神灵……我只把神灵当作真理来崇拜。"[1]甘地超越了任何一种单一宗教,将真理作为所有宗教、精神信仰共同的东西。甘地的"坚持真理"主要包含两方面内容:一是非暴力,二是自我受苦。

非暴力(Ahimsa)起初是雅利安人对土著达罗毗荼人所采取的一种怀柔政策,在漫漫的历史长河中,通过印度教、佛教、耆那教等的洗礼和阐释成为一种极具印度特色的文化传统。非暴力对于甘地来说不只是单纯的不伤害和不杀戮任何生物,更多的是将人类的爱向世界各地进行扩展。这种人类的爱包含同情、怜悯、慈悲、慷慨、服务和自我牺牲等正面情感。爱作为一种精神力量,具有无穷尽的道德约束力。在甘地看来,每个人都具有这种精神力量,这正是人和动物的区别所在。只是对于有些人来说,这种精神力量处于隐蔽潜伏的状态,需要进行开发和挖掘。非暴力正是这种爱的最大体现,能够借助强大的精神力量来抵制物质力量。凡由爱所得到的,将永不消失,因

---

① [印]甘地:《甘地》,鲁良斌译,国际文化出版公司,2003年,第3页。

恨而获得的东西,终究是一种精神的负担。因为它的恨恶在不断增加,而恨是暴力之源,恨可以杀人,造成一种罪恶。对非暴力的无限崇尚变成了一种对暴力的完全否定。在甘地看来,暴力只会不断催生暴力,引发恶性循环,一步一步地远离真理。通过暴力获得的胜利会使人类更加崇拜暴力,恃强凌弱。很显然除了对人类的肉体和灵魂带来无限伤害,暴力并不能从本质上持久地解决任何问题。

相对于暴力来说,非暴力是一种具有灵魂色彩的力量,所要抵制的是所有形式的不正义,而非具体的某一敌人,正是由于其反抗目标的特殊性反而使其具有和暴力所不同的力量来源。取代暴力的简单摧毁,非暴力所要达成的是一种根本性的态度的转变。当这种态度的转变成为现实,每个人心灵的力量就必然带着人类走向和平。因此,非暴力不仅是思想信条与道德规范,同时也是行为手段。"非暴力与真理交织在一起,实际上这两者不可分离。它们正如同一个硬币的两面,更确切地说,如同一个光滑的、没有任何印记的金属饼的两面。谁能说出,哪一面是正的,哪一面是反的呢?""非暴力是手段,真理是目的。手段之所以作为手段,是因为它总是在我们力所能及的范围之内,因此非暴力是我们的最高义务。如果我们注意运用到这种手段,或迟或早一定能够达到目的。"①甘地强调要对真正彻底的非暴力与有限策略性的非暴力相区别。那种有限策略性的非暴力作为一种在其他手段都失效时的机会主义或者是在强敌面前苟且偷生的无奈之选都是伪非暴力,并不具有任何力量。真正的非暴力是强者的表现,具有强大的进攻性,利用劝服等多种方法对敌人施加影响,通过向其展现自己敢于斗争和甘于牺牲的无比决心,最终感化敌人。非暴力并不是要消灭敌人,并不是要血债血还,而是要重建真理和正义。甘地坚定地认为,非暴力是走向和平、拯救人类免于毁

---

① 转引自朱明忠:《印度教:宗教与社会》,尚会鹏译,世界知识出版社,2003年,第102页。

灭的唯一出路，"一个不使用暴力者所掌握的力量总是大于假如他使用暴力所拥有的力量"①，一旦非暴力作为一种生活和斗争方式被全世界所接受，暴力将失去存在的空间，那么整个人类都会从战争和邪恶中得以解脱。

自我受苦（Tapasya）强调的是一种忍受痛苦的能力。甘地认为，痛苦具有无穷的力量，它可以促使对手的精神转变并让他们听从内心的呼唤。既然任何严重的冲突必然导致痛苦，非暴力抵抗者投入正义的活动就必然要接受痛苦。忍受痛苦是一种自我净化的渠道，也是促使冲突转化的有力途径。他主张通过祈祷、绝食、入狱等方式与敌人做斗争，反对任何暴力，当斗争发展到暴力程度，他马上宣布停止斗争。"追求真理，必须将你自己减为零。"甘地自己是身体力行的，他倡导素食主义、简朴生活、土布运动、禁欲苦行、自我牺牲，将本人的财富降至穷人的标准等，所有达成的目标是保持身心纯洁。在甘地看来，要达到非暴力的思想境界，保持身心纯洁是必要条件，否则只能走向反面，引发无尽的暴力和不义。

甘地重视道德与文化的力量，强调和平文化的养成，认为只有提高了社会成员的道德水平，社会的秩序才能实现良性循环。甘地在这一点上可谓是身体力行，终身倡导博爱和行善，探索如何爱人，如何行善，即使面对敌人也不曾改变。甘地的博爱是个十分广泛的概念，友善、同情、乐观等都纳在其中，遵守这些道德标准是至关重要的。保持友善才能获得友善，只有此法，才能够增加人与人之间的亲密感，构建和谐关系。甘地认为，不需要强迫他人去遵守这些道德标准，只需和平者身体力行，对方就能不自觉地受到感染。在实现社会公正和谐时，甘地认为应该特别重视弱势群体的需要，即要实现"人人幸福"。而要实现"人人幸福"，首要之举就是要养成和平文化。在甘地看来，我们所生活的世界是无中心、无界限的，而非以我们人类为中心，每一

①　转引自何怀宏编：《西方公民不服从的传统》，吉林人民出版社，2001 年，第 40 页。（译文主要选自 Thomas Merton，*Gandhi on Nonviolence*，New Direction Publishing Corporation，1965.）

种生命的存在都是有意义的，这个世界需要我们相互依赖。在这种思想的指导下，才能达成各种生命之间的和谐统一，即使我们人类也是包含于万物的，不仅要维系自己的生存与各项权利，还要服务于他人，关注整个宇宙的可持续发展。甘地特别指出，在实现和谐统一这一目标的过程中，手段与目标一样重要。手段与目标之间存在着紧密的联系，手段就像一粒种子，长大之后就变成了目的。不能将手段与目的分离开来，想要通过暴力或压迫的手段实现和谐美好的目标对于甘地来说是不具有可能性的。因此，当手段与目标变得一样重要的时候，就需要我们人类在日常生活中反复不断实践爱，不断提升自我，用善和爱去感化他人，同时将自己的爱与善投注于公共服务上面，帮助遇到困难的人，而这些遇到困难的人一旦摆脱困难，会转身投入公共服务之中，形成一种蝴蝶效应，最终促进和平文化的形成。甘地始终相信，人性无所谓绝对的善或恶，是可以教化的。因此当我们遇到冲突和矛盾的时候，不要简单地认为对方是邪恶的，我们需要秉持的态度是"对事不对人"，想要化解冲突，其实就是实现冲突转化，也就是实现人性的转化和升华。

　　加尔通明确继承了甘地的非暴力原则，一方面强调任何情况下直接暴力手段的采用都是不合法的，另一方面通过非暴力与真理间的关系将暴力分为了直接暴力与结构暴力。直接暴力显而易见，而结构暴力也是对正义和真理的一种违背。"没有通往和平的道路，和平本身就是道路，现在就应该执行。"[1]加尔通将此作为"甘地斗争方式"的真谛，并如同甘地一样坚信"无法抵抗的非暴力的力量必将使暴力失去存在的空间"[2]。甘地的"自我受苦"也给加尔通带来了启发，对于加尔通来说，这种更加内向性的自我实现方式更有利于和平目标的达成。甘地所倡导的素食主义、简朴生活也是加尔通基本

---

① ［挪］约翰·加尔通：《和平论》，陈祖洲译，南京出版社，2006年，第168页。

② Johan Galtung, Conflict, War and Peace: A Bird's Eye View, in Johan Galtung and Others, eds, *Searching for Peace: the Road to Transcend*, Pluto Press, 2000, pp.6-10.

需求概念的重要内涵。加尔通提出基本需求的一个重要目标就是反思当代人类的生活方式，认为当代人类生活方式的过度消费、过度享受所带来的人类贪欲的无限膨胀是阻碍我们达成和平的一个重要障碍，并倡导生活方式的转变。对于加尔通来说，甘地思想不是神学或是形而上的玄学，所提供的是一种具有实践性的伦理。甘地思想的重点不是伦理本身的起源或特性，而是伦理行为。加尔通强调对甘地和平主义思想进行系统化和结构功能性分析，从而将甘地伦理思想与现代社会科学相结合。

(五)佛教思想的影响

佛教思想的影响在加尔通后期作品中愈加明显。对于加尔通来说，佛教所要寻求的世界与其设想的和平世界最为接近。平等思想是佛教的基本教义，自佛教创建以来，就将争取平等作为其宗教理想。"无高下浅深之别曰平等。"[①]佛教的平等强调"无差别"。在佛教看来，万物都在于"缘起"，所谓"缘起"是指万事万物都因有各种相互联系且互相依存的条件而得以存在，在一定条件下产生、发展，在另一条件下消亡。万事万物都不可能独立存在，而是相互联系、不断变化的。因此，万事万物都源于同一本源，从本质上讲，是没有任何差别的，故称"平等"。

佛教的平等主要包括人与人的平等、众生平等、众生与佛的平等、众生与无情的平等四个主要方面：[②]一是人与人的平等。针对当时印度森严的等级制度，释迦牟尼在创教之时，提倡"四姓平等"，即破除古印度婆罗门、刹帝利、吠舍、首陀罗四种姓。释迦牟尼认为，不管出身如何，以什么为生，在宗教生活、修行以及对宗教的感悟上都是平等的。"汝今当知，今我弟子，种姓不同，所出各异，于我法中出家修道，若有人问：汝谁种姓，当答彼言：我是沙门

---

① 丁福宝编纂：《佛学大辞典》，文物出版社，1984年，第429页。
② 方立天：《佛教平等理念对和平与发展的启导意义》，《理论》，2004年第1期。

释种也。"①

　　二是众生平等。"若卵生,若胎生,若湿生,若化生,若有色,若无色,若有想,若无想,若非有想非无想……此皆名众生。"众生指一切有情、有心识的生命类型。"众生平等"强调上至佛陀菩萨,下至有情含识者都是平等的,其生存权都应受到尊重。众生的千差万别仅仅在于外部形态的不同,而外部形态会在轮回中相互转变,是短暂不定的。因此,佛教强调"不杀生"得以保障众生的生命权,也就是说,对于佛教来说,不仅人的生命需要珍惜,其他生灵的生命同样也是可贵的。众生平等所颂扬的是人与自然的和谐相处,而非人类中心主义。

　　三是众生与佛平等。这是佛教对平等的理解区别于其他宗教最为显著的一点。佛教宣扬生佛不二,生佛如一的思想,"心佛与众生,是三无差别",佛与众生只在于是否觉悟。在这一点上佛与上帝不同,上帝是至高无上的,人与上帝之间存在着等级的差别,人永远不可能成为上帝,而释迦牟尼却是以一个觉悟大师的身份出现,他并不承认自己是创造世界至高无上的神,而仅仅是通过修行,有所悟道。"诸法因缘生,缘灭法亦灭",所悟之道就在于世界万物都有其得以存续的条件,条件一旦不在,世界万物也将消亡。

　　四是众生与无情平等。这里的无情主要指草木花卉、山川大地,而众生与无情平等是将平等的范畴进一步扩展,认为大自然的花香树绿、小桥流水、斜风细雨都是有佛性的,都应得以尊重和维护。

　　这四个方面的平等均体现了佛教中"空"的思想。万物因缘而生,世界万物的存在都依赖一定的条件,条件不在,世界万物也不复存在。因此,在未生之前无此物,灭亡之后亦无此物,"空"所要表达的就是万事万物都是无实体的,凡是存在的,最初都是不存在的。佛教认为"空"才是万物的本质所在,只

---

　　① 大藏经刊行会:《长阿含经》,《大藏经》(第1册),新文丰出版公司,1998年,第37页。

有理解"空"的本质,人类才能得以解脱。佛教的"空"不是虚无缥缈,而是要求无我,是人类破除一切烦恼得以解脱进入静好的大同世界。"空"的无我境界要求从自我的执着中解脱,从虚妄的见解中走开,从贪婪的物欲中清醒,从自我的傲慢中逃离,以更长远、冷静的眼光反思人生,发现自身的缺陷与不足,净化心灵,消弭痛苦。

　　上述佛教中"无我""空"的境界都与西方文化所崇尚的个人主义有着鲜明的区别,对过去、现在以及将来的一切事物都持有较高水平的认同,甚至可以达到一种和谐统一。伴随佛教的"无我"境界,"非暴力"原则也就呼之欲出。佛教中的"非暴力"原则要求对所有生命的尊重与保护,强调对他者的伤害也是对自我的伤害,不仅仅告诫人们拒绝暴力,更为重要的是教育人类有一个慈悲之心。"拒绝暴力"与"慈悲之心"很好地诠释了加尔通所提出的"消极和平"与"积极和平","佛教中这一点很重要,不仅存在一个消极和平的基础,而且还蕴含积极和平;不仅拒绝战争,更要求一种积极关系的形成与维系"。①佛教思想充满辩证的思维方法,避免采用片面、绝对的视角思考问题。佛教在面对对立的观点和立场时,往往表现出一种宽厚的兼容精神,注意吸收对方的合理性因素,给予对方适当的地位。在佛教传播的历史中,看到更多的是,与当地的原有文化展开对话,积极吸收本土的东西,适应于当地的文化环境,并在此基础上进一步发展,从而成为当地文化不可分割的组成部分。佛教的行为基础就是心平气和地在人和人之间展开对话,通过平等对话,达到解决问题的目的。在人与人相互依赖的当下,佛教最为重视的是慈悲。在佛教看来,我们每个个体之间是有因缘联系的,因此我们之间并非相互对立的存在,而是一种果关系的存在。这种关系下,我们更应该替他人分担疾苦,是慈悲精神之所在。慈悲精神要求不求回报的爱,人们在这种互爱

---

① Johan Galtung, Peace and Buddhism, *Journal of Peace Research*, Vol.1, No.2, 1985.

的行动中生存。

　　加尔通对佛教的偏爱溢于言表,"我既不是基督徒,也不是穆斯林,而是一个受到佛教极大影响的挪威人"①。1985 年,加尔通撰文《和平与佛教》指出:"佛教对世界的认识与态度最符合动态多元、互利共生这一和平指向,""特别有助于和平的实现"。②"无我"在加尔通看来是"佛教最基本的教义,所要排除的是西方对个人主义的过分强调"③。区别于西方基督教中的个体认同,"无我"将认同范围进行扩展,不仅要在全人类间达成认同,还要实现万事万物间的认同,更要通过"业"和"重生"的概念将认同在时空中进行延伸。因此,"无我是一种更高层面上的认同"④,突破时空的限制,实现全人类以及各种生灵间的和谐统一。"无我产生的直接作用就是对非暴力的强调",这里的"非暴力"不仅要求对暴力的彻底否定,更强调对万事万物要抱有"慈悲之心"。佛教宣称有八万四千个教派,但历史上却几乎没有发生过教派间的斗争和宗教战争,这在加尔通看来主要源于佛教所遵循的"不要太多也不能太少"⑤的原则。"不要太多也不能太少"这一"中间道路"使佛教徒免于"狂热","是一种远离极端的态度和信仰"。⑥这一佛教原则所体现出的温和折中也正是加尔通和平思想的特点所在。加尔通坚信佛教"不仅能够有效避免战争,更有助于营造积极良性的互动关系;不仅是对消极和平的实现,更是包含了对积极和平的诉求"⑦。

---

　　① Johan Galtung, *Global Structures of Social Injustice*, Universite Nouvelle Transnationale, 1985.
　　②③④⑤⑥⑦ Johan Galtung, *Peace and Buddhism*, Universite Nouvelle Transnationale, 1985.

第三章
加尔通和平思想的发展历程

探索加尔通的思想脉络，可以发现其和平思想的发展直接得益于对世界局势及和平研究走向变化的深刻把握。依据其逻辑顺序，可以将他的和平思想分为初步形成、深化成熟、继续发展三个阶段。

一、初步形成阶段

20世纪五六十年代是加尔通和平思想初步形成时期。这一时期的和平研究虽然开始以独立学科的身份出现，但不管是在研究内容还是研究方法上都依赖于国际关系理论。鉴于此，加尔通首先对西方国际关系理论，特别是当时占垄断地位的现实主义流派进行反思，发现其不足，从而证明和平研究作为独立学科的意义所在。接着加尔通对传统和平思想进行批判和继承并提出了属于自己的和平概念，同时对和平学既拥有价值导向性又具有科学性的可行性进行论证。

（一）对西方国际关系理论的反思

对于西方国际关系理论的反思,加尔通主要是以其基本研究范式"理性主义"为基点而展开的。"理性"这一概念最早与感性、知性相对应,认为对事物的认识要了解其本质,把握表象背后的规律。在康德之后,"理性"开始从一个逻辑概念向哲学概念转换,即强调一种独立于主观的客观意识。从边沁开始,"理性"作为一种方法论概念经历了完全理性和有限理性两个阶段,并被广泛地应用于经济学、政治学的研究中,发展成理性主义。西方国际关系理论对"理性主义"的采用是从以威尔逊为代表的理想主义流派开始的,这时的"理性主义"所强调的还是由于理性的存在,国家有能力通过建立国际机构等手段调解相互间的利益冲突、避免战争。随着现实主义在国际关系理论中优势地位的确立,理性主义得到了更大规模的运用:理性主义假设国家是具有理性的行为体,由于身处无政府状态之中,所以必然寻求权力和利益的最大化。[①]

加尔通认为,"理性主义"作为国际关系理论的基本研究范式主要存在以下两方面问题:第一,理性主义是以国际社会处于无政府状态为前提假设的。这一前提假设将国际社会与国内社会进行严格的区分,也正是在这一前提假设的背景下才决定国家必需追求权力和利益的最大化,从而注定了战争的不可避免。加尔通认为,"国际无政府状态"本身就是先验性的,其中所涉及的"具有强制力的中央政府"是一个没有存在过的事实,"国际无政府状态"借助于"具有强制力的中央政府"这一没有存在过的事实的否定形式而变成一种前提假设,其实是一种"伪存在",给人带来的是一种错觉。因为不存在的事物不能对其他事物产生有意义的影响和作用,衡量任何一个事物

---

① 参见胡宗山:《西方国际关系理论中的理性主义分析》,《现代国际关系》,2003 年第 10 期。

的影响和作用必须以一个事物的存在为前提。因此,在加尔通看来,"国家无政府状态"本身是不具有任何意义的。更让加尔通感到忧心的是,正是基于这一前提假设,人们总是习惯性地以不一样的眼光审视国际社会,以致每一个国家都时刻警惕,以敌视的眼光审视现实的或潜在的威胁,从而成为一种"自我实现"的恶性循环。事实上,国际社会从来没有呈现出完全的无政府状态,并且一直处于不断有序化的过程中。科技革命、信息革命和全球化引起的国际价值认同与权力集中不仅使其有序性有了大幅度增长,而且还在质的意义上有了重大改变。

第二,理性主义范式通常将国家以及国家间关系作为其研究对象,认为"只有国家才能制定对外政策,并最终拥有合法的权威来控制所有跨越国家边界的相互连接"①。《威斯特伐利亚和约》的签订标志着国家作为国际社会首要基本行为体的开始,几百年间,主权国家一直影响着国际政治局势走向。一般来讲,主权国家主要有两种职能,即对内主权职能和对外主权职能。"对内主权指的是对整个民族国家范围内一切事物的最高政治统治权,具有最高的权威性和排他性;对外主权则主要指的是一个国家有独立自主地决定其外交方针,处理国际事务,并享有国际权利与国际义务的权利。"②这两种职能分别蕴含着两方面的含义:一方面,对内主权职能表明为了追求和维护国家的利益,国家具有采用各种手段与资源的权力,国家的权威性毋庸置疑。虽然在近代资产阶级革命之后,伴随自由主义的引入,国家权力与个人自由通过机制、法律等各方面的建设进行了较为合理的划分,但是国家是国际社会中最基本、最重要也是最有能量的行为体仍然是一个不可争辩的事实。因此,在个人与国家的关系中仍以国家为轴心,在个人利益与国家利益发生冲突时,仍然要求个人要以国家利益为重,个人对国家的认同仍然具有

---

① Frederics Pearson and J, *Martin Rochester: International Relations*, McGraw-Hill, Inc, 1988, p.13.
② 张季良主编:《国际关系学概论》,世界知识出版社,1990 年,第 46 页。

绝对优势的地位。另一方面,对外主权职能强调在处理国际事务时的国家中心主义原则,充分肯定国家的基础与中心作用。对这一点提出质疑并非表明加尔通要全盘否定国家的地位与作用,而是认为应该在国家之外更多地发挥其他非国家行为体的作用,这样才能更好地构建世界和平。在对国家中心主义原则进行反思的过程中,加尔通和平思想之中庸温和的特点表露无遗。加尔通认为,国家认同在当今世界中的绝对优势地位,即"可以表现为爱国主义,同时也可以表现为国家沙文主义",在一定程度上,"主权国家的观念强化了国家的自私倾向,正是国家的自私自利行为,导致了二十世纪频繁的暴力活动"。①除此之外,随着全球化时代的到来,科技、信息、货币等因素发挥着越来越重要的作用,国家疆界所带来的束缚得以冲破,面对更加纷繁复杂的世界,国家主权作用也不可避免呈现弱化趋势。

(二)作为导向性科学的和平研究

加尔通认为,和平学作为一种社会科学,其科学性及其合理的价值导向性之间并不是相悖的,而是有可能得以统一协调的。"清晰的价值取向意味着清晰的问题取向",加尔通主张和平学应明确将和平作为其价值导向,这一立场源于和平本身所具有的价值性,体现着人类对和平的自觉理解和追求。同时加尔通认为,自然科学的研究方法完全可以应用到和平学当中,对和平研究者各种不同的价值观念进行最小公约化的处理,可以有效避免由于研究人员自身价值偏见所带来的不良影响,从而使和平学在持有明确价值导向的同时保有其科学性。

加尔通对和平学既具有价值导向性又不失科学性的论证主要建立在将和平学与现代医学进行类比的基础之上。加尔通认为,和平学与现代医学之

---

① 苏长和:《市场、国家与社会:国家在国际关系中作用的限度》,《欧洲》,1999 年第 4 期。

间特别的相似性使得医学的发展成为和平学未来发展的典范：现代医学是最近三四百年来建立在解剖学、生物学以及现代科学技术基础上的新兴学科，其发展历程经历了朴素阶段、哲学阶段和科学阶段。古时，人们卜卦问吉凶，举行各种祭祀活动，祈求免灾去祸，不被疾病困扰。是健康还是身患疾病，在古人看来，完全取决于神灵的意志。面对疾病，人类只能求助于神灵的庇护。随着人类对自身身体了解的不断加深，医学开始以哲学形式出现。这一阶段，落后的生产力决定了人类相关知识的匮乏，也决定了以哲学形式示人的医学带有极大的笼统猜测和朴素直观的性质，因此不得不依靠哲学的推理来进行补充。16世纪人类解剖学的建立标志着现代医学开始初具规模；19世纪麻醉技术的出现和无菌条件的满足，外科手术的范围开始由四肢和体表向体腔深入，同时抗生素的发现也使内科有了突飞猛进的发展；到了20世纪，现代医学分析与综合并重，开始向更加系统、更加整体的方向发展。在现代医学逐渐实现其科学性的过程中，"健康"的内涵也从仅仅没有身体上的疾病扩展为对完整的生理、心理、环境等众多因素的要求，开始转向生物-心理-社会医学模式，着眼于从整体上考虑人类心与身的统一，而不仅局限于局部病变，不仅包括了以遗传、功能、环境为主的科学，还综合了哲学、人文、心理等多种学科。现代医学从各个学科中吸收有用的资源，以多元视角系统全面地考察和应对健康问题。

加尔通认为和平学也如曾经的医学一样正在经历"去哲学化的过程"，从"空谈主义"开始转向强调科学实践。和平学的和平价值导向正好可以与现代医学的健康价值导向相吻合，和平的内涵也像健康的内涵一样经历着逐渐扩展的过程。正如对"健康"的不同认识并没有影响现代医学的科学性一样，加尔通深信和平学的科学性也可以得到不断的强化。现代医学的职业化趋势也吸引着加尔通的注意，他认为这为和平研究的今后发展提供了一个极好的发展模式。"一个合格的和平研究者应该同时也是一位优秀的和平工作者",这正是加尔通将和平研究者描述为"技术型社会工程师"的初衷。

(三)和平的重新定义

和平研究需要一个明确的和平概念。这一概念需要避免传统和平思想中思辨色彩过于浓厚的特点,也不能采纳任何具有党派性的观点,基于以上两点,加尔通开始形成属于自己的和平概念。这一概念主要包含两方面的内容:消极和平与积极和平。对于这一概念两方面内涵的合理性论证主要源于全球范围内两大经验性趋向:第一个趋向即"人类认同"显示出人类之间相互移情以及团结一致的能力。一个人将自己看作众多群体中的一员,而这些群体中"相互性的规范"是有效的,合作是一种占优势的互动模式。第二趋向是"尽管人类共同体之间存在一定的好战性,但人类很少会长时期地无所不用其极地反对敌人。即使在战争中,也会遵循一定的规则和制约"。[①]考虑到共同利益这一要素,人性往往趋向于对武力进行约束。这两大趋势的综合就构成了实现真正、全面和平的条件,和平研究的特殊就在于对消极、积极和平条件的追求。为了使"积极和平"的内涵更加具体化,加尔通给出了其所包含的十项具体内容:

(1)合作。以国际关系层面来讲,合作即意味着国家与国家之间存在商品、服务、知识、人员等方面的交流。合作即国家之间不能相互孤立,而是相互依存。

(2)免于恐惧的自由。免于恐惧的自由是一种状态,在这种状态下,无论是个人还是国家都没有未来将会发生不良事件的负面预期。

(3)免于匮乏的自由。免于匮乏的自由是指无论个人或国家最为重要和基本的需求应该能够得到满足。

---

① Johan Galtung, *Theories of Peace*, International Peace Research Institute, 1967, p.53.

（4）经济增长与发展。经济增长与发展不仅要求平均资源的不断增长，还要求这些资源能够得到更好的配置，这不仅是一个技术发展的问题，还是一个社会组织结构的优化问题。

（5）消灭剥削。消灭剥削是指所有个体和国家间的交流都是平等的。因此，每个个体或国家的付出都有相应的回报。

（6）平等。所有的个体或国家本质上都是一样的，每个个体或国家的生活或存在方式都不会比其他个体或国家生活或存在方式更有价值。

（7）公正。每个个体或国家都应赋予其所应有的各项权益。

（8）行动自由。所有的个体或国家都拥有广阔的可选择的活动空间。这里不仅要求每个个人或国家有充分自由的选择空间，而且还要求每个个体或国家都有资源和手段去进行这些行为活动。

（9）多元性。多元性就是要求我们生活的世界应该允许多种社会文化形式的共同存在。

（10）动态。所谓"动态"即我们的世界不能一成不变，需要为动态变化提供所需的条件，也就是说我们要为下一代人留出重新选择的空间。①

在对和平概念进行扩展的同时，加尔通还总结和反思了个人心理、人际交往、社会秩序、国家数量、国家内部结构、国家间相互依存程度、阶级划分、强制性权力、观念性权力、终极权力、国际行为体多样化等可能影响和平实现的众多因素，为和平学的发展提供了广阔的空间。这些因素涉及多层面、多领域、多角度的内容，如果对其进行单一个别的考察和分析，势必显得支离混乱、不易掌握。加尔通为将以上因素进行整合，选择了这些因素所内含的隔离导向或联系导向作为切入点，并由此提出了"熵"的概念。"熵"在加尔通看来是一个起着基础性作用的关键概念。②"熵"这一变量可以用来表述系

① See Johan Galtung, *Theories of Peace*, International Peace Research Institute, 1967, pp.14-15.

② See Johan Galtung, *Theories of Peace*, International Peace Research Institute, 1967, p.186.

统特征,或者表述系统各种要素的分配,具有高熵与低熵两种状态:高熵状态在一定程度上与"系统的无序""知识的不确定"以及"以最大程度的不可预测性进行分配"是同义词;低熵状态是指"系统的有序""在最大可预测范围内进行分配",等等。如果在一个系统内,任何一种要素的分配具有较低的可预测性,那么说明这一系统处于高熵状态;相反,如果可预测性很高,那么则说明这一系统处于低熵状态。

加尔通在社会系统中挑选出两大要素:一个是行为者在社会各阶层的分配,另一个是社会行为者之间的互动发生频率,并在此基础上将熵分为行为者熵(基于在一定位置上行为者的分配)与互动熵(基于行为者之间的联系性分配)。假设系统只有两个阶层——高阶层与低阶层,那么行为者熵就可能呈现 5%处于高阶层、95%处于低阶层的低熵状态,也可以呈现 45%处于高阶层、55%处于低阶层的高熵状态;同理,互动熵也可以呈现 95%集中于高阶层、5%集中在低阶层的低熵状态,也可以呈现 55%集中在高阶层、45%集中于低阶层的高熵状态。因此,一个具有高行为者熵和高互动熵的系统意味着在这一系统内,阶层分配比较平均,各个阶层、各个行为者之间的联系互动发生频率也比较平均。而与之相反,一个低行为者熵和低互动熵的系统意味着行为者集中在一个或一些少数阶层上,行为者之间的互动联系也集中在部分行为者之间。当然,一个系统也可以在一方面呈现低熵,另一方面呈现高熵。如果一个系统在行为者熵上处于高值、在互动熵上处于低值,则被我们称为"混合系统";而一个系统在行为者熵上处于低值、在互动熵上处于高值,我们将其称为"阶级系统"。熵值的高低是在不断变化的,在加尔通看来,社会系统本身就存在于在低熵状态与高熵状态之间来回摇摆。不论是高熵系统,还是低熵系统,都具有自身强大的作用力,也同时蕴含自我摧毁的内在因素。一个系统越接近最高熵值或最低熵值,那么所呈现出的高熵状态最大化或低熵状态最大化本身具有的影响力也将发挥到极致,但与此同

时,这一状态多蕴含的内在的自我摧毁因素的破坏力也将随之加强。下表将具体表现熵变量所内涵的作用力及困境:

表2 熵的作用力及困境

	个人层面		社会层面	
	拉力	推力	拉力	推力
低熵系统	渴望一致性、简单、同质性	过多的微型稳定性、一致性、重复	有利于善意目的的控制、稳定	有利于恶意目标控制、危险的重大冲突
高熵系统	渴望多样化、新的体验、微动力	过多的不一致、信息量超载、矛盾	冲突就地解决有利于微改变	过多的微型冲突阻碍了重大改变

在个人层面上,低熵状态将个体置于一种相对同质的状态下,个体认同非常清晰明确,没有出现任何形式的割裂,可供选择项较少,互动集中在特定一点或几点上。加尔通认为:"生活在一致、单一、同质世界的时间过长,也就是低熵状态最大化会使个体产生力求改变和多样性需求。"[1]以此为目标,个体的各种探索性生活经历会开启崭新的互动模式,多样性开始被引入,从而导致微型动力的产生,使整个体系状态得以发生改变,熵值也随之增加。但是随着多样性需求的满足,高熵状态下那些不尽人意的地方会凸现出来。互动模式的多样化、信息量的极大丰富也使个体处理信息的难度不断增加,当信息量出现严重超载,大量异质性和交叉性充斥体系,个体内心将陷入充满矛盾、难以抉择的冲突状态。由此,体系将又开始朝着低熵状态转变。

在社会层面上上述现象同样适用。在低熵状态下,各个社会倾向于采取隔离取向的方针政策,因为社会间彼此很少往来,所以有可能避免重大冲突的产生,但同时也会因为彼此间极少互动无法相互了解,一旦出现冲突就不容易通过和平手段得以解决而造成异常惨重的损失。与之相反,高熵状态下各个社会倾向于采取联系取向的方针政策,社会间频繁的互动交往会带来冲突不断,但这些冲突往往又在不断的互动中得到和平的转化与解决,因而

---

① Johan Galtung, *Theories of Peace*, International Peace Research Institute, 1967, p.211.

其破坏力都比较有限。一个低熵状态的社会体系在未发生冲突前通常较为有序，有序的体系易于掌控，但关键问题在于这种掌控可以置于善的目标之下，也可以被恶的目标所利用。善的目标和结果当然是一种诱惑和希望，恶的目标和后果却又是一种警示和忧虑。

表3　商熵状态与低熵状态下的冲突表现

	微观冲突	宏观冲突
高熵状态	非常经常、但是能够得到快速解决、冲突的后果比较轻微	不大可能、结构不允许
低熵状态	很不经常、结构不允许	如果政策灵活短期内不大可能，但是长期内发生可能性较大并且危害巨大

　　总体来讲，在低熵状态下冲突通常出现在宏观层面，比如由超级大国领导的集团间的冲突；而在高熵状态，冲突经常出现在微观层面，个体内在冲突比如自身认同的割裂。因此，当钟摆从低熵状态移至高熵状态时，冲突也从宏观向微观层面转化，从集团间向个体转化，反之亦然。当然这并不是说世界上的冲突是恒定的，也不是说所有的冲突都能够根据熵值水平被归入宏观冲突或微观冲突。但是由于低熵状态下系统中的各个单元被分配的方式相对于高熵状态更容易产生重大冲突，因此社会系统的熵值与社会系统自身蕴含能量之间的关系成负相关关系。一个系统越有序，那么对于这一系统来说无序所可能造成的影响力就越大。低熵社会所掌握的社会能量较多，相互隔离的状态决定了社会各个单元要么相安无事，要么以一种更具革命性的方式爆发冲突；高熵社会系统所掌握的社会能量较少，相对于低熵状态，动力经常表现在微观层面，即宏观上稳定，微观上充满动力。加尔通认为，通过对不同层面熵值的测量和调整将有助于和平的实现，是和平学应该进行深入分析和研究的重要内容。

二、深化成熟阶段

进入 20 世纪 60 年代中期,加尔通和平思想不断深化、逐渐走向成熟,个人特色愈加明显,结构和平学初具规模。传统和平研究通常集中在裁军和军备控制等方面,认为裁军和军备控制可以有效防止战争的爆发,而对根源性问题却鲜有讨论。而加尔通正是对根源类问题进行结构性探讨的基础上开展其和平研究的。最具加尔通特色的结构和平学可以大致通过他的三篇著名论文进行了解和把握。

(一)《进攻性的结构理论》

1964 年,加尔通的《进攻性的结构理论》一文开始注意到结构所起的作用,认为结构是"进攻性"的积聚和爆发的重要原因。在该文中,加尔通首先界定了"进攻性"的内涵:"试图改变即使这些改变会违反其他人的意愿。"[①] "进攻性"既有负面效应也有积极效应:其负面效应的极端表现,在个体层面可以是犯罪、自杀,在群体层面可以是革命、内战,在国家层面可以是战争。而其积极效应也是显而易见的,正是由于人们的进攻性,历史才发展至今。在该文中,加尔通强调的是"进攻性"的负面效应,认为这一负面效应更容易在等级不均衡的社会中出现,并且在其他进行均衡化的努力都已经尝试无效之后、文化传统中又具有暴力侵略潜质的条件下会演变成一种极端行为。该文首先设定存在一个拥有各种行为体的系统,这些行为体都有各自目标以及朝这些目标努力的能力,同时这些行为体之间互动不断。一个互动系统是一个在多方面存在分层的系统,有些人拥有、有些人失去、有些人拥有得

---

① Johan Galtung, A Structural Theory of Aggression, *Journal of Peace Research*, Vol.1, No.2, 1964.

少、有些人拥有得多。为了简单起见,加尔通只设定"高(topdog)"与"低(underdog)"两个分层,如果在每一种要素维度上都处于高等级,则称为"完全高阶层(the complete topdog)";如果在每一种要素维度上都处于低等级,就称为"完全低阶层(the complete underdog)",这两种阶层被加尔通归为均衡阶层(equilibrated positions)。归类的原因在于这两种阶层中所涉及的要素等级都是同级的,要么都处于高阶层,要么都处于低阶层,不存在任何区别。与之相反的即为"不均衡阶层",也就是所涉及的要素等级各不相同的阶层类别。

在进行了基本分类之后,加尔通开始探讨什么样的社会阶层是"进攻性"最有可能积聚并最终爆发的? 根据上面的阶层分类,可能的答案只有三种:第一,"进攻性"主要出现在"完全高阶层";第二,出现于"完全低阶层";第三,出现于"不均衡阶层"。"完全高阶层"已经获得了系统能够给予的所有资源,但是这并不等于说就能够防止"得到越多,想要的越多"这一现象的发生:曾经的殖民主义战争和奴隶制盛行就是"完全高阶层"进攻性的典型体现。但需要注意的是,"完全高阶层"只要身处有利于他们的结构中,就会理所当然地获得各种利益而无须表现出进攻性。在面对其他阶层所表现出的进攻性时,"完全高阶层"也许会表现出进攻性以示回应,但这种回应却不符合开头对"进攻性"的界定,即强调"改变的愿望"。"完全高阶层"并不具有改变有利于其自身的结构设置的愿望,因此加尔通并不赞成"进攻性"主要出现在"完全高阶层"的设想。对于"进攻性"主要来源于"完全低阶层"的观点,加尔通同样持否定的态度。他认为"完全低阶层"是不可能表现出进攻性的,因为"表现出进攻性"的所有必要条件包括观念、知识、武器、社会经历等资源要素,对于"完全低阶层"来说都被剥夺了,因此"完全低阶层"没有能力表现出进攻性,更为关键的是,"完全低阶层"意味着在所有要素维度上都处于最低等级,也就不会产生对比和反差,没有对比和反差也就很难产生任何对美好生活的向往,自然就不会产生改变的愿望,根据定义并不满足产生进攻性的条件。可是当"完全低等级"中任何一个要素的等级从低级转向了高级，那么情势就会有翻天覆地的逆转，因为这意味着"完全低等级"不仅开始意识到反差的存在从而产生改变现状的愿望，而且也开始具备消除这种反差的能力。加尔通由此得出结论：进攻性来自于等级不均衡的阶层配置。不均衡的阶层配置主要通过以下三种途径发挥影响：

第一，不均衡的阶层配置意味着区别对待。不均衡的阶层配置代表着会按照等级对要素进行分配，也就是区别对待。区别对待所带来的巨大反差会激发改变现状的愿望，引起"不稳定的自我设想"①。处于不平衡配置的阶层通常会将"完全高阶层"作为自己的参照对象，二者之间存在的差距所带来的不稳定效应会产生流动性的压力，如果恰巧缺乏顺畅、公开的流动渠道，对不平衡配置的改变就极有可能会通过其他极端方式进行。

第二，不均衡的阶层配置意味着部分资源的获得。"不均衡阶层"之所以处于不均衡状态就说明在部分要素方面处于高等级，而在另一些要素方面处于低等级。一些要素中的高等级不仅会产生改变另一些要素中的低等级状态的驱动力，而且还为这种改变低等级状态的行为提供了必要的资源。比如暴发户在经济上获得成功以后，通常会产生改变其社会地位和威望的愿望，而其经济实力又为这种改变提供了可能；再如面积狭小、人口众多但经济高速发展的国家很有可能会产生提升自身国际政治地位的愿望，从而将其经济能力转化为军事权力并投入随后的领土扩张。

第三，不均衡的阶层配置意味着自以为是、自我膨胀的开始。大部分国家或个人会有这种想法，即我们在这一要素方面占据高位，就理所当然在其他要素方面也占据高位。加尔通将要素分为先天固有和后天获得两大类。先天固有要素因为一出生就已经注定的比如性别、种族等，所以是无法改变

---

① Johan Galtung, A Structural Theory of Aggression, *Journal of Peace Research*, Vol.1, No.2, 1964.

的，至少是不容易改变的；而后天获得要素是需要经过后天努力才能获得
的。因此，不均衡的配置阶层也相应地存在这两种分类。不同种类的不均衡
阶层配置在导致进攻性的重要影响力方面有所不同。在先天固有要素方面
上处于低等级而在需要后天努力获得的要素方面处于高等级这种配搭的不
均衡配置在加尔通看来最具有进攻性，因为先天固有要素上的流动性通常
处于被阻断的状态，这意味着其他均衡化努力的失败，进攻性也就易于堆积
和爆发。

由此可以看出，加尔通在《进攻性的结构理论》一文中已经开始认识到
社会结构的重要影响力，其结构和平观开始浮出水面。

(二)《暴力、和平与和平研究》

1969 年《暴力、和平与和平研究》一文正式提出结构暴力的概念，强调和
平研究应该更加关注产生冲突，特别是那些隐性冲突的社会根源。[①]在解释
结构暴力的时候，加尔通首先将社会结构分为行为者(actor)、系统(system)、
结构(structure)、阶层(rank)和层次(level)五大部分。行为者可以在不同的系
统中进行互动，各种互动相互交织形成结构。在所形成的结构中，行为者可
能在某个系统中处于较高阶层，而在另一个系统中处于较低阶层，又或者在
所有系统中都处于高的阶层或低的阶层。在各种系统中，有互动就会产生价
值交换，一旦发生价值分配，就会有平等和不平等两种结果。而不平等价值
分配的产生也就意味着结构暴力的产生。

加尔通认为，在以下六种运行机制中易产生结构暴力。第一，线性的阶
层排序：在行为体中，存在明显的阶位排序，哪个行为体处于高位，哪个行为
体处于低位，一目了然。第二，非周期性的互动模式，即所有的行为者虽然都

---

① See Johan Galtung, Violence, Peace, and Peace Research, *Journal of Peace Research*, Vol.6, No.
3, 1969.

互相联系,但却只有一种互动路径。第三,行为者的阶位和互动的中心地位之间存在联系,即行为者在一个系统中的阶位越高,那么这一行为体在互动中就越处于中心位置。第四,系统与系统之间存在一致性。互动的系统与系统的结构往往表现出相似性。第五,行为体在各个系统中的阶位存在一致性,即某行为体在一个系统中处于高位,那么在其他所参与的互动系统中往往也处于高位。第六,不同的层次高位之间,相互联系,即一个层次上的行为体在更高层次上的表现,通常通过这一层次处于最高阶位的行为者所体现。

结构暴力并不像人为暴力那样有着强烈的伤害意愿,其作用形式往往也是间接和缓慢的,但其破坏性却是强大的。结构暴力的施行也不像人为暴力那样需要借助各种工具,而是通过以下四种方式发挥作用:①渗透(penetration)。结构具有强大的渗透作用,在这种渗透作用的影响下,身处此结构的人们会认为这种结构所产生的暴力是自然而然的、顺理成章的,从而接受这种结构,放弃任何反抗。②分割(segmentation)。在结构作用下,通常只有那些政治、经济的规则制定者知道正在发生些什么,那些处于结构底层的大部分群众只能看见事实的很小一部分,因此无法作出完整的判断。③分离(fragmentation)。结构上层群体间可以通过各种不用的方式方法进行互动,而结构下层群体间却被彼此分离开来,比如传统中妇女和儿童被隔离在各自的家中。④边缘化(marginalization)。结构下层群体和社会上层群体间的联系通常会被切断,以致结构下层群体被排除在社会或世界的互动中。

(三)《帝国主义的结构理论》

1971年,加尔通代表性文章《帝国主义的结构理论》的发表标志其结构和平理论的基本形成。由此,加尔通开始明确表示出对全球结构本身的关注,认为当时世界的两大特征即结构性不平等和对这种不平等的抵抗。"世界由中心国家和边缘国家组成,而这两类国家又可以分别分为中心地区和边缘地区。"①无论是中心国家和边缘国家之间，还是中心地区和边缘地区之间，不管是各自的生存条件还是决定其生存条件的能力方面都存在着极大的不平等。加尔通认为，这种普遍存在的帝国主义结构关系正是结构暴力的根源所在。对于"帝国主义"，加尔通希望能够在更为广义的层面上而非仅仅局限于经济层面进行理解。"帝国主义是两个集体间一种更为普遍存在的结构关系，应该从一个更加广泛的层面上进行分析，也只有这样，才能对其进行更好的理解。就像天花这一疾病要在流行病的理论背景下进行掌握才会得出更为透彻的理解。"②加尔通的目标不单单是对传统帝国主义分析进行改良，而是在最大范围内以一种创新发展模式对帝国主义进行战略性回应。"帝国主义是一种特殊的占领和权力的系统关系。其中，存在不同的行为体，一些行为体之间的关系表现为利益和谐，而另一些行为体之间的利益关系却呈现不和谐状态。"③

　　加尔通选择用"生活条件差距"这一指标对利益是否和谐进行衡量："如果两个行为体在进行某种方式的联系之后，二者之间的生活条件差距不断加大"，那就说明二者之间的利益关系不和谐；"如果两个行为体在进行某种方式的联系之后，二者之间的生活条件差距不断缩小"，那则说明二者之间的利益关系和谐。④这里就需要考虑一个时间变量的问题，即我们不能静态地对"生活条件差距"这一指标进行考察。"将要变成怎样要比现在是怎样重要得多"⑤，历史性地看待这一指标更能说明问题。

　　在对帝国主义进行具体界定时，加尔通为了更加简化清晰，设定存在一个具有两个国家(一个中心国家、一个边缘国家)的世界，当中心国家对边缘国家拥有权力并具备以下三种特点时，就表明这两个国家之间的关系是一

---

　　①②③④⑤　Johan Galtung, A Structural Theory of Imperialism, *Journal of Peace Research*, Vol.8, No.2, 1971.

种帝国主义结构关系。①中心国家的中心地区和边缘国家的中心地区之间利益关系和谐，②边缘国家内部的利益关系不和谐程度要大于中心国家内部利益关系不和谐的程度，③在中心国家的边缘地区和边缘国家的边缘地区之间存在利益关系的不和谐。①这一概念的基本点就是中心国家的中心地区要在边缘国家内设有"桥头堡"，这一"桥头堡"一般都会选定为边缘国家的中心地区。因此，在通常状态下，中心国家的中心地区与边缘国家的中心地区能够相互联系，实现利益和谐共存。两个国家内部都存在利益关系不和谐的情况，但是由于边缘国家内部利益不和谐的程度要大于中心国家内部利益不和谐的程度，因此边缘国家内部的生活条件差距更大，也就意味着存在更大程度的不平等。而中心国家的边缘地区往往更倾向于将自身设定为中心国家的中心地区的伙伴，而不是选择与边缘国家的边缘地区进行结盟，从而使这种不平等结构很难被打破。

在加尔通看来，帝国主义通过以下两大基本原则维持自身存在：一是垂直互动关系，二是封建互动关系结构。②垂直互动关系是指中心与边缘之间的互动关系呈现垂直性，具体可以通过两方面因素进行评估：一是中心与边缘间的各种互动与交换，二是这种互动与交换在二者内部产生的影响。通常中心和边缘在互动交换方面不处于相同的制造等级，比如工业制成品与原材料的交换等。而不同制造等级上存在巨大差距这一条件会在中心和边缘进行互动与交换的过程中对二者的内部造成不同的影响，具体影响如下：

---

①② See Johan Galtung, A Structural Theory of Imperialism, *Journal of Peace Research*, Vol.8, No. 2, 1971.

表 4　帝国主义结构关系所造成的影响

产生效应的层面	对中心国家的影响	对边缘国家的影响
附带的经济效应	新型制造方式的发展	没有任何发展
世界政治结构中的地位	中心地位加强	边缘地位加深
军事收益	有效的破坏性手段增多	没有任何收益
沟通收益	沟通交流手段增多	没有任何收益
知识与研究	为进一步提高制造等级获取更多知识、进行更多研究	没有任何收益
社会结构	一定程度的改变	没有任何改变
心理效应	自给自足与自治	依赖
技能和教育	在进一步提高制造能力的过程中技能与教育都得到提高	没有任何收益

　　从上表我们可以看出,边缘国家在互动交换中的积极收益基本为零。加尔通认为,这种垂直互动关系是造成世界不平等的主要来源。而对这种垂直互动关系提供支持与偏护的就是帝国主义得以维系的第二基本原则——封建互动关系结构。这种封建互动关系结构有四大特点:①中心国家与边缘国家之间的互动关系是垂直互动关系,②各个边缘国家之间的互动是缺失的,③中心-边缘-边缘这种多边互动关系也是缺失的,④边缘国家与外界的各种互动都被在其中心地区建立"桥头堡"的中心国家所垄断。[①]前面我们已经谈到,垂直互动关系的存在使得边缘国家只有机会和某一中心国家进行互动,互动对象的过度集中使得边缘国家对中心国家的依赖性大大增加。边缘国家本身在各方面的实力相对于中心国家来说都是十分薄弱的,因此边缘国家对与中心国家间互动交换的波动的敏感性也就更加显著,再加上边缘国家不像中心国家掌握那么多的资源,可替代性选择十分匮乏,这就注定了边缘国家的脆弱性。从上面提到的封建互动关系结构的其他特征来看,边缘国家和边缘地区的对外互动基本上都是单向的、受到限制的,因此通过它们之间的结盟、互动、组织和动员来对这一结构进行抵制和改变的可能性也就

---

① See Johan Galtung, A Structural Theory of Imperialism, *Journal of Peace Research*, Vol.8, No.2, 1971.

变得微乎其微。

三、继续发展阶段

进入 20 世纪 70 年代中后期,国际局势相对缓和,美、苏两个超级大国间关系的尖锐化程度有所下降,伴随东、西矛盾相对减弱,南、北矛盾开始凸显。面对国际形势的变化,加尔通的研究重点也有所转移。如果说上一阶段的结构暴力理论是为了扩展暴力内涵以及从结构角度寻找暴力根源的话,那么这一阶段则是对根源性问题的继续探讨以及对如何才能消除暴力,特别是结构暴力,从而走向和平的研究。这一阶段加尔通和平思想主要围绕两大问题展开:一是发展问题。加尔通认为只有发展才是消除直接暴力和结构暴力最为有效的方法,但是在对发展的理解上有别于传统发展理念。二是开始转向对文化的关注。加尔通发现东、西方文化的差异并提出了"文化暴力"的概念。

(一)发展问题

加尔通认为正是人们对发展内涵认识上的偏颇,才造成了人们只强调直接暴力而忽视结构暴力的现状。因此要消除结构暴力,发展是关键。在加尔通看来,发展不仅要普遍实现人类基本需求的满足,还要对这些基本需求进行不断的延展。加尔通的发展理念与现存发展理念存在巨大差异,并将现存发展模式称之为一种"过度发展"[①]。过度发展是与过度消费紧密相关的,涉及需求与供给两个指标。如果供给过于丰富,超出了需求点,反而适得其反。这一点看似简单却经常被人们所忽视,人们总会倾向于认为越多越好,

---

① Johan Galtung, *Overdevelopment and Alternative Ways of Life in High Income Countries*, Society for International Development United Nations University GPID Project, 1979.

可是不管是人类自身还是由人类组成的人类社会对各种需求，包括物质需求和精神需求的吸收消化能力都是有限的，并不能像机器生产那样遵循"投入越多，产出越多"的原则。

　　总体说来，过度发展的负面影响主要反映在以下三个方面：第一，生态环境方面。过度发展会带来资源的过度开发，以石油为例：目前，石油已成为工业社会不可或缺的能源之一，为了争夺石油而发生的各种冲突、战争层出不穷，伴随着石油储量全球性枯竭，寻找替代能源的过程毫无疑问是艰难和痛苦的；再比如对渔业资源、土地资源等的过度开发也都已经严重影响地球的承载能力。随着科学技术的不断提升，其制造品也越来越复杂，一般来讲，工艺技术含量越高，产品的再循环性就越差，所带来的污染也就越多，当下许多植物和动物的物种都因为污染程度的不断加深而濒临灭绝，如果大量植物、动物物种消失，生态系统就会变得愈加脆弱，人类的食物制造潜能也就随之下降，从而影响人类自身身体和精神的健康。

　　第二，人类社会方面。过度发展在人类社会的一个重要表现就是专业化程度越来越高。我们需要专业化，但是专业化程度过高则会使人们对除专业外的许多事物失去兴趣从而增加了人类的依赖性，依赖程度的逐渐加深意味着自治能力的降低，而自治能力的降低则是导致剥削产生的重要条件。同时专业化程度的不断提高，会将人类严格局限在自身的专业领域，从一定意义上来说也就加大了人与人之间的距离。人与人之间联系的减少，使人与人之间越来越冷漠，社会的凝聚力也随之急剧下降。

　　第三，个人健康方面。过度发展所带来的营养过剩和对医学药物的过度依赖，会使人遭遇肥胖、自身免疫力下降的困扰。另外，过度发展所带来的人类生活过度自动化，使人类缺乏基本的锻炼从而导致各种健康问题频发。[1]

---

　　① See Johan Galtung, *Overdevelopment and Alternative Ways of Life in High Income Countries*, Society for International Development United Nations University GPID Project, 1979.

针对上述问题,加尔通提出自己特有的发展模式,认为今后发展重点应该放在自力更生以及实现人类生活方式转变两个方面。

1. 自力更生

自力更生与人类历史本是相伴相随:"一个小型的共同体依靠自己的力量是人类存在的基本形式,但是西方文明所带来的中心-边缘结构在全球的扩展,改变了自力更生的人类常态。"①在中心-边缘结构设置下,西方文明被理所当然地确认为具有普遍适用性、理应被边缘地区所接纳和采用。非西方中心地区受西方影响严重,并在一定程度上接受了自身的边缘地位。加尔通认为,边缘地区毫无抵制的服从已经成为一种绥靖共谋的行为,使中心-边缘结构更加稳固。因此,要想打破这种中心-边缘结构,取决于边缘地区将采取什么样的行为方式。中心-边缘结构配置的本质是一种垂直性劳动分工,主要由渗透、分离与边缘化三种机制予以支撑。渗透本质上是一种权力关系,意味着在边缘地区所发生的事件可以在中心地区找到根源,这些根源可以是一种意识形态,也可以是一种补偿性的经济行为,还可以是一种强制性的惩戒行为。而分离与边缘化机制使中心地区垄断了所有互动,使边缘地区对中心地区依赖程度不断加强。

自力更生顾名思义就是不依赖外力,靠自己的力量重新振作起来。自力更生不仅仅是一种运用当地各种因素对经济的一种组织方式,更是对上述的中心-边缘结构的一种抵制,其最终目标就是要形成世界各地无分中心与边缘的结构配置。自力更生也不仅仅是一种追赶西方中心国家所要采取的一种新型手段,而是一种自治状态,自己独立地为自身设立发展目标,并且尽可能使用自身所拥有的各种资源和因素来实现此目标。自力更生并不是以牺牲他人的自力更生为代价而完成的,也不是以其人之道还治其人之身

① Johan Galtung, *Towards a New Economics: On the Theory and Practice of Self-reliance*, Universite Nouvelle Transnationale 154 rue de Tolbiac, 1985.

地对待中心地区和国家，而是要结束中心的垄断，建立新的合作形式和组织。从这点看，自力更生与自给自足存在区别，自力更生要比自给自足更加具有积极的外向性特点。自给自足从某种意义上说是切断互动，而自力更生却不是要避免互动而是要根据自力更生的准则进行互动，进行一种更加水平的互动。

自力更生作为一种革新形式，强调通过自我依赖从而对现存主导的中心–边缘结构发出挑战，在自力更生的原则要求下，每个人、每个集体都是相互平等的。在这里，加尔通强调有两个原则对自力更生的实施具有重要作用：一个是参与原则，另一个是团结原则。自力更生是一个动态的过程，对于边缘地区和国家来说，并不是已经准备完善、随时可以拿来使用的，而是需要边缘地区或国家身体力行去做的事情。自力更生要求利用当地各种因素，如当地的创新能力、原材料、土地、资金等，要允许当地草根阶层发挥自身的主动性和创新性，其任务就是利用当地所有要素去生产出基本需求的产品而不是通过交换而得到它。这在本质上是对资本主义的一种彻底颠覆，因为资本主义的基础就是在全世界范围内保证要素和产品的流动性。当然自力更生并不是限制流动性，而是更加强调处于同等位置的行为者之间的合作与交换。由此，我们可以得出，自力更生是历史进程的一个组成部分而不是抽象概括性的公式，是对上至全球下至国家内部广泛存在的中心–边缘结构的一种回击，同时也是建立崭新结构的方式方法。

自力更生强调大众的参与，只有在大众普遍的参与下，自力更生才有可能全面展开。自力更生所要说明的是另一种主客体关系，大众不仅仅只是他们自身需求满足的主体，更要培养出独立的心态。自力更生的首要任务是要保证人类基本需要的满足。这一点与生活方式的转变有一定的联系。加尔通认为资本主义现存生活方式所倡导的追求极大的物质享受，已经远远超出了满足人类基本需求的标准，自力更生从一定意义上就是要排除资本主义生活方式的影响,更加理性地对待物质生产,将物质生产的目标锁定在人类基本需求的满足,而不是过剩的物质享受。要做到这一点就需要保证大众的参与,当大众掌握了生产机器时,那么只有在基本需求得到满足之后,才会有可能将生产重点转向别处。要保证大众参与的一个必要条件就是对当地经济的控制程度保持在一个高水平上,因为在加尔通看来,"如果当地经济的控制权掌握在远离本土一方的手中,那么这种控制就会因为缺乏情感因素而变得异常严苛与不切实际"①。在资本主义传统中,除去其明显的剥削性来说,也会由于其一味遵循自身标准行事而忽视了当地自身特点,在这样的条件下,对当地的各种要素的开发和利用方面就明显存在不足。通过自力更生,不仅使本地资源的利用率能够得到极大的提高,而且能够激励和促进当地的创新性。

在现存的中心-边缘结构中,往往是中心地区在科学技术方面充当先驱者的身份,而边缘地区总是不断从中心地区进行学习,学习如何制造,甚至学习如何消费。也许这正是中心-边缘结构所造成的最具毁灭性的后果,可能也是最不容易改变的后果。改变的困难性使我们不能寄希望于传统教育,因为传统教育在很大程度上不是减少而是在不断增加对西方中心地区的依赖程度。边缘地区需要逐渐获得对自身文化的信心和自豪感,不断提升自身改革创新的能力。而想要提高自身创新能力可能就需要将自身与西方中心地区拉开一定的距离。随着边缘地区创新能力的不断提高,其本地资源的利用率会大幅提升,与本地各种条件的契合程度也会提高。这里的条件不仅是指经济、生态方面的条件,更为重要的是结构、文化方面的条件。自力更生不是要阻止人们获取任何外来的制造与消费方式方法等方面的知识,而是要使本地群众能够在一个更加自信的前提下去对这些知识予以吸收和消化。

---

① Johan Galtung, *Towards a New Economics: On the Theory and Practice of Self-reliance*, Universite Nouvelle Transnationale 154 rue de Tolbiac, 1985.

这样,即使是在吸收这些国外技术时也能够考虑到自身的文化和结构特点,而不再是生搬硬套,从而使边缘地区的发展更加多元化。因此,自力更生是与对西方中心地区发展模式的简单模仿格格不入的。对西方中心地区发展模式的简单模仿意味着当地民众并没有参与到其自身需求设定的进程中,这样条件下的经济发展在很大程度上是与当地实际需求相隔离的,充其量只会符合极少数群体的利益需要。只有通过当地民众的参与,依靠当地民众自己的力量,才能够实现满足当地最广大群体基本需求的目标。在加尔通看来,重复发明所带来的损失并不比将自己仅仅定位在一个学生或是模仿者的损失更大。研究和发展成本也许高额,但这些毕竟是自己的。即使会有错误和挫折,却可以从自己犯下的错误中吸取经验,将有益于我们自身发展。加尔通所倡导的自力更生并不是要闭门造车,而是更多地与自身处于相同位置的行为体,而不是只和中心国家中心地区建立交换机制,这将有助于改变全球范围内的中心–边缘结构。

自力更生的实现在很大程度上需要边缘地区之间的团结,通过边缘国家、边缘地区间的互助,将会有效减少边缘国家、边缘地区对中心国家、中心地区的依赖,同时也有助于培养独立于西方中心国家和地区的各种能力。为了防止边缘国家、边缘地区在进出口贸易中处于依赖受制的地位,加尔通强调提高当地自我供给的能力,不仅要在危机时刻提供自我供给,更为重要的是在基本需求方面的自我供给。这里加尔通倾向于建立一种双面经济:一方面是常规经济,对食品、石油等物资进行进出口贸易;另一方面是逆向经济,即注重新食品、新能源的开发,以保证在特定条件下,如战时状态、受到经济制裁等情况,能够保证自身基本需求的满足。这种双面经济会使经济发展更加多样化,同时也有助于生活方式的转变和发展模式的转变。

自力更生对于加尔通来说还可以提高其军事防御能力。原因在于如果将自力更生发展模式应用于一个国家内部则意味着去中心化,即一个国家内部存在许多能够在危机时刻进行自我支撑的单元，从而大大降低其脆弱性。具体来讲，就是占领一个自力更生国家的首都不再具有决定性意义，因为这个国家还有许多其他地区能够提供高效的准军事行动。这在一定程度上增大了一个国家的占领难度，反过来说，在难度预期变大时，就等于减少了其被当成军事冒险目标的风险性。

2. 生活方式的转变

加尔通认为，现今占主导地位的生活方式(the dominant way of life，简称"DWL")是一种资产阶级生活方式(the bourgeois way of life，简称"BWL")。这种生活方式具有以下四个特点：一是重视机器化大生产即非手工作业，尽可能地避免繁重、污秽的手工工作类型；二是强调物质享受，各种物质消费水平不断攀升；三是个人主义或家庭主义至上；四是对可预测性、安全性的强调。[①]这种生活方式具有一贯性和内在逻辑性，在当代生活中得到了广泛的认可。一方面这种生活方式要求物质的极大丰富，另一方面又要求尽可能避免直接参与到这些物质的生产过程中去。对于这一组矛盾，资产阶级生活方式给出了自己的答案：建立一种生产模式，保证投入的手工制作时间最短，而物质性产出最大。[②]这在加尔通看来，已经构成了一种剥削，是对自身的剥削，是对国内工人阶级的剥削，是对国外工人阶级的剥削，也是对自然界的剥削。手工制造时间最短，而物质性产出却最大，就要求形成流水线式的高生产率，而高生产率也就意味着高失业率，从而构成了一种对自我的剥削；对国内外工人阶级的剥削更是显而易见，对于工人阶级来说，并没有多大的机会能够享受资产阶级生活方式所带来的积极效应，即避免不必要的繁重、污秽的手工工作；同时，这种生活方式也在不断地销蚀着大自然，因为这种生活方式需要最大可能地压榨大自然来获取极大物质丰富这一要求的满足。

---

①② See Johan Galtung, *Why the Concern with Ways of Life?* University of Oslo, 1976.

加尔通认为，生活方式转变之所以重要在于它涉及我们生活的方方面面。当主流生活方式一旦确立，就不再是我们个人选择怎么样生活这一简单问题，而成为一种背景结构，成为一种对整个社会环境的描述。许多事物失去了其本身固有的意义而转变成一种符号，给人类带来的并不是幸福与满足，而是越来越多主宰人类生活的社会病态。资产阶级生活方式在当今工业社会中主导性地位的确立反映了一种内含剥削因素的基础性结构，对资产阶级生活方式的抵制已经成为一种政治行为，不仅仅针对某项具体的方针政策，更是针对国家内部乃至全球范围内精英权力结构的挑战，同时力求对资产阶级生活方式的转变也内含对整个西方文明的世界观和价值观的挑战。

加尔通倡导应该改变生活方式，采取有别于资产阶级生活方式，即生活方式的转变（the alternative ways of life，简称"AWL"）。加尔通并没有从正面对生活方式的转变给出界定，而是将生活方式的转变设定为一种对资产阶级生活方式进行否定的生活方式。因此，生活方式的转变的特点也就清楚明了：更多地参与到手工制造的工作中、不完全以高生产率为导向、不过分追求安逸、进行更多具有冒险精神的活动、淡化个人中心主义和家庭中心主义、习惯一个较低程度的可预测性安全保障、与国内外的工人阶级保持一种合作关系、实现与大自然和谐共处。生活方式的转变希望能够使用更多非西方的文化视角来对社会现状进行更加全面、客观的了解；希望建立一种权力更加下放，由更加自治、更小的单元相互联系的一种社会结构。对生活方式的关注不再只局限于工业发达国家，世界范围内各种不同的生活方式的转变将成为一种力量、形成一种运动，对现行主导生活方式资产阶级生活方式产生压力，有助于更加和谐、更少剥削的生活方式的生成。

（二）文化转向

这一阶段加尔通对各种文明、社会宇宙观、文化暴力的关注度明显加强，希望能够从中找到暴力是如何植根于社会生活各个方面的。加尔通对各种文化以及其宇宙观的理解与研究是与对西方文化的批判密切联系的——西方文化的垂直性、个人主义、扩张主义等因素是众多社会问题产生的根源。在对各种文化及其宇宙观进行详细探讨之后，"文化暴力"这一概念浮出水面。文化暴力是指"文化中的某些部分在一定程度上使暴力合法化，甚至变成了一种荣耀，从而助长了暴力的滋生"[①]。文化暴力提出的意义在于将前期强调的直接暴力与结构暴力这两种暴力形式联系起来，为二者的存在提供合法性。与后两者相比，文化暴力在长时间内持续存在，并在时间的积淀中不断牢固、不易改变。

文化暴力作为一种更深层的存在，为其他形式的暴力提供平台、输送养料。文化暴力与暴力文化是两个不同的概念。一般来说，在一种特定文化中只有一些特定方面被认为是暴力的，但西方文化由于内嵌的暴力因素过多，因此在加尔通看来，相对于东方文化，西方文化在一定程度已经可以被看作一种暴力文化。有暴力文化的存在，就会有对和平文化的渴望。和平文化的构建不仅要对西方文化傲慢和暴力因素进行修正和重塑，还要以"基本人类需求"[②]这一价值谱系作为指导。首先，"基本人类需求"这一概念应该将需求与愿望、要求等概念相区别。在加尔通看来，愿望或是要求都是完全主观的，也许会被认为是一种需求，但本质上却可能并非如此，因为往往想要的却并不一定是真正需要的；相反也存在并没有被意识到的需求，比如一个生来为奴为婢的人可能并不知道自由的需求、一个从小循规蹈矩的人并不知道创

---

① Johan Galtung, Culture Violence, *Journal of Peace Research*, Vol.27, No.3, 1990.

② Johan Galtung, *The Basic Needs Approach*, IIUG, Wissenschaftszentrum Berlin, 1978.

新的需求,等等。需求就是作为一个人真正必要的,不管我们是否对此有所意识。需求与必要相联系,换句话说,缺少了这些需求,我们就不再是人类。加尔通认为需要对所有人在任何时间和地点都具有普遍意义的基本人类需求进行最小化处理,即对不同时间、不同地点、不同人的不同要求和愿望进行重叠从而产生对人类基本需求的指向。其次,"基本人类需求"中"人类"这一范围的界定要求我们关注每一个人类个体的需求,而不只是与某些特定社会背景相联系的一部分个体。最后,所谓"基本"就是要求这些需求一定是最为必要的,也就是说如果一个基本的人类需求没有得到满足,那么就会发生根本性的裂变。这些根本性裂变可以通过个体层面如死亡、病态等形式表现出来,也可以通过社会层面比如叛乱、革命频发、道德沦丧等形式表现出来。

"基本人类需求"这一概念的提出可以帮助我们设定发展的优先选择项,将发展的目标定位在最为基础和本质的东西上面,不论是对于我们个人的发展,还是对于一个社会的发展,都有了一个可以衡量的标杆。同时,对基本人类需求的关注也可以使整个社会的注意力下移,更多地注意到那些由于基本需求无法得到满足所带来的苦难,使我们今后的发展更加有的放矢。为了对基本人类需求有更加深入细致的了解,加尔通对当下六大相关错误倾向进行总结和分析:[①]

1. 以西方为中心的空间概念

由于西方社会通常将自身设定为非西方社会需要模仿的范本,在将西方代码向全球进行渗透和扩展的过程中,西方社会不断地将其量身定做的需求列表认定为全球普遍有效的需求列表。这种需求列表在设定的过程中已经打上了西方烙印,具有明显的西方倾向,如果将其推广至全球,促使人们都按照列表进行需求诉求,那么全世界都将按照西方模式发生改变。加尔

---

① See Johan Galtung, *The Basic Needs Approach*, IIUG, Wissenschaftszentrum Berlin, 1978.

通认为，要解决这一问题就是不要将注意力集中在开列一张全球通用的需求列表上，而更应该努力找寻各种独具特色的需求列表。这些独具特色的需求列表在加尔通看来应该以每一个个体为中心而进行设定。

由于个体差异，这些需求列表的数量会是繁多的，需要对其进行处理和把握，加尔通对此给出了三种方法：第一，交叉重叠。这些独具特色的需求列表虽然千差万别，但鉴于人类自身生理上的相似性以及人类社会的相似性，因此总会存在交叉重叠的地方。这些交叉重叠的地方不仅只出现在譬如食物、饮水、住所等物质性需求方面，也会出现在譬如爱与被爱、尊重与被尊重等非物质性需求方面。第二，合并。这个方法与第一个方法正好相反，将所有的需求列表进行合并就可以得出一个最大化的需求列表。通过这一最大化的需求列表，我们可以了解到我们以前不曾注意到的需求的存在，有助于彼此间相互理解和学习。第三，抽象。假设我们对两个需求列表进行比较并发现一组需求是每天最低摄入 2600 卡路里的热量，而另一组需求是每天最低摄入 1600 卡路里的热量。由此首先可以得出的是二者都需要摄入热量，再次还可以得出世界发展不均衡的事实。提取抽象可以使我们对各种需求，至少是大的需求种类有一个认识和了解。

这三种方法并非互相排斥：交叉重叠是对全球各地需求进行最小公约数的处理，这种方法的目的在于强调多样化并有效抵制西方需求列表的垄断；对各种需求列表进行合并，也就等于将每个个体的需求放在了一个平等的位置层面，在合并的过程中，会有需求相冲撞的情况发生，也就为每个个体提供了一个对自身需求进行解释和辩护的机会；通过提取抽象，我们可以对需求种类有一个大体的认识和了解，这种认识和了解在今后各种发展政策的制定方面具有重要的启示作用。

2. 以当下为中心的单线式时间观念

西方社会不仅认为西方模式在全球具有普适性，同时也认为其在所有时间段都具有有效性,即西方社会现今所制定的需求列表不管过去、现在还是将来都是有效的。这种"单线式"思维明显缺乏辩证性,反映在需求列表上即大部分的需求列表都是单向的。换句话说,我们在需求列表中经常会看到对安全的需求,但却很少能看到对不安全的需求;会看到有关食物的需求,但却极少看到对饥饿的需求。这并不是要在需求列表中机械地增加相反项,而是提醒我们要以更加辩证的思维和视角来对需求进行思考和观察。对于一个饥肠辘辘的人来说,食物是基本需求,但对于一个暴饮暴食的人来说,饥饿也是一种基本需求。在很多情况下,一旦一种需求得到满足,就会变得习以为常,人们将不再能够感受到这一需求所带来的效用。避免这种单线式时间观念,以大历史观辩证的审视需求列表及其前后变化将有助于真正基本人类需求的获得。

3. 西方认识论的局限性

西方认识论很大程度上追随笛卡尔的脚步强调分析对了解事物的重要性,认为只有将研究课题分成若干组成部分逐一进行分析才能有效掌握事物的本质。加尔通认为,在对整体进行分解的过程中很有可能会受到当时社会主导因素的干扰,从而附带许多自有设想。要解决这个问题并不是要压制分析性思维方式,而是要努力提升整体性思维方式。保证这两种思维方式并行发展,才能更好地认识和了解我们所要研究的事物。这一认识论局限也同样反映在了需求问题上,人作为一个整体,如果将其基本需求一个个剥离开来,分别进行分析势必会遗失一些东西,反而不能够很好地认识和了解人类基本需求所在。

4. 强调竞争的人际关系

垂直性社会结构与个人主义的盛行使社会中人际关系更多地呈现相互竞争、相互冲突的状态。在这种思维模式作用下,资源总体稀缺性将被无限放大,"如果我拥有多,别人就拥有少;反之亦然",只有相互竞争才有可能得到自身需求的满足。加尔通认为,这种推导明显将需求局限为物质性需求,忽视了非物质性需求的存在,如果加大对后者的强调力度,将有效避免人际关系中的零和博弈。

5. 人对自然的凌驾关系

在强调人凌驾于自然的思维模式的影响下,只有人类才是需求的主体,而自然只是作为为人类需求提供各种资源供应的一种背景存在。面对人类各种需求,自然理应受到剥削和压榨,但大自然也有其承限范围,如果完全忽视对大自然存续的保护,人类最终将作茧自缚。

6. 中心地区从垂直性劳动分工中受益

垂直性劳动分工导致社会分层,在这种社会分层中,定义需求的权力往往被社会上层所垄断,社会上层所集中的中心地区通过制定各种理念性基本需求观规定着边缘地区的需求走向。加尔通认为,应该打破这种垄断,使社会每一个阶层,每一个个体都参与到需求的设定中,从而实现需求多样化的目标,从而避免社会发展的优先选择项被中心地区所歪曲和重置,使得许多真正重要的需求反而被人们所忽视。

加尔通的博学广识及其丰富多元的人生阅历使其深受东、西方两大文化的共同影响,特别是在 20 世纪 80 年代以后,越来越受到东方文化思想,特别是佛教的影响。"佛教不仅仅为我们带来观察世界的新视角,更是引领我们进入了一个崭新的世界。"[1]"诸法因缘生,我说是因缘,因缘尽故灭,我作如是说。"[2]这一"缘起论"被佛教认为是其理论基石。所谓"缘起"即"此有故彼有,此生故彼生;此无故彼无,此灭故彼灭"[3],指的是万事万物都在一定

---

① Johan Galtung, *Back to the Origins: On Christian and Buddhist Epistemology*, Department of Politics Princeton University, 1986.

② 大藏经刊行会:《佛说造塔功德经》,《大正藏》(第 16 册),新文丰出版公司,1998 年,第 801 页。

③ 大藏经刊行会:《杂阿含经》,《大正藏》(第 2 册),新文丰出版公司,1998 年,第 67 页。

的原因和条件下得以产生与发展,任何事物都是息息相关的,处于"互为因果的双向关系中"①。"深入缘起,断诸邪见"②,佛法认为一切尘世间的痛苦烦恼,究其本质都是一种庸人自扰,唯有深入缘起,才能得以解脱。"诸行无常,诸法无我,涅槃寂灭"从不同角度、不同层面对缘起论进行了说明。"诸行无常"是指一切运动变化都在经历着生生灭灭,都不具有恒常不变的本性。既然一切都将成为过往,又何须斤斤计较、争斗不断?"诸法无我"认为,"我"只是众生习惯于有生以来的幻想而已,是纷争的根源。只有无我才能大公无私,才能实现和平。"涅槃寂灭"是一种灭除了贪、嗔、痴,身心俱寂的超脱境界,是唯有无我才能感召的境界,是一种根本的和平。正是鉴于以上教义,加尔通认为佛教是"唯一不会产生直接暴力和结构暴力的重要的思想体系"③,不仅具有哲学价值,更是一种具有实践意义的和平论述。

---

①③　Johan Galtung, *Back to the Origins: On Christian and Buddhist Epistemology*, Department of Politics Princeton University, 1986.

②　大藏经刊行会:《维摩诘所说经》,《大正藏》(第 14 册),新文丰出版公司,1998 年,第 537 页。

第四章
加尔通和平思想的核心概念

"概念是构造理论的基石,它是研究范围内同一类现象的概括性表述。"[①]
根据在理论中的地位,概念可以分为核心概念和一般概念。核心概念是理论
的主要范畴,能够展现理论的主要观点和思维结构,因此对核心概念进行深
刻的挖掘是理解理论的基础。为加深对加尔通和平思想的认知和理解,本章
将对加尔通和平思想中暴力、冲突、和平这三个核心概念展开分析。

一、暴力

和平是什么?"和平就是两双手握在一起……""和平就是没有战争、没
有血腥、没有恐怖、没有暴力!""和平就是宽恕,就是谅解、就是和合!""和平
就是一种美好的理念,又是一种美好的实践。"[②]面对各式各样的和平,加尔
通曾感叹道:"很少有哪个词语像和平这样被如此频繁地使用,甚至到了一
种滥用的程度——或许是因为,'和平'被当成在言语上达成一致性的工具,

---

① 袁方、王汉生:《社会研究方法教程》,北京大学出版社,1997年,第73页。
② 朱成山:《解读和平》,《金陵瞭望》,2004年第6期。

毕竟很难会有人可以公然反对和平。"[①]加尔通的和平概念也随着自身对和平研究的不断加深在发生变化。目前，加尔通的和平概念包含两方面的内容：和平是所有暴力形式的缺失或减少、和平是非暴力的和创造性的冲突转化。第一组定义是以暴力为导向，第二组定义是以冲突为导向。[②]如果我们想要了解加尔通的和平概念，就有必要分别对暴力与冲突进行分析。本节首要关注"暴力"概念。加尔通将暴力定义为人在现实中获得的身体上和精神上的自我实现能力低于其实际应有的潜在的自我实现能力的一种状态。[③]当人身体上和精神上自我实现能力的潜在标准和现实标准之间出现差距的时候，就表明有暴力的存在。加尔通用了"事实上的（actual）"和"潜在的（potential）"两个形容词来表明暴力是一种差别的存在，即"是什么"与"应该是什么"之间的差别。当然，这种差别是与一定的社会条件相联系的。"如果在18世纪，一个人死于肺结核，不会有人会将其与暴力相连，因为在当时的社会条件下，肺结核引起死亡几乎是不可避免的；但是如果在医疗条件如此发达的今天，仍有人因得不到救助而死于肺结核，那么根据定义，暴力就出现了。"[④]为了更加准确地把握暴力这一概念，加尔通通过暴力所产生的影响进行了更深一步的探讨和分析。一般来讲，影响包含了影响者、被影响者和影响方式三大方面的因素。加尔通正是围绕这三个方面对暴力进行分类总结的具体如下。

第一，根据所涉及的被影响者的不同方面，将暴力分为身体上的暴力和心理上的暴力。这种分类比较耳熟能详。因为我们平时所指的最为狭义的暴力就是指身体上的暴力，即对客体进行身体上的伤害。心理上的暴力包括谎

①④　Johan Galtung, Violence, Peace, and Peace Research, *Journal of Peace Research*, Vol.6, No. 3, 1969.

②　参见［挪］约翰·加尔通：《和平论》，陈祖洲等译，南京出版社，2006年，第13页。

③　See Johan Galtung, Violence, Peace, and Peace Research, *Journal of Peace Research*, Vol.6, No. 3, 1969.

言、洗脑、各种形式的教化、威胁等,其后果都是降低了客体精神上潜在能力的发挥。

第二,根据影响方式的不同,将暴力区分为消极影响方式的暴力和积极影响方式的暴力。这种分类主要表明,不仅能够通过惩罚性手段阻碍客体潜能的发挥,同时还能够通过奖励性手段扩展客体某一方面的潜能,从而达到限制另一方面潜能发挥的作用。

第三,根据是否存在具体的影响客体对暴力进行分类。如果没有明显且具体的影响客体,是否就可以认为没有暴力的存在?加尔通给出了否定的答案:心理上的暴力显然就不具有明显且具体的影响客体,但这种暴力形式所带来的恐惧心理会严重阻碍和限制人们潜能的发挥。

第四,根据是否存在显著且具体的影响主体对暴力进行分类。如果没有明显且具体的影响主体的存在,是否就可宣称不存在暴力?加尔通的回答同样是否定的。这里,加尔通引入"结构暴力"这一著名概念,将有具体影响主体的暴力称为人为或直接暴力,将没有具体影响主体的暴力称为结构或间接暴力。这两种暴力形式都会产生伤害或死亡,其区别主要在于在人为或直接暴力中,可以追溯到具体的暴力施行者;而在结构或间接暴力中,却没有具体的暴力施行者可以申诉和斥责,因为这种形式的暴力是植入结构的,其作用形式表现为一种不平等的权力分配或不对称的资源分配所导致的不均衡的生活境遇。

第五,将暴力分为有意为之和无意为之。这一分类涉及意愿和后果两个因素。暴力产生的衡量标准是应该以意愿为标尺,还是应该以后果为准绳?换句话说,伤害意愿和即成后果孰轻孰重?加尔通认为应执其两端,不可过于偏重一方。如果过于重视意愿,忽略后果,很有可能就无视结构暴力的存在;但如果过于看重后果,轻视意愿,也会有碍于和平的构建。

第六,将暴力分为显性暴力和隐性暴力。显性暴力就是指那些可以被观察到的暴力,不管是人为暴力还是结构暴力;隐性暴力是指虽然还没有完全形成,但却已箭在弦上、一触即发的暴力形式。按照"暴力是人在现实中获得的身体上或精神上的自我实现能力低于其实际应有的潜在的自我实现能力的一种状态"这一定义,如果潜在的自我实现能力的标准提高,而实际的自我实现能力的标准下降,就表明暴力愈演愈烈。隐性暴力就存在于实际的自我实现标准随时都有可能急速下滑的状态之中。

在这六种分类中,加尔通最为重视直接暴力和结构暴力的划分。结构暴力的提出也被普遍看作加尔通对和平学最为重要的学术贡献之一。这种划分不仅一针见血地指出了人在身体上和精神上获得的自我实现能力的实然和应然之间存在差距的根源所在,更为重要的是扩展了我们的视野,让我们在关注直接暴力的同时,还注意到了结构暴力的存在,并且愈加认识到结构暴力所导致的后果往往更加令人担忧。"人为暴力是平静湖水上荡起的涟漪和波纹;而结构暴力却是平静的湖水本身。"[①]结构暴力往往是隐性的,因为缺乏明显且具体的影响客体,不会像直接暴力那样,在产生以后,会有人投诉申斥,所以经常被人们所忽视。直接暴力主要是指从身体上对人的潜能进行限制,具有强烈的伤害意愿,最让人恐惧。直接暴力通常是借重各种工具完成实施的。

表5　直接暴力可能造成的伤害

肉体上的伤害	生理上的伤害
1.挤压	1.隔绝空气(窒息)
2.撕裂	2.隔绝水源(脱水)
3.刺伤	3.隔绝食物(饥饿)
4.烧伤	4.限制活动(捆绑、入狱、洗脑)
5.投毒	
6.人间蒸发	

结构暴力主要指涉的是一种社会不公正,把握起来也更加复杂。在解释

---

① Johan Galtung,Violence,Peace,and Peace Research,*Journal of Peace Research*,Vol.6,No.3,1969.

结构暴力的时候,加尔通首先将社会结构分为行为者(actor)、系统(system)、结构(structure)、阶层(rank)和层次(level)五大部分。①行为者可以在不同的系统中进行互动,各种互动相互交织形成结构。在所形成的结构中,行为者可能在某个系统中处于较高阶层,而在另一个系统中处于较低阶层,又或者在所有系统中都处于高的阶层或低的阶层。在各种系统中,有互动就会产生价值交换,一旦发生价值分配,就会有平等和不平等两种结果。而不平等价值分配的产生也就意味着结构暴力的产生。加尔通认为在六种运行机制中易产生结构暴力。第一,线性的阶层排序:在行为体中,存在明显的阶位排序,哪个行为体处于高位,哪个行为体处于低位,一目了然;第二,非周期性的互动模式,即所有的行为者虽然都互相联系,但却只有一种互动路径;第三,行为者的阶位和互动的中心地位之间存在联系,即行为者在一个系统中的阶位越高,那么这一行为体在互动中就越处于中心位置;第四,系统与系统之间存在一致性,互动的系统与系统的结构往往表现出相似性;第五,行为体在各个系统中的阶位存在一致性,即某行为体在一个系统中处于高位,那么在其他所参与的互动系统中往往也处于高位;第六,不同的层次高位之间相互联系,即一个层次上的行为体在更高层次上的表现,通常通过这一层次处于最高阶位的行为者所体现。

结构暴力并不像人为暴力那样有着强烈的伤害意愿,其作用形式往往也是间接和缓慢的,但其破坏性却是强大的。结构暴力的施行也不像人为暴力那样需要借助各种工具,而是通过以下四种方式发挥作用:①渗透(penetration):结构具有强大的渗透作用,在这种渗透作用的影响下,身处此结构中的人们会认为这种结构所产生的暴力是自然而然的,顺理成章的,从而接受这种结构,放弃任何反抗。②分割(segmentation):在结构作用下,通常只有

---

① See Johan Galtung, Violence, Peace, and Peace Research, *Journal of Peace Research*, Vol.6, No. 3, 1969.

那些政治、经济的规则制定者知道正在发生些什么，那些处于结构底层的大部分群众只能看见事实的很小一部分，因此无法作出完整的判断。③分离（fragmentation）：结构上层群体间可以通过各种不用的方式方法进行互动，而结构下层群体间却被彼此分离开来，比如传统中妇女和儿童被隔离在各自的家中。④边缘化（marginalization）：结构下层群体和社会上层群体间的联系通常会被切断，以致结构下层群体被排除在社会或世界的互动中。

到 20 世纪 80 年代末期，加尔通在直接暴力和结构暴力的基础上又提出了"文化暴力"的概念。这也就意味着，不仅我们身处的社会结构能够产生暴力，而且我们从小接受熏陶的文化也同样能够产生暴力。加尔通认为："文化就是我们从小学习的一组规则。这组规则涉及好坏、对错、美丑、真理谬误、神圣亵渎等等。文化通过演讲、行动、结构、法律、科学、艺术等多种方式来显示自己的存在。然后，我们再用这些规则进行评估界定。"①文化暴力就是指这组规则中的某些部分在一定程度上使暴力合法化，甚至变成了一种荣耀，从而助长了暴力的滋生。文化暴力的作用形式一是通过改变某一行为的道德色彩，比如致人死亡本身是错误的行为，但如果是在国家的名义之下，这一行为的道德颜色就发生了 180° 的转变，成为为国杀敌的英勇行为；二是通过遮蔽现实的方法，从而使我们忽略暴力行为的存在。

加尔通在构建文化暴力的时候主要针对的是西方文化中的暴力因素。加尔通认为西方文化中是非黑白过于对立，缺乏中间应有的缓冲地带；目的和手段被截然分开，忽略了二者之间千丝万缕的联系；具有强烈的个人主义色彩，对非我持普遍的傲慢之态……这些种种的根深蒂固使西方文化要比东方文化更加具有暴力色彩，具体表现在以下五个方面：

（1）宗教信仰。在以基督教为主流的西方宗教中，好与坏是被截然分开的。邪恶的撒旦和善良的上帝是一种先验性的划分，并融入我们的内心。于

---

① Johan Galtung, Culture Violence, *Journal of Peace Research*, Vol.27, No.3, 1990.

是被上帝选中的选民自然进入天堂,被上帝遗弃的人们理应身处水深火热,沦为二等公民。

(2)意识形态。随着世俗化程度的不断提高,传统中宗教的地位逐渐被意识形态所取代。宗教在人们生活中所占比重虽然大幅下降,但其充满价值色彩的二元对立的基本思维习惯却没有消减。如今,西方世俗化国家都受到所谓的爱国主义教育的熏陶,将世界分为我与非我。国家的归属感成为新的上帝——美化自己,贬毁他者。对于我与非我的严格区分似乎已经成了一种自我实现的预言:因为被剥削,所以非我的落后国家经济凋敝、政治腐败、社会动荡,成了下贱恶劣的代名词;而又因为他们下贱恶劣,所以理应受到剥削。在这种意识形态的作用下,消灭非我不再是令人发指的暴力行为,而成为一种充满荣誉的责任。当下,类似所谓的爱国主义意识形态还有很多,比如父权制、种族优越论等。

(3)语言。以拉丁文为基础的许多西方语言,都存在用男性代词来指代整个人类的现象,这显然是一种对女性的文化暴力。除此之外,这些语言还包含一些更加不易察觉的文化暴力的存在。

(4)历史艺术。欧洲由于在中世纪受到土耳其东方帝国的入侵,因此欧洲历史中普遍将东方视为敌对的对象。在欧洲人的心中,东方世界充满专制、无情和肆意妄为。法国19世纪就出现了一种画派,《没有审判的处决》和《萨丹纳帕鲁斯之死》是这一画派的代表作,其表达的思想精髓就是东方世界冷酷无情、独断专行、死水一潭。

(5)科学。新古典主义经济学作为西方经济学的重要一支充分地反映了现代西方主流经济学过去一百年间的研究成果和发展特征。所奉行的比较优势理论,即每个国家都应该以生产具有比较优势的产品参与到世界市场之中。具体来讲也就意味着一个盛产原材料的国家应该专注于原材料的开采和出口,而不应该把精力投入到科学技术的创新与提高。这种信条所产生的后果就是形成了当今世界范围内的垂直型劳动分工，这也是当今广大发展中国家在世界经济秩序中受到剥削的根源性原因之一，而比较优势理论却为这种垂直型劳动分工提供了合法性。可以说"这条规则是根植于经济学内核的文化暴力的重要体现"①。除了像经济学这样的社会科学，即使在自然科学中，也能发现文化暴力的存在。比如数学，虽然素来以严密科学著称，但仔细观察也会发现文化暴力的身影。在数学理论中，命题与反命题是不能同时成立的，因此这种预设反映到人的思维中就形成了一条成立与不成立截然对立的分界线。这种思维定式扩展到人际社会中，就形成了黑白对立的、极端化的、特有的思考问题方式，但实际上人际关系远远没有黑白分明那么简单化一。

　　文化暴力为直接暴力和结构暴力这两大类型的暴力提供合法性，从而形成了暴力三角。直接暴力通常是以单起的暴力事件作为其表现形式，结构暴力则更多地表现为一个有起有伏的过程，而文化暴力则是三种暴力形式中最具恒久稳定特性的暴力形式。"三种暴力形式在时间维度上的表现存在差异性，如果以地震理论相类比：直接暴力好比一场惨绝人寰的地震，结构暴力就是一个地壳在不断发生变化的过程，而文化暴力则是板块间的断裂带。"②如果将暴力现象进行分层，那么文化暴力则处于牢固程度最高的最底层，不断为直接暴力和结构暴力提供养分以及合法性的保障。

二、冲突

　　加尔通认为，冲突就是存在两个或两个以上相互间不兼容目标的状态。③

---

①②　Johan Galtung, Culture Violence, *Journal of Peace Research*, Vol.27, No.3, 1990.

③　See Johan Galtung, Institutionalized Conflict Resolution: A Theoretical Paradigm, *Journal of Peace Research*, Vol.2, No.4, 1965.

加尔通分别从个体和集体两个层面将冲突的类型大致分为个体内在冲突、个体间冲突以及国家内部冲突和国家间冲突。个体内在冲突指一个人内心同时怀有两个或更多相互不兼容目标;个体间冲突主要存在以下两种可能:第一,两个或更多个体持有同一目标,由于目标的稀缺性,一个人实现目标意味着其他人就不能实现目标,从而造成这些个体间的不兼容;第二,各个个体所持有的目标虽有不同,但实现这些目标所需资源的紧缺无法保证每个人实现自身目标,从而造成个体间的不兼容。国家间冲突与个体间冲突相似,而国家内部冲突由于国家内部存在个体、族群等多个分层,内涵较为复杂,是各个分层内在以及各个分层间冲突的一种集体性反映。

为进一步解释冲突,加尔通首先对冲突与挫折进行了区分。挫折是指由各种原因所造成的目标不能实现的状态。比如,需求不能满足、满意度不能获得、价值不能实现等都会造成挫折的出现,即不管什么原因,只要是目标无法达成,挫折就会产生。而冲突所强调的是两个或多个目标之间的不兼容,是引发挫折的一个重要来源。如果说挫折会导致攻击性,那么由于冲突所引发的挫折,其攻击性产生的可能性就更大。个体或集体在冲突的引发下所做出的各种行为被称为"冲突行为"。①不容乐观的是,冲突行为极具发展成破坏性行为的潜质,而破坏性行为通常又具有自我强化的趋势。一方的破坏性行为可能会引发另一方的破坏性行为或过度屈从行为,这两种可能都会反过来强化破坏性行为。冲突经常会在时间和空间上产生"雪球效应",越来越多的精力和资源为之耗费,直至灯尽油枯。当然,并不能就此认为冲突完全是负面的。冲突的存在为许多个体赋予了人生的意义和目的,帮助个体构建认同,体验新的历程,因此加尔通认为:"没有任何冲突存在的系统将是脆弱的,就像一个人从来没有接触过任何传染性疾病一样的脆弱。但是,超

---

① Johan Galtung, Institutionalized Conflict Resolution: A Theoretical Paradigm, *Journal of Peace Research*, Vol.2, No.4, 1965.

过可承受程度的冲突对于一个系统的维持又是可怕的。"①

努力将冲突控制在冲突成本低于一个系统所能承受的最大额度是必要的,加尔通将之称为"冲突管理"。冲突管理主要有两种方式:第一种方式主要针对冲突行为的控制。即使在霍布斯状态下,可以通过限制破坏性行为的使用来控制冲突的烈度。我们所熟悉的《日内瓦公约》就属于这种冲突管理方式。这种方式的不足是不能从根本上终止冲突行为。相反,这种方法由于没有将注意力集中在如何解决冲突这一问题点上,因此反而无限期地延长了冲突时间。第二种方式侧重解决冲突和冲突转化。解决冲突和冲突转化意味着形成冲突的原有议题变得不再有意义,而使原有议题失去意义的一个有效方法就是新的议题的出现,即某种改变的发生。因此,冲突的解决和转化在一定意义上意味着系统本身的转变,也意味着文化价值观的转变。

加尔通本人偏爱第二种方式,即冲突的解决和转化。在他看来,冲突解决和转化并不是一个最终状态而是一个过程。冲突解决和转化这一过程一般需要经历三个状态:初始状态、冲突状态及最终解决和转化状态。初始状态是指冲突还没有完全形成时冲突各方所呈现出的状态即现状,通常可以通过冲突各方分别掌控的各种资源进行有效了解和把握;冲突状态表明两个或多个目标间的不兼容状态已经出现,当这一不兼容状态消失的时候就进入了最终解决状态。最终解决和转化状态涉及一个价值分配的问题,换句话说,当冲突最终解决和转化时,冲突各方之间会产生一个我们通常所称的获胜者和失败者的划分。获胜者和失败者在未来的价值分配中的地位是不同的。未来价值分配不仅指积极正面价值的分配,还包含消极负面价值的分配。一般情况下,获胜方会在未来价值分配中具有更大的发言权和决定权。因此,当冲突解决和转化这一过程结束时也就意味着我们在以下三个方面已

---

① Johan Galtung, Institutionalized Conflict Resolution: A Theoretical Paradigm, *Journal of Peace Research*, Vol.2, No.4, 1965.

经作出了决定:第一,判定谁是赢家以及未来价值分配的走向;第二,管理价值分配;第三,宣布冲突结束。由此推出,冲突的解决和转化需要三部分内容:一个决定机制、一个分配或约束机制及一个终止机制。

这里存在一个"接受认可"的问题。冲突解决和转化的最终结果只有在冲突各方都接受的条件下(即使不能达到一致同意、毫无异议的程度,但最低限度的"接受认可"是必需的)才会有意义。我们需要搞清楚在什么样的条件下,冲突各方特别是失败方才能够接受冲突解决和转化的最终结果。如果要接受冲突解决和转化的最终结果,首先必须要接受冲突解决机制本身,而要认可一种冲突解决机制的关键在于这一机制的制度化程度,也就是这一机制植根社会结构之中的程度。加尔通列举了十三种常见的冲突解决机制:机遇、神谕、考验、常规战争、战斗、私下决斗、司法判决、口角、辩论、调停、仲裁、法庭、投票。这些机制在不同的历史时期为人们解决冲突提供范例,采取不同的方式方法对冲突进行管理,以达到最终解决冲突的目标。事实上,设想和提出一个冲突解决机制并不是十分困难,关键是这一机制需要得到大众的认可与接受,只有这样,这一机制所作出的决定才会有意义,才能够真正发挥作用。加尔通认为这需要满足以下先决条件:

(1)通用性。目前,最具有通用性的冲突解决机制可能非现代法院系统莫属。现代法院系统每天处理着成千上万、各式各样的案件,却能够针对不同案件的不同特质提出不同的解决方法。如果一个冲突解决机制只能提出少数几种的解决方法,也就意味着,尽管冲突千差万别,但在进入这一机制以后,所能采纳的只能是千篇一律的解决方式,这样大众对其的认可和接受程度自然会严重受损。加尔通将这种现象称为对各种冲突"缺乏应有的灵敏性"[1]。

---

① Johan Galtung, Institutionalized Conflict Resolution: A Theoretical Paradigm, *Journal of Peace Research*, Vol.2, No.4, 1965.

(2)对干扰性因素的控制。在现实中,干扰性因素会改变冲突解决机制所形成的原有结果。如果一个机制不能有效地对现实中干扰性因素进行控制,就无法作出适当的决定,久而久之,人们对这种机制的认可和接受也就不复存在。一般有三种方式对干扰性因素进行控制:一是从文化认同上排除这些干扰性因素,二是使这些干扰性因素控制在一个恒定范围内,三是对这些干扰性因素采取随机处理模式。

(3)一致性。一般来说,在机制所得出的结果以及对结果的解释上,至少要具有最低限度的一致性,即对结果要有最低限度的确定性。比如在日常生活中,我们经常使用硬币来解决问题,就在于这一方法不仅可行,而且对这一方法能否产生结果具有确定性。如果我们投掷硬币,却发现硬币最终是立于桌面又或者硬币已经磨损严重看不出正反面时,新的紧张就会产生。

(4)不可预测性。通常状态下,一个冲突解决机制的决定是不能被预测的。造成不可预测性的原因主要有两个:一是不充分的知识储备,另一个是随机性使然。如果在进入冲突解决机制之前,所有的结果都被完整预测,那么这一机制也就失去了存在的价值。比如,虽然我们在开庭前努力讨论和研究案情,以期能够对法庭作出的判断和走向进行预测,可如果预期判断总是能和法院判决相吻合,这对法庭作为重要的冲突解决机制的地位无疑会产生负面影响。因此,法庭需要保持一定的不可预测性才能继续存在。

(5)可靠性。一个冲突解决机制能否在面对同样问题时产生同样的结果是对这一机制可靠性的考验。"同样的问题应得到同样的处理方法",一个冲突解决机制只有作出了这样的承诺,才有可能得到大众的认可和接受。可以通过内在主观性和外在主观性对可靠性进行考察。前者是通过同一个人进行管理是能否产生同一结果来进行考察;而后者是通过不同的人进行管理能否产生同一结果来进行考察,即当再次接手到同类案件时,法官能否与自我保持一致?又或是两个或多个法官在遇到同类案件时能否作出同样的判决?

(6)合法有效性。合法有效性和一个机制能否作出正确的判断有直接联系，这同时也是能否在大众获得高同意率以及是否与外界标准存在反差的问题，具体如下表：

表6　冲突解决机制的合法有效性的获得

外部标准	冲突解决机制的决定		
	有罪		清白
	有罪	达成协议	相互抵触1
	清白	相互抵触2	达成协议

(7)约束力。一个机制的功能性越多，各项功能发挥得越好，这种机制就越容易实现制度化。一个冲突解决机制不仅应该作出决定，还应该对价值进行分配并产生约束力。一个有约束力的机制才是有效的，约束力通常通过奖励和惩罚两个方向来实现。

(8)终止冲突的能力。一个冲突解决机制的重要功能就是终止冲突。一个冲突解决机制通常会内置终止点。"冲突的终止点被设定在从量变向质变转化的临界点上。"[①]举例来说，敌人沿着通向首都的道路前行，不管敌方攻占了多少城市，只要敌人没有到达并占据首都就不能说被侵略国家已经沦陷，但当敌人占据首都的一刹那，就有了质的飞跃，首都的象征性意义无疑是巨大的。终止点经常起到降低冲突成本的作用，因为终止点的存在能够限制冲突行为。当逐渐接近终止点的时候，冲突各方会作出一些试探行为以测试对方是否同样注意到终止点的存在，冲突就随之减缓。

(9)阶层平衡的处理。"一个冲突解决机制要想实现制度化，就需要处理好阶层平衡的问题。"[②]

(10)实现权威性的转移。让大众接受一个冲突解决机制的方法就是让大众首先接受这一冲突解决机制的工作人员。这些工作人员要在知识、权

---

①② Johan Galtung, Institutionalized Conflict Resolution: A Theoretical Paradigm, *Journal of Peace Research*, Vol.2, No.4, 1965.

势、技术或个人威望等多方面占据高位，只有这样才能实现社会威望向这一冲突解决机制的转移。可以说，这种社会威望转移得越多，一个冲突解决机制所受到的质疑就越少。正如我们在现实生活中所熟知的那样，在以宗教为主导的文化中，冲突解决机制的成员往往是牧师等神圣之人；而在法制至上的文化中，冲突解决机制的人员往往是律师等。

（11）受保护力度。对一个冲突解决机制进行保护是十分必要的。就如现代司法程序，法院的宣判不可避免地会产生愤恨。虽然当事人与法官之间不存在私人恩怨，一切按照程序行事，但事实上并不能保证法官的安全。上诉机制就是对法院这种冲突解决机制的一种保护，当事人可以向更高一层的法院上诉，从而使攻击性向上转移。而一旦上诉到最高法院时，当事人和法官是不进行私下见面的，这时律师这一中介的出现就极大地降低了当事方的攻击性。只有在一个冲突解决机制受到良好保护时，才有可能发挥有效和持久的作用。

（12）成本。一个冲突解决机制能否维系在很大程度上依赖于其所需耗费的各项成本。一个冲突解决机制耗费的成本可以通过这一机制所能节省的时间、金钱、精力、人员伤亡等各项成本进行反向计算。

以上要素都和一个冲突解决机制实现制度化有关。一个冲突解决机制满足上述因素越多，其制度化水平就越高，即如果一个冲突解决机制满足的因素都能被另一个冲突解决机制所满足，并且后一种冲突解决机制要比前一个机制至少多满足一个额外的因素，那么就说明后一个冲突解决机制的制度化水平要高于前者。一个冲突解决机制的制度化水平越高，就说明与社会体系的契合度越高，人们对其的认可程度也越高，也就越能发挥作用。加尔通认为，目前最为紧迫的是找到一个能够替代战争，特别是重大战争的冲突解决机制。

三、和平

(一)和平的内涵

和平与人类生活休戚与共,古往今来,人们对和平的思考与探索源远流长,对和平的理解也是各有不同。加尔通将目前比较具有影响力的理解归为以下两类:第一,和平被认为是稳定或平衡的同义词。这种和平概念不仅可以指一个人平静的内心状态,还包含严格遵守法律和秩序的含义,即使这些法律与秩序是以武力或武力相威胁的方式维持的,也要求毫无条件地遵守。由此可以得出,这种和平概念并不排除暴力。第二,和平意味着有组织的、集体性的暴力行为的缺失,这里主要包括人类群体间、国家间、阶级间、宗教派别间以及各种种族间暴力的缺失。通常这种意义的和平被称为"消极和平"。之所以强调集体性暴力,是因为一些意外的杀人案件等不成规模的个人暴力行为不包括其中。所谓"有组织的群体暴力"是指这种和平概念并不排除零星爆发的聚众游行等行为。

加尔通首先排除了第一种对和平的理解,因为这种和平没有能够排除主要的暴力形式,并在本质上是对少数既得利益的群体或国家的一种维护。对于第二种和平概念,加尔通同样不甚满意,并利用两个设想对其提出质疑。设想一,世界上所有的国家都竖起高高的城墙,国与国之间不存在任何交流,也就不会有任何暴力行为的存在,这样得到的和平是否是我们需要的呢?代价会不会过于巨大?由此看出,和平的概念应该包含交流与合作等良性互动,而这是第二种和平概念所不能给予的。设想二,整个世界处于一个"封建系统"下,超级大国拥有绝对的影响力,而其他国家均是弱小贫穷、缺乏教育并且毫无权势而言,所有的交流活动都集中在超级大国周围,弱小国家完全依存于强国,被剥削、被压迫,却没有任何能力与机会对大国进行有效的抵制。如果以此为代价,大国承担整个系统的和平,那么这样的和平应不应该被我们接受呢? 答案当然也是否定的,于是我们了解到和平的概念应该排除一切剥削与不平等,这同样是第二种和平概念没有包含在内的。

对加尔通来说,和平不再是一个只停留在去除直接暴力的最初阶段,而是强调从消极和平向积极和平的扩展。为了使积极和平的内涵更加具体化,加尔通给出了其所包含的十项具体内容:①合作。从国际关系层面来讲,合作即意味着国家与国家之间存在商品、服务、知识、人员等方面的交流。合作即国家之间不能相互孤立,而是互相依存。②免于恐惧的自由。免于恐惧的自由是一种状态,在这种状态下,无论是个人还是国家都没有未来将会发生不良事件的负面预期。③免于匮乏的自由。免于匮乏的自由是指无论个人或国家最为重要和基本的需求应该能够得到满足。④经济增长与发展。经济增长与发展不仅要求平均资源的不断攀升, 还要求这些资源能够得到更好的配置,这不仅是一个技术发展的问题还是一个社会组织结构的优化问题。⑤消灭剥削。消灭剥削是指所有个体和国家间的交流都是平等的。因此,每个个体或国家的付出都有相应的回报。⑥平等。所有的个体或国家本质上都是一样的, 每个个体或国家的生活或存在方式都不会比其他个体或国家生活或存在方式更有价值。⑦公正。每个个体或国家都应赋予其所应有的各项权益。⑧行动自由。所有的个体或国家都拥有广阔的可选择的活动空间。这里不仅要求每个个人或国家有充分自由的选择空间, 而且还要求每个个体或国家都有资源和手段去进行这些行为活动。⑨多元性。多元性就是要求我们生活的世界应该允许多种社会文化形式的共同存在。⑩动态。所谓"动态",即我们的世界不能一成不变,需要为动态变化提供所需的条件,也就是说我们要为下一代人留出重新选择的空间。[①]

消极和平强调的是直接暴力的缺失，希望用谈判与调解来代替武力手段以解决争端，更加关注的是当下和短期内的和平。而积极和平认为消极和平所强调的直接暴力的缺失是远远不够的，仅仅排除直接暴力只是实现和平的必要条件，而非充分条件。不消除不平等的社会结构，就不能消除结构暴力；不形成各文明间、各种行为体间的平等互动，就不能消除文化暴力。积极和平更加重视未来、持久、全面的和平，因此需要一个漫长的过程。加尔通是积极和平最有力的提倡者和维护者，认为"和平=直接和平+结构和平+文化和平"。后来在多年的和平工作中，加尔通认识到以上这种理解与解释存在过于静态的问题，又对其进行完善并得出以下和平概念：第一，和平是所有暴力形式的缺失或减少；第二，和平是非暴力和创造性的冲突转化。第一个定义是以暴力为导向的，和平是对暴力的否定。我们想要了解和平，就必须先了解暴力。第二个定义是以冲突为导向的。和平建立在非暴力并创造性地解决冲突的背景之上。我们想要了解和平，就必须先了解冲突以及如何转化冲突。[②]这两方面的内容我们在前面两节分别进行了阐释。对于加尔通来说，和平是一个没有尽头的进程，是一种革命性的变革。它在制度上的要求是文化和平与结构和平，它在个人行为上的要求是通过非暴力手段而不是身体或言辞上的暴力实现和平。[③]积极和平不仅适用于人类社会，还包含人与自然之间的合作共存；不仅要关注自我和他人所有的基本需求、生存、幸福、自由和身份，还要通过对话、参与、整合与团结的方式以自由取代压制，以平等取代剥削，更要谋求一种积极和平文化的建构，以和平的合法性代替

---

① See Johan Galtung, *Theories of Peace*, International Peace Research Institute, 1967, pp.14–15.

② 参见[挪]约翰·加尔通：《和平论》，陈祖洲等译，南京出版社，2006年，第13页。

③ See Johan Galtung, Peace and Conflict Research in the Age of the Cholera: Ten Pointers to the Future of Peace Studies, *The International Journal of Peace Studies*, Vol.1, No.1, 1996.

暴力的合法性。[①]

(二)和平的实现方式

对于如何实现和平,加尔通提供了六种可行的方式:全球治理、战争手段的废除、冲突转型、非暴力、和平结构、和平文化。[②]

(1)全球治理

全球治理委员会在《我们的全球伙伴关系》的研究报告中指出,治理是各种公共的或私人的个人和机构管理其共同事务的诸多方式的总和。它是使相互冲突的或不同的利益得以调和并且采取联合行动的持续的过程。它既包括通过强制力迫使人们服从的正式制度和规则,也包括各种人们同意或认为符合其利益的非正式的制度安排。它有四个特征:①治理不是一整套规则,也不是一种活动,而是一个过程;②治理过程的基础不是控制,而是协调;③治理既涉及公共部门,又包括私人部门;④治理不是一种正式的制度,而是持续的互动。[③]加尔通认为战争和暴力是国家的特权,如果能够弱化国家行为体的作用,加强其他非国家行为体的影响力,会有助于人类整体和平潜能的挖掘。加尔通还对当下发展最为完善的非国家行为体——联合国提出了发展设想,认为联合国应该尽最大可能代表全世界人民的意愿,逐渐取消安理会常任理事国的否定权, 按照各地区的人数比例对世界事务进行自由的投票。对于维持和平的各种工作人员包括警察、和平工作者、人权组织、冲突调解员等应该使其承担更多世界公民的责任。加尔通提出进行全球税收以承担对这些工作人员的供养。

---

① See Johan Galtung, *Peace by Peaceful Means*, Oslo:IPRI,1996,pp.31-32.

② Johan Galtung,Toward Peaceful Worlds, *CPS Working Papers*, No.3,2002.

③ 参见全球治理委员会:《我们的全球伙伴关系》,牛津大学出版社,1995 年,第 2~3 页。

(2)战争手段的废止

鉴于 19 世纪奴隶制和 20 世纪殖民主义的废除，加尔通对战争手段最终废止的前景充满信心。奴隶制和殖民主义制度都曾经被当时既得利益者竭力维护，也曾被认为由于人类本身深植的劣根性而无从根治，但最终都被人类扔进了历史的垃圾箱。战争手段的废止就是废止一切杀戮的权力，无论这种杀戮被冠以何种名号。我们应该进入零杀戮的新世界。要想达到这个目标，关键在于在世界范围内形成强有力的废除战争手段的愿望，使那些仍将战争作为其特权的国家行为体迫于世界强大的舆论压力最终放弃战争手段。当下，已经大约有三十个较小的国家放弃了武装。加尔通认为，如果能有一个大国作此表率，意义将是重大的，即使短期内无法实现战争手段的完全废止，也可以尽可能减少对军事的各项投入，逐步向着这个目标前行。

(3)转化冲突

冲突意味着一个或多个行为者所持目标间的不兼容。冲突无处不在，无时不有。对于加尔通来说，冲突本身不是问题，问题在于我们应该采取什么方式来处理冲突。在处理冲突时，并不一定要依赖暴力强制性手段，可以通过比如进行行为者间对话，或者借助第三方的帮助等方式方法，更加具有创造性地在原本相互不兼容的行为者之间寻找到一个双赢的方法。

(4)非暴力理念的植入

甘地对非暴力的定义是爱、真相和上帝。非暴力的关键在于没有憎恨、没有愤怒去咬噬内心。非暴力不仅在于行动，还在于语言。利用语言包括身体语言进行的任何伤害应该严格拒绝，特别是在进行谈判的时候，即使是自己的敌人，甘地也会保证其能阐述自身的观点。尊重别人、对他人的遭遇感同身受，再加上非暴力性的语言就能够获得他人极大的认同。

(5)和平结构的建立

结构既是一种观念形态，又是物质的一种运动状态。在社会学中，结构常常在一个更加抽象的层次上被使用，用来指独立于有主动性的人并对人具有制约作用的外部整体环境。结构外在于人类，但却通过制度化对我们的行为产生强大的约束力。和平结构的建立与上面四个环节都紧密相连。上面四个环节更多地处于具体政策层面，而和平结构与文化的建构则意味着更加深层的改变。不同的结构可能或多或少具有一定的暴力倾向，同时又都存在一些有助于和平构建的因素。例如我们所熟悉的资本主义结构，资本刺激下的贪婪会使处于这一结构的行为体对资源和市场抱有极端的渴望，最终导致战争的爆发；但与此同时，资本主义结构下自由贸易的不断扩展，又增加了我们在各个层面进行良性互动的机会，成为构建和平的重要因素。我们需要互动，又要保证这些互动的平等与和谐。因此，在加尔通看来，和平结构的构建不是一蹴而就的，需要不断完善，不断从各种已有结构中弃其糟粕，取其精华，并发挥想象力创造性地进行融合。

（6）建构和平文化

文化是一个群体在一定时期内形成的思想、理念、行为、风俗、习惯，以及由这个群体整体意识所辐射出来的一切活动。文化可以通过内化的方式产生强制性作用力。联合国教科文组织对和平文化的定义：①在冲突解决、社会改变、社会正义的过程中采取非暴力行为，②保护和尊重人权，③治理中进行民主参与，④即使在跨越冲突线时也保持容忍和团结，⑤可持续发展，⑥对和平和非暴力进行教育，⑦信息自由流通，⑧男性与女性平等。①毫疑问，如果以上八点确实能够落于实处，我们的世界将会变得更加和平。和平文化建构的关键在于将和平文化深深地植入集体潜意识中。这种潜意识促使和平行为的发生，特别是在需要共识和快速反应的时候。

---

① See Johan Galtung, Toward Peaceful Worlds, *CPS Working Papers*, No.3, 2002.

(三)和平与发展

发展是指事物由小到大、由简到繁、由低级到高级、由旧物质到新事物的运动变化过程,包括人的发展、经济的发展、文化的发展以及社会的发展等多方面内容。①每个人都希望自己的人生有所发展,每个国家都为发展而奋斗。可以说发展是人类实现美好生活的必由之路,是人类永恒的主题。但发展的异化却是人类始料未及的,与人类发展的初衷背道而驰。昆西·赖特在《战争研究》中对从最原始的到文明化发展程度最高的近五百个社会进行研究,发现一个社会所表现出的攻击性和破坏性程度与其发展水平成正向相关关系,即文明化发展程度越高的社会,其攻击性和破坏性也越强;伊斯特万·肯德曾对 1945 年到 1976 年间所发生的武装冲突进行统计,在这三十二年间所发生的武装冲突的总数为一百二十次,而这些武装冲突中约有80%是在外国势力(依次为美国、英国、法国和葡萄牙)参与下的反政府战争。对于这些外部参与国来说,战争已经成为一种带动经济发展的手段。不仅可以通过殖民主义等侵略性扩张政策实现其经济上的增长,还可以在战争远离自己本土的前提下,为交战各方提供各种所需物资,从而实现其经济的增长。有些国家甚至会选择在国内经济陷入低谷、社会动乱不安的时候发动一场局部战争,一方面战争所带来的巨额消耗会在一定程度上刺激当地经济发展,另一方面也可以转移大众视线稳定政府的统治。除了战争,发展的异化还突出反映在自然生态、人际交往、精神存在等方面的恶化。我们在享受科技和经济高速发展为我们带来的喜悦和优越感时,人类的生存环境及整个生态系统已经在全世界范围内出现危机,人类的社会存在和精神存在物化现象严重,拜金主义、物质主义盛行;道德堕落、精神空虚、信仰崩盘;人际关系疏

---

① 参见 http://www.baike.com/wiki。

离、冷漠,贫富差距不断拉大,结构暴力不是逐渐消减而是日益严重……由于异化,发展不仅没能给人类带来和平美好的生活,反而因为"经济与人的亲和纽带被切断,导致了'人'被疏离于原有的本质地位"①。由此引发的社会公正缺失、人的畸形发展以及人与自然和谐关系的丧失等诸多问题已经在事实上使得发展的正面效应日益淡化。社会并没有因为发展而走向日益安定,反倒凸显了发展与稳定更多的抵牾和社会更多的不安。在加尔通看来,当下的发展模式已经严重偏离了它的终极目标和最高价值。

面对以上问题,我们不禁要问我们应该怎么办,怎样的发展模式才是可行的,才是以和平为导向的发展模式? 加尔通给出了自己的答案。加尔通首先对三种主要发展模式进行了总结, 这里要强调的是并非我们当今世界只存在这三种发展模式, 也不是说现实生产生活中的发展模式都能够和这三种模式进行精准的比对,而是在加尔通看来,这三种模式是当今各种发展模式的起源。

第一种发展模式是将亚当·斯密学说作为其理论基础,崇拜市场,强调个人,按照利己原则对一切事物进行货币化,目前西方资本主义发展模式绝大部分是以此模式为版本。这种模式虽然为全世界带来了种类丰富、质量各异的商品与服务,使人类物质生活得到了前所未有的提高,但其消极性也显而易见,过度个人主义、资本垄断所带来的剥削和贫富差距不断拉大、无节制的扩张引发过度生产最终导致经济陷入危机。

---

① 盛邦和:《"发展"的"异化"与"经济"的"文化"》,《档案与史学》,2005 年第 5 期。

表7　第一种发展模式

	生产要素	生产关系	生产	分配
个人主义	私人拥有	私人拥有或控制	产品供个人或家庭消费	市场机制
垂直性	所有者决定要素和剩余的使用 要素流动 中心和边缘剥削 未来产生剥削	所有者决定人员使用和工作条件 挑战垄断 交换条件利用 竞争 劳动分工	所有者决定生产什么和生产多少产品 以质量和价格分类 性价比最大化	消费者主导市场 单向交流 挑战垄断 交易利用条件 竞争
货币化		产出生产力投入	所有产品货币化	理性决策
加工	最大化 文化对自然	加工 最大程度	总是生产更复杂的产品	总是建构更复杂的市场
扩张	要素来自远方 要素平衡 无停止迹象	扩张组织 增加差异性 无停止迹象	增加数量 增加种类 无停止迹象	世界市场 产品和要素 市场份额 无停止迹象
自然	全面消耗	人类消耗污染	工业污染	家庭污染

资料来源：[挪]约翰·加尔通：《和平论》，陈祖洲等译，南京出版社，2006年，第207~208页。

第二种发展模式以苏联和东欧为典型代表，排除第一种模式中对市场的信仰与崇拜，建立了一种国家具有绝对权力的、垂直的金字塔结构，生产、分配和消费都按照计划进行。

表8　第二种发展模式

	生产要素	生产关系	生产	分配
个人主义	公众、国家拥有要素	公众、国家拥有充分就业	产品供集体消费	计划经济
垂直性	国家决定要素和剩余的使用 要素流动 中心/边缘剥削 未来产生剥削	国家决定人员工作条件 挑战垄断 交换条件、利用权力斗争 劳动分工	国家决定生产什么和生产多少 产品质量和价格统一 完成计划	计划产品去满足假定需要 单向交流 不存在营销 不存在竞争 全体成员获得固定工资
货币化	要素未货币化 不供出售	不以劳动生产力作为基本要素	产品标价满足需求	计划理性化
加工	努力实现增长	努力解决更高层次的问题	努力生产更高层次的产品	努力实现更高层次的计划
扩张	持续生产 无停止迹象	扩张组织 无停止迹象	增加数量 无停止迹象	关注理性市场 无停止迹象
自然	全面消耗	人类消耗和污染	工业污染	家庭污染

资料来源：[挪]约翰·加尔通：《和平论》，陈祖洲等译，南京出版社，2006年，第212~213页。

第三种发展模式以甘地的萨尔乌达耶村、毛泽东的人民公社和尼雷尔的乌贾马村为主要代表。这种发展模式强调自力更生、自给自足,生产的目的在于需要的满足,货币化程度较低,具有地区性和非扩张主义的特点,但其动力存在明显不足。

表9　第三种发展模式

	生产要素	生产关系	生产	分配
集体主义	集体拥有一切要素	私人或公司所有制	个人、集体生产	地方性市场 地方性计划交换
水平性	集体决定要素和剩余的使用 限制要素流动 到处都是中心 共时性、历时性、团结一致	集体决定人员使用和工作条件 挑战分享 主要标准公平 工作轮换 工作改造	集体决定生产什么、生产多少	优先满足需要 其次满足需求 再次进行交换 各方之间对话 自力更生
个性化	所有要素没有货币化不供出售	生产力不是主要关注点	满足基本需要其余供交易	人和自然需求合理化
加工	如果有作用增加	适当的技术	精神发展	精神发展
稳定	生产为满足需要不因贪婪 停止迹象	人性化的组织 停止迹象	为替代生产 停止迹象	地方性计划和市场关注 停止迹象
自然	主要是可更新要素	人类发展	只有可回收性废物	—

资料来源:[挪]约翰·加尔通:《和平论》,陈祖洲等译,南京出版社,2006年,第216~217页。

加尔通认为以上这三种发展模式都存在不足,如果能够将这几种发展模式进行综合和折中,未来的发展与和平之间会呈现更加明显的正相关关系。市场微观调控机制和国家宏观调控机制都具有各自的优缺点,应该进行有机的结合,即要使包括国际的、跨国的和次国家的所有行为体在发展过程中都能发挥自身作用。实现生产要素分散化,让每一个人都能够掌握必要的生产要素并参与到生产活动中。伴随着生产要素的自由流动,人类潜能也得到了更加有效的挖掘,各个地区、各个层面的智慧都有机会投入生产,所创造的物质、文化等各方面财富会更加璀璨动人。鉴于基本需求如果得不到满足将很有可能导致暴力行为的出现,因此在发展过程中应该优先考虑人类,特别是最为贫困群体的最为基本的需求。同时,对可持续性发展的保证也具有重要意义。人类生产生活依赖于大自然,大自然为我们的日常生活生产提供了绝大多数必不可少的摄取物。但我们应该充分并清楚地认识到任何一种事物都存在极限,大自然也概莫能外。我们应该尽力避免人类的贪婪和欲望超出大自然所能承受的范围。

涵盖以上特征的多元化发展模式,在加尔通看来,可以对当今不平等的"中心–边缘"结构产生强有力的抵制作用。在加尔通的理解中,应该作为复数对发展进行理解。①我们的世界存在许许多多的文化,每种文化都拥有符合自身特点的发展模式。如果一种文化将自己的发展模式强加于另一种文化上面,可能短期内会具有一定解放意义和指导意义,但从长期来看,如果这种产生于外来文化的发展模式不能进行很好的内化,必将成为当地发展的枷锁。并且在通常情况下,当人们在没有得到很好内化的发展模式下生活工作时,就极有可能产生消极被动的抵制情绪。这种情绪如不加恰当有效的疏导,就会演变成过激的暴力行为。当今世界甚嚣尘上的"原教旨主义"就是这种现象的典型表现。因此,加尔通强调"发展只能作为不及物动词、反身代词或互惠动词来理解,不能作为及物动词来理解"②,即发展最为关键的是自我发展,任何外在的因素充其量是辅助性的。

对于发展观本身,不外乎从哲学与经济社会两个层面来理解。哲学层面的发展观是指人们对万事万物发展的根本观点或根本看法。我们所熟悉的马克思主义发展观认为,任何事物都呈现由简单到复杂、由低级到高级的变化趋势,处于不断发展变化的过程中。而本书所要探讨的则是经济社会层面的发展观。从经济社会层面来讲,发展观是人们关于经济社会发展的根本观点、根本看法。这一层面的发展观所要探讨的并非抽象意义上的概念,而是涉及发展的目的、主体、道路、标准等多个方面。对于这些方面的不同回答构

① 参见[挪]约翰·加尔通:《和平论》,陈祖洲等译,南京出版社,2006年,第192页。
② [挪]约翰·加尔通:《和平论》,陈祖洲等译,南京出版社,2006年,第192页。

成了不同的发展观。发展观本身有一个不断演变的过程。最初的发展观始于19世纪。当时的发展观主要研究从传统农业社会向现代工业社会的转变问题。二战后，亚、非、拉广大发展中国家面对独立却贫穷落后的国情，在很大程度上沿袭了这种发展观。这种发展观被普遍称为"传统发展观"，认为促进经济增长实现工业现代化是发展的首要，甚至是唯一目标。在这一目标的指引下，传统发展观推行非均衡发展战略，实施外延式增长方式，主张"先增长后治理""重效率、轻公平"的基本路线。传统发展观在解决发展中国家经济增长、快速积累财富等方面确实起到了一定的积极作用，因此盛行于20世纪五六十年代。但很快人们就开始意识到传统发展观的狭隘和片面性。传统发展观过于看重经济增长，最终异化为一种拜物式的发展观，人的权利、政治进步、环境保护、社会正义等问题都被边缘化，从而引发了一系列严重后果。于是进入20世纪70年代，人们开始对这种传统发展观进行反思，形成各式各样的新发展观，主要有增长极限论、公平发展观、循环经济发展观、可持续发展观等。这些新发展观都从不同侧面对传统发展观进行批判和超越，将传统发展观所忽略的要素纷纷纳入其中，使人类对发展的内涵、目的、规律等有了更加深入的认识。但与此同时，我们也不能否认这些新发展观都或多或少地存在这样或那样的问题，还有待形成一个系统的、完善的、科学的发展观。

包容性发展是近些年在国内外引起广泛关注的一个概念。这一概念大致经历了"亲贫式增长""包容性增长""包容性发展"三个阶段。"亲贫式增长"产生于20世纪末，源于人们对于"经济增长会自动地扩散至社会各个阶层各个部门，从而实现全社会范围内减除贫困"这一肤浅认识的反思，开始直接针对贫困问题而采取的应对策略。进入21世纪，鉴于经济增长与社会不平等状况逆向相关关系的愈演愈烈，人们对"亲贫式增长"这一概念进一步完善，提出了"包容性增长"。这一概念实现了从"亲贫式增长"的"挑战贫困"到"支持增长的长期性和包容性"的转变。随后，人们又将"包容性增长"

深化为"包容性发展",其主旨在于对概念指涉内容的不断拓展,即不仅指经济、收入等方面的增长,还在于社会、政治等各方面结构的调整和优化。包容性发展不再局限于经济建设,而是包含政治、文化、社会、生态等多个方面,强调授予每个人平等的发展机会,并努力实现发展成果的共享,是一种人与人、人与社会、人与自然相互包容、和谐相处的良性发展模式,更是一种不同文明间相互学习、兼容并蓄的共同进步的发展方式。

包容性发展与加尔通的发展观在发展主体定位、发展内容设定、发展公平性考量等方面可谓异曲同工,但二者在某些方面又存在明显的差异。对二者进行分析和比较将有助于我们更加准确有效地理解发展的真实内涵,以实现我国可持续发展的宏伟目标。

第一,二者对发展主体的定位相同。二者都认为发展主体应该多样化,鼓励各式各样的行为主体参与到发展之中。究其根本,即强调每个个体具有独立性和自足性,对发展来说都肩负不可推卸的责任,在面对发展时都应该获得均等的机会。只有每个个体都尽其所能、积极地参与到发展活动中,才有可能获得持续的进步。因此,二者都特别重视弱势群体的发展,其目的就在于保有传统发展主力的同时,提高弱势群体的发展能力,使发展主体更加多元化。

第二,二者都主张拓展发展所涵盖的内容。二者所希望实现的发展都是全面、综合、协调的发展。二者都认识到传统发展观只偏重经济发展是远远不够的,甚至会适得其反。因此,经济发展的同时要保证社会、政治、环境等各方面的协同。二者都要求把发展的目光越过单纯的经济增长,投入更多的资源于教育、医疗、技术、公共服务等方面,不再单纯地追求国内生产总值的增长,而是与制度优化、人口现代化、能源节省、环境保护相互协调。

第三,对发展的公平性问题的重视也是二者的应有之义。对发展公平性的考量除了保证发展机会的均等,还要确保利益分配是否实现共享。二者都认为机会均等是前提,只有不断创造更多的发展机会,并确保这些机会更加均等地分配于大众,才能激发大众参与发展的热情,最终实现利益共享。

包容性发展与加尔通的发展观在许多根本问题上的相似并不妨碍二者拥有各自不同的侧重点,主要表现在以下两个方面:

第一,二者侧重的发展层面有所不同。包容性发展更多地关注国内层面,其所要鼓励的是所有国民参与到发展过程中,即不管什么身份的国民都应尽可能参与到发展之中,成为一个民族和社会进步的基石。为了实现这一目标,包容性发展一方面关注弱势群体自身发展能力的培养,通过增加人力资本投资提高其行动能力等途径实现减贫、益贫式增长;另一方面也强调社会机制创新来避免国民过分依赖社会福利,成为社会救助"懒汉"而不劳而获、坐享其成。加尔通的发展观则更多关注国际层面,其主张的发展主体多元化主要从全球视角要求发达国家、发展中国家等各种国际行为体都负有发展的重任,成为发展的主力军。只有发展主体多元化,对发展进行复数的理解,才能打破当今"中心-边缘"的结构暴力。在"中心-边缘"结构设置下,西方文明被理所当然地确认为具有普遍适用性、理应被边缘地区所接纳和采用。非西方中心地区受西方影响严重,并在一定程度上接受了自身的边缘地位。加尔通认为,边缘地区毫无抵制的服从已经成为一种绥靖共谋的行为,使"中心-边缘"结构更加稳固。因此,要想打破这种"中心-边缘"结构取决于边缘地区将采取什么样的行为方式。"自力更生"是加尔通对此给出的答案。自力更生也不仅仅是一种追赶西方中心国家所要采取的一种新型手段,而是一种自治状态,自己独立地为自身设立发展目标,并且尽可能使用自身所拥有的各种资源和因素来实现此目标。自力更生并不是以牺牲他人的自力更生为代价而完成的,也不是以其人之道还治其人之身地对待中心地区和国家,而是要结束中心的垄断,建立新的合作形式和组织。

第二,二者对发展趋势的认同存在差异。包容性发展认为发展的维度应该是多方位的,不仅仅有收入等经济维度,还要有非经济的社会、政治、环境等维度,是一种正向的增长观。也就是说,在一定意义上,包容性发展之所以强调经济发展应该与社会、政治、环境等各方面相协调是因为其他方面发展的滞后会阻碍经济的发展, 比如社会发展的不充分会造成内生性经济发展驱动力不强;政治民主化程度低下会造成弱势群体的需求被忽视,从而影响社会稳定,最终导致经济发展环境的不乐观;环境的破坏会造成经济发展可持续能力的丧失,等等。究其根本,包容性发展所采纳的各种途径与方法都是以保证经济持续高速发展为基点的。加尔通的发展观是一种反向的思维模式,相对于保持经济的高速发展更加强调"过度发展"的问题。在加尔通看来,过度发展是与过度消费紧密相关的,涉及需求与供给两个指标。如果供给过于丰富,超出了需求点,反而适得其反。这一点看似简单却经常被人们所忽视,人们总会倾向于认为越多越好,可是不管是人类自身还是由人类组成的人类社会对各种需求包括物质需求和精神需求的吸收消化能力都是有限的,并不能像机器生产那样遵循"投入越多,产出越多"的原则。因此,加尔通认为我们进行生活方式的转变,即更多地参与到手工制造的工作中,不完全以高生产率为导向,不过分追求安逸,进行更多具有冒险精神的活动,淡化个人中心主义和家庭中心主义,习惯一个较低程度的可预测性安全保障,与国内外的工人阶级保持一种合作关系,实现与大自然和谐共处。

(四)和平与文化

"文化暴力"概念的提出标志着文化开始成为加尔通和平研究中的重要一环,意味着加尔通开始探索文化作用于和平的特点和规律,了解文化与和平之间的相互关系, 以便从文化这一更深层的视角寻求防止战争和促进和平的途径。所谓的"文化暴力"是指:"文化中那些由宗教和意识、语言和艺术、实证科学(逻辑、数字)所阐释的、能够用来证明或使得直接暴力或结构暴力合法化的各个方面,这些是我们生存的象征性的领域。"①文化暴力起作用的方式主要有两种:一种是改变暴力行动的道德色彩,从错误的变为正确的,至少是可以接受的,例如代表自己的杀戮是错误的,代表国家的杀戮是正确的;另一种方式是混淆视听,目的是使得我们看不到暴力的行动或事实,或者至少不认为它是一种暴力。加尔通认为,很少有整个文化都是暴力的,不同文化所暗含的暴力因素也各有不同。由于当下西方文化与东方文化在全球范围内影响力的极度不对称性,加尔通更多地关注西方文化中所隐含的暴力因素。加尔通分别从空间观、时间观、认识论、人与自然的关系等方面对东、西方文化进行对比,以期找到那些常常被我们忽视的、嵌入文化最深层的暴力因素。

现代西方文化与东方文化在空间观上既有相同点又有不同点。相同点在于,二者在空间的理解上都存在对中心地带与非中心地带的划分。二者的不同点在于,对中心地带与非中心地带间关系的认识不同:现代西方文化将自身视为世界的中心,认为自己理应成为非中心地带膜拜的对象,非中心地带唯一可行的出路就是沿用西方发展模式,因此中心地带和非中心地带间的关系是被学习与学习的关系,是领导与被领导的关系;而东方文化中中心地带与非中心地带间的关系远远没有这么紧密,比如日本文化中将非中心地带看作为日本本土发展的资源供给地,中国文化则更是将非中心地带称为"蛮夷之地",是除了基本防御之外,根本不愿意产生任何交集的地方。由此可以得出,东、西方文化视域下中心地带与非中心地带间的互动频率是截然不同的。在时间观上,现代西方文化属于线性的时间概念,按照天堂—没落—黑暗—启蒙—发展—危机—宣泄这一线路向前发展,而东方文化却加入了矛盾这一辩证因子。矛盾不断结晶、发展成熟、最终爆发并生成一种新

① 　Johan Galtung, Violence, Peace, and Peace Research, *Journal of Peace Research*, Vol.6, No. 3, 1969.

的形式,而这一新的形式在形成的瞬间又蕴含了新的矛盾。矛盾在时间中形成发展,时间在矛盾中推进延伸,这就是东方文化中时间的真谛。这一点是加尔通极为推崇的地方并认为在这样的时间观的指导下,东方文化更能以一颗平常心对待所面临的各种挫折。因为他们认识到世界万物都存在矛盾并在矛盾中成长,善与恶是辩证的存在于一个物体中,相互影响、不能分离,唯一可能的是会以不同的程度表现出来;而西方文化则会将挫折作为一场危机来进行处理,需要进行一场灵魂的拯救,否则将整体陷落。

认识论作为世界观的一个重要组成部分可以简化为两种模式:第一,个体论。这种模式将现实分成众多小块,即亚里士多德学派或笛卡尔学派中的"单元"或"变量"进行理解和把握。第二,整体论。这种模式强调高屋建瓴,只有从整体上全面地对事物进行考察才能了解其本质。在这点上,东、西方文化可谓各持一端,西方文化更偏爱个体论,认为只有将整体划分为一个个"单元"或"变量",才有可能有的放矢地进行精密的研究,才有可能保证认识的科学性;东方文化则更加关注整体,整体性、辩证性是其思维模式的精髓所在。

关于人与自然的关系问题,东、西方文化的认识存在很大的不同。现代西方文化以各种形式对自然进行剥削。在西方文化看来,自然为人类而存在,人类有将自然万物为我所用的权利。自然并不像人类拥有灵魂,因此是一种与人类完全不同的存在形式。而东方文化却认为自然是有灵魂的,人类与自然之间并非相互对立,而是共存的伙伴关系。自然不仅是我们灵魂的居所,也是我们祖先灵魂的寄居处,因而人类对自然应该怀有敬畏之心。

通过上述比较,现代西方文化中隐含的暴力因素逐渐浮出水面:由于西方文化对非中心地带的定位,有了十字军东征,有了殖民扩张,人类的地理意识在很大程度上被西方世界重塑了,所带给人类的印记也是难以抹去的;由于西方文化的线性时间概念,有了将世界融入一种单一文明体系的冲动。西方国家,尤其是美国认为自身享有的优越性以及所取得的成就理应成为世界各国发展的楷模,断定现代化将不可避免地沿着同一趋势行进;由于偏重个体论的认识论,有了实证主义至上,希望将万事万物放入实验室,去除价值、拒绝思辨,获得精确的科学理论,可是缺乏应有的伦理价值取向正是当今人类发展陷入危机的重要根源之一;由于西方文化中根深蒂固的人类中心主义,有了人类对大自然的索求无度,从而造成温室效应严重、大气污染肆虐、生物多样性锐减,整个生态体系滑向崩溃的边缘,人类生存环境极度恶化。发现现代西方文化中暴力因素的存在是为了进行修正,构建更加和平的文化。和平文化的构建,在加尔通看来,唯一有效的途径是实现各种文化间的对话。单一文化的霸权地位需要打破,深刻地意识到不同文化彼此共存、息息相关的事实,将不同文化放在平等的层面上进行交流,缓和分歧,寻求合作的契机。不同文化间的对话应以多元性为前提,承认平等与差别。"如果没有平等,就没有共同的基点;如果没有差别,就没有沟通的必要。当平等成为对话的基础时,差别将使这种为对话付出的共同努力具有令人向往、必要和富有意义的成果。"①通过对话,每一种文化都会成为唤醒、鼓励和激化其他文化的力量,一视同仁地对待每一种文化,通过深层次的倾听,把握微妙、抓住要旨;通过对话,各种文化将彼此作为参照对象,增进相互的理解,享受不同,从不同中受益;通过对话,学习自己所不知道的,倾听不同的见解和观点,拓展彼此的视野,反思自身,分享多样性,寻求彼此间的默契,最终在互惠互敬中走向和平。当然,这种真正的对话的达成无疑是艰难的,但加尔通坚信,和平这一全人类共同的利益诉求将会使这种对话成为可能。

---

① ［美］杜维明:《文明对话的语境:全球化与多样性》,刘德斌译,《史学集刊》,2002 年第 1 期。

第五章
加尔通和平思想的特点、贡献与局限

一、加尔通和平思想的特点

(一)开放多元

与众多学者不同,加尔通对于正式的理论描述和假设试验的兴趣不大。他认为和平学本身就应该是兼容并蓄的,任何对和平有裨益的理论视角、方式方法都应当予以尝试。在加尔通看来,每一种理论范式都有其优点和缺点,每一位学者都有其敏锐之处与蒙蔽之地,正确的做法应该是加强对话、取长补短、相互借鉴、促进提高。因此,加尔通的和平思想是开放多元的。

加尔通和平思想之所以具有开放多元性,与其个人经历有着密切联系。加尔通的父亲是位医生,因此他从小就有机会接触医学常识。加尔通最初的专业是数学,在获得数学学士学位之后,才开始转投社会学领域。因此,加尔通的学科跨度是其他学者所不能比拟的。另外,加尔通丰富的社会阅历也是其思想呈现开放多元的重要原因。加尔通出生在挪威奥斯陆,后来在美国等多个国家有过任教研究的经历,多次参加联合国组织的维和行动,加尔通在早期对甘地有过深入的研究,其现任妻子是一位日本人,因此他对东、西方文化都有很好的认知和了解。各种文化的碰撞使加尔通在看待问题时,能够更加全面,也更容易从各种不同的文化中吸取精华以应用于其研究。

加尔通和平思想的开放多元首先体现在其理论并非一成不变,而是会根据世界形势的变化以及其亲身经历进行不断的学术思考,并对自己已有思想进行反思和完善。以"和平"这一本体概念为例,就能充分体现加尔通和平思想的不断充实和完善的发展进程。最初,加尔通在认识到传统和平概念的局限性之后,提出了"积极和平"的概念。将强调和平就是以战争为主要表现形式的直接暴力的缺失这一传统和平概念归入"消极和平",而将包括合作、免于恐惧的自由、免于匮乏的自由、经济增长与发展、消灭剥削、平等、公正、行动自由、多元性、动态十大价值内涵作为对"积极和平"的诠释。和平不应只局限于"消极和平",更应该是一种"积极和平"。之后,加尔通进一步扩展了暴力的概念,增加了"结构暴力"这一重要组成部分,使暴力不再局限于直接暴力的范畴。至此,加尔通的和平概念演化为不仅要消除直接暴力,更要消除结构暴力。相对于之前的和平概念,这一和平内涵不再只具有价值诉求,而是变得更加具体,更容易被人掌握。进入 20 世纪 80 年代,通过多年研究和思考,加尔通又认识到"文化暴力"的存在。和平概念又一次得到了完善和扩展:"和平=直接和平+结构和平+文化和平",即"所有暴力形式的缺失或减少"。随后,加尔通又发现这一定义过于静态,从而提出"和平是用非暴力方式创造性地实现了冲突的转换"。这一定义以冲突为导向,意识到了解冲突以及如何转化冲突对和平的重要意义,以更加动态的方式对和平进行诠释。

对东、西方文化的综合是加尔通和平思想开放多元的另一重要表现。加尔通作为一个西方人以及多年在欧洲、美国等地的研究执教经历,其所受西方文化的熏陶不言而喻;同时,他早年对甘地思想的研究以及后来同日本妻子的共同生活，又使加尔通对东方文化异常向往和钟爱。在这一平台基础上，加尔通和平思想中的许多观点都体现出东、西方文化共同作用的特点。加尔通对东、西方几种具有代表性文化的宇宙观进行深入的分析，指出各种文化类型在和平建构中的优点与缺点，认为对于和平理论的建构以及和平实现最可行的方法就是多种文化的融合。对于加尔通来说，和平学应该是全球的，这一点在加尔通本人的学术经历以及其所创办的研究机构的设置上都体现得淋漓尽致。加尔通的学术足迹遍布世界各地，最为人所称道的是1977 年从奥斯陆大学辞职，对于许多人来说，当自己的心血终于开花结果时，不是享受荣耀而是选择离开让人无法理解，但加尔通却只是留下了"没有人可以在同一个地方当教授超过十年"①这句名言，便云游四海开始了对和平学新的探索。从加尔通所创办的"奥斯陆国际和平研究（PRIO）"和"超越：和平与发展研究网络（Transcend：A Peace and Development Network）"两大和平机构的人员构成上也可窥见一斑。两个机构都强调研究人员的多样性，吸纳各个专业，各个国家的研究学者。就以"超越：和平与发展研究网络"为例，其研究人员分别来自 108 个国家，这是任何一个研究机构都无法与之媲美的；同时，这两个机构都为研究人员提供充分自由的学术平台，让每一个研究人员都可以畅所欲言，在不断的思想碰撞中产生新的火花，从世界各地吸纳有利于和平建构的思想与方法。

（二）温和折中

温和折中是加尔通和平思想的又一重要特征。所谓"温和折中"，与我国传统文化中的"中庸"有异曲同工之妙。"温和折中"主要含义在于：在理论范

---

① Stefano Guzzini, Dietrich Jung, *Contemporary Security Analysis and Copenhagen Research*, Routledge, 2004, p.17.

式和理论内容方面,它不是一种非此即彼的单向选择关系,而是可以同时存在,是一种兼容关系。①温和折中性要求加尔通努力在各种理论范式之间寻找并建立联系,希望能够从中找到一个平衡点并进行有机整合。加尔通在传统和平研究与激进和平研究之间保持恰当的张力,并寻求二者间的最大公约数。在加尔通看来,二者都具有值得借鉴的地方,并且希望对二者进行有机的结合,以实现和平构建的目标。一方面,坚持传统和平研究的基本立场,同时兼容激进和平研究。传统和平研究将坚持暴力,特别是直接暴力的不合法性作为其基本立场,对于这一点加尔通予以坚决的支持。与此同时,加尔通又对传统和平研究中的和平内涵进行扩展,认为和平不仅是没有战争等直接暴力的存在,更是要求对结构暴力与文化暴力的消除,并将发展作为和平研究的重要组成部分。从这一点来看,加尔通和平思想又满足了激进和平研究对公平正义的诉求。而对于激进和平研究所倡导的为了追求公平正义不惜借助暴力手段的观点,加尔通则予以驳斥。由此可见,加尔通和平思想既充满继承与坚守,又富有反思与创新,努力在传统和平研究与激进和平研究之间寻找中间道路,吸收二者的精华并进行有机整合,为和平学的发展提供动力。

既强调分析事物的客观物质基础,又关注纷繁复杂的现象背后主观观念所起到的重要作用,是加尔通和平思想温和折中的又一体现。在加尔通看来,物质层面的分析与非物质层面的分析并非互为排斥、相互对立,而是可以相互借鉴融合的。两个层面的分析在加尔通和平思想中都分别占有重要地位。直接暴力与结构暴力可以说是加尔通从客观物质层面对和平的思考与探索。直接暴力可以追溯到具体的暴力施行者和承受者,不管是残酷的暴力行为本身还是所造成的伤亡都是一种客观存在,清楚明了;结构暴力的作

---

① 参见薛亚梅:《罗伯特·吉尔平的国际政治经济学理论研究》,华中师范大学 2008 年博士论文。

用形式虽较直接暴力隐蔽和缓慢,但无论是充满暴力潜能的结构设置,还是最终所造成的破坏,也还是一种客观存在。与此同时,加尔通还从客观物质层面提出促进和平的方式方法,比如自力更生政策的推行以及防御性武器的转化等,而文化暴力则是加尔通从非物质层面理解和把握和平的典型表现。文化暴力是指文化中那些由宗教和意识、语言和艺术、实证科学(逻辑、数字)所阐释的,能够用来证明或使得直接暴力或结构暴力合法化的各个方面。文化暴力作用的主要方式是通过改变暴力行动的道德色彩,从错误的变为正确的,以实现暴力合法化的目标。文化暴力概念的提出表明加尔通充分认识到文化、观念等非物质性层面对于理解和构建和平的重要作用。

温和折中这一特点还表现在加尔通和平思想的方法论层面。罗伯特·杰维斯指出:"没有一种方法能够持久地维持一种主导地位:每一种方法都抓住了国际政治的重要因素,我们的许多讨论都是关于各种因素的相对重要性及其相互间的关系。常用的方法不可避免地被过多引用从而引起反对的议论;如果一些重要的方法被忽视太久的时间,学者们将转而使用它,因为国际政治图景变得太不平衡。"①加尔通同样认为,各种方法间的融通关系至关重要,认为这个世界绝不是非此即彼。加尔通的观点是"如果一种方法在面对新的挑战时表现得并不让人满意,那么我们的反应不应该是对这种方法的完全拒绝,而是应该去搞清楚这一方法在何种条件下有效","一种方法可以是不全面的但却不会是过时的。这种态度会产生一种折中的效果,更多的'即……又……'而不是非黑即白"。②温和折中也许不够精密准确,但在很多时候却是一条唯一可行的道路。温和折中一方面要求将各种要素和变量

---

① Robert Jervis,Realism in the Study of World Politics,*International Organization*,Vol.52,No.4,Autumn,1998,pp.971–991.

② Johan Galtung,Twenty–Five Years of Peace Research:Ten Challenges and Some Responses,*Journal of Peace Research*,Vol.22,No.2(Jun.1985),pp.141–158.

融入分析框架,另一方面要求综合各个学科的长处,对这些学科独具特色的分析方法进行整合。

　　加尔通和平思想方法论层面的温和折中首先表现在实证主义与后实证主义之间的折中。所谓"实证"即强调通过"确切的、经验可感知的方法和手段去认识对象"①。"进入具体科学中的实证主义","所强调的是对知识增长和理论创作应持理性的、客观的、科学的、实证性的研究途径和分析态度"。②实证主义主要有四个核心假设:第一,认为自然科学和社会科学之间不存在本质的区别,又或即使二者存在一定的差异,也不影响其适用相同的方法论与认识论;第二,强调区分事实与价值,遵循"价值无涉"的认知原则;第三,认为人类社会同自然界一样具有可以找寻的规律性;第四,认为经验证实或证伪才是学术研究的唯一衡量标准。③后实证主义兴起于 20 世纪七八十年代,与实证主义的根本分歧主要表现在以下三个方面:第一,人类作为认识的主体与客体无法截然分开,因此社会科学也就无法像自然科学一样进行研究;第二,认为事实与价值是无法进行区分的;第三,科学本质上是一种权力构建,具有伪善性,很容易导致自我实现的语言。④

　　加尔通希望能够在二者之间找到一条中间道路,取两派之长,弃两派之短。加尔通首先承认人类社会与自然世界同样存在可以找寻的规律,从而坚定了和平学可以成为科学理论的前景。加尔通虽然承认社会科学与自然科学存在差异,但并不妨碍对相同方法论与认识论的使用。加尔通不再纠结事实与价值是否能够截然分开,而是公开承认和平学的价值取向即和平。他认为明确公开和平这一价值的存在并不影响和平学科学性的呈现。对于如何

① 胡宗山:《政治学研究方法》,华中师范大学出版社,2007 年,第 14 页。
② 同上,第 62 页。
③ 参见胡宗山:《政治学研究方法》,华中师范大学出版社,2007 年,第 62 页。
④ 同上,第 63~64 页。

避免研究者自身偏好所造成的存在个人偏见的问题，加尔通提出了可行的解决办法，即跨学科、跨国家、跨意识形态、跨阶级以及跨性别——各种观点的碰撞与融合会使和平学更加全面、更加全球化。加尔通经常以医学来畅想和平学的未来。医学同样从一开始就明确了自己的价值立场——更喜欢健康而非疾病。在研究组织方面，二者也十分相似：医学也是一个跨学科、跨国界、跨意识形态、跨阶级、跨性别的研究领域。一个好的医生应该是一个全面手，他要对相关领域都进行比较全面的了解，并且精通一二，同时一个医生不能只对自己国家或是与自己具有相同意识形态、处于相同阶级、同一性别的人群做出奉献，而应该服务大众。加尔通认为和平研究也应该朝着医学发展的方向，在不久的未来实现多元化和全球化。

　　加尔通和平思想方法论层面的温和折中还表现在整体主义与个体主义之间的折中。社会科学在分析任何事物时通常有两种切入视角以供选择：整体主义和个体主义。整体主义强调整个体系环境对个体的影响作用，认为对个体行为的理解与把握离不开特定的集体或整体，整个社会体系制约着个体的行为与功能，个体行为只有放置在整体环境中才会有意义，整体总大于个体之和。"个人现象不同于社会现象，个人意识不能解释社会现象，要解释社会现象，只能根据社会本身的性质。社会现象无论在时间上还是在空间上都要远远超出个人之外，它具有一种强制个人的权威，强制着个人的行为方式和思维方式，使个人感受到它的压力，由社会整体作用于每一个个人，这就是社会现象的特别标记。"①"反对对社会和社会现象进行个体主义的解释，这是因为社会是一个由各个群众或者说各个分子组成的整体，由这种结合所形成的系统却表现出一种特殊的情况，具有本身特有的性质，个人意识在通过相互结合、相互渗透、相互融合以后，形成了一种新的集体意识。根据

---

① ［法］涂尔干：《社会学方法的规则》，胡伟译，华夏出版社，1998年，第83页。

个人现象去推断群体,不可能准确理解群体中发生的各种现象。"①

与之相反,个人主义指"社会科学中那种认为社会现象可通过个体的思考、选择和行为来加以解释的观点"②,认为个体才是分析与研究社会现象的起点,在个体主义看来,社会是个体的总和、是个体行为的场所,社会的各种特点都蕴含在个体之中。因此,对个体及其特性进行解释说明,就可对整个社会的属性进行把握。只有个体才有自己的利益和目标,个体的行为推动社会整体变迁,只有通过对个体的研究才能够找出整个社会发展的本质和规律。两种认识论在对阻碍和平实现的根源性问题的认识上存在不同的看法。个体主义认为,和平的破坏主要源于个体恶的动机及行为;而整体主义认为,社会结构的不合理才是和平无法获得的最终原因。二者的解释都有其合理之处,也都有不完善之点。个体主义过于强调个体的选择动因,因而放弃了对外部结构的解释,整体主义虽然让我们认识到社会结构的制约作用,却又忽视了对个体属性的考量。"两者都存在着不可避免的偏见,只有双方努力运用社会信条消除其自身的片面性,只有从根本上把这两种观点有机地结合起来,才能真正使之成为有益的社会科学理论,强调任何一方,而忽视另一方,皆是不客观的,偏见的。"③加尔通将暴力细分为直接暴力和结构暴力。直接暴力是以个体作为分析和研究暴力的基点,有明确的暴力执行者,是指从身体上对人的潜能进行限制,具有强烈的伤害意愿。加尔通正是认识到单从个体主义角度理解暴力是远远不够的,从而提出了结构暴力的概念。结构暴力希望通过整体性把握,认识到社会结构不合理所造成的严重后果。如何消除暴力同样需要将两种视角进行整合,一方面强调个人发展与个人

---

① [法]涂尔干:《社会学方法的规则》,胡伟译,华夏出版社,1998 年,第 84~85 页。

② Rajeev Bhargava, *Individualism in Social Science:Forms and Limits of a Methodology*,New York:Oxford University Press,1992,p.1.

③ Johan Galtung,Structure and Direct Violence:A Note on Operationalization,*Journal of Peace Research*,1971,No.1,pp73-76.

实现的重要性,另一方面依靠社会结构的变革实现社会平等与公正的目标。

(三)注重实践

实践性是加尔通和平思想的又一重要特点。马克思主义将实践界定为人类与外部世界进行物质、能力和信息变换的基本方式方法,是一种有意识、有目地改造世界的自觉活动。通过实践,人类将自身主观情感、意识等作用于客观世界,使客观世界发生合目的性的转变。实践是一个双向性的活动,在实现主客观、内在与外在尺度不断统一的过程中,不仅客观世界在朝着人类主体性意愿的方向发生变化,人类主体性意愿本身也在自我同外部世界关系认识的不断深化中进行合理取舍,不断得以改造、发展和优化。作为人类主体性意愿的一种具体表现形式,科学理论更应该将实践性作为自身的内在品质和根本特征,即要求一种理论应坚持根据实践的变化而不断自我完善和发展的原则。

加尔通将和平研究的研究方式主要分为三大类:“经验性和平研究、批评性和平研究和建构性和平研究。经验性和平研究是将经验主义作为研究的基础,即通过收集资料、整理加工,对过去的和平与暴力的形态和条件进行了解,然后加以分析,归纳成理论。然后对理论与经验性的现实资料和数据信息进行一对一的比照,如果发现理论与资料不相符合,就需要对理论进行修正;批评性和平研究将批评主义作为其立论基础,根据和平与暴力的价值观与经验性现实资料和数据信息的比照结果,对现有政策做出评判。建构性和平研究以建构主义为基础,将价值与理论进行对应比较,努力实现理论与价值的统一,创建一种新现实的理念,添加治疗或补救的内容,为未来绘制蓝图。通过这三种研究方式,加尔通创建了自己的理论三角即资料—理论—价值三角。资料将世界分为被观察的和不被观察的两部分,理论将世界分为可预知的和不可预知的两部分,价值则将世界分为欲求的和被拒的两部分。经验主义的逻辑是要调整理论,使被观察的成为可预知的,而不可预知的则是不被观察的。批评主义的逻辑是要调节现实,以便使未来能出现这样的数据资料,使被观察成为欲求的,被拒的则不被观察到。而建构主义的逻辑则提出了新的理论,要调整价值,使得欲求的可预知,被拒的不可预知。"[1]这一理论三角要求一个和平研究者既要不落入经验主义的束缚,同时又要保有经验研究中对各种规律性认知,针对当下存在的问题进行评估并提出未来蓝图以及可能的和平策略。这从本质上就是要求一个和平研究者要具有实践精神,只有根据不断变化的实际情况作出反应,提出对策,才有可能实现和平目标。这一理论三角说明加尔通的和平思想从理论构建的初始就具有实践性特点,强调观察世界,并以现实世界检验所构建理论的有效性,同时又适当的抽离现实世界,从更高的角度提出发展蓝图。

在这一理论三角的基础上加尔通提出了诊断—预测—治疗三步走的具体和平工作方式。对于加尔通来说,和平研究者与和平工作者是两种并行的身份。[2]加尔通的和平研究从来没有脱离过对现实的思考:加尔通所创建的和平研究期刊从一开始就涉及很多有关政策导向的问题,并且毫不掩饰地表明其所要创立的和平学的任务是希望通过和平研究为世界进行和平建构提供理论基础。除了纯理论的研究,加尔通也一直针对现实问题的提出具体方案。1964年加尔通就出版了《挪威和平倡议:二十条建议》的小册子,其中的二十条建议包括发展援助、东西合作、军备控制和裁军、扩展后的防御概念等多方面内容。同时,加尔通积极参与到各种冲突调解的和平工作中,并从中获得灵感。加尔通20世纪90年代所创建的"超越:和平与发展研究网络"就源于1958年在美国弗吉尼亚州夏洛茨维尔的经历。伴随"超越:和平与发展研究网络"这一组织的逐渐完善,其特有的"对话冲突转化方式"也越

---

① [挪]约翰·加尔通:《和平论》,陈祖洲等译,南京出版社,2006年,第17页。

② See Johan Galtung, *Searching for Peace*, Pluto Press, 2000, p.175.

来越发挥重要作用。这一对话方式强调对话的重要作用,努力扩展冲突各方可接受的认同范围。这一方法有赖于训练有素的和平工作者,和平工作者分别与冲突各方进行一对一的直接对话,将冲突各方间剑拔弩张的谈判变为心平气和的对话,并在心平气和的对话中实现创新。通过对话,冲突各方更加清楚地认识到对方的担心和希望,这里的关键并不是要求冲突各方放弃各自的原有目标,而是对原有目标有更加深入的认识,从而为各方扩展新的认知空间,在新的认知空间中找到各方可以接受的共同点,从而缓解各方的忧虑,满足各方的诉求。由此可以看出,实践性在加尔通和平思想中不仅具有认识论、历史观、价值论的意义,更是加尔通本人的一种思维方式,是在和平研究与工作过程中的一种自觉运用和本色表达。

二、加尔通和平思想的贡献与局限

"每一个理论家都会有人支持,有人批评。"①对加尔通和平思想的态度不能绝对化,即不能一概肯定,也不能一概否定。只有这样,我们才能对加尔通和平思想进行科学的、客观的分析,并在此基础上取其精华、去其糟粕,为我国的和平学研究和发展提供有益的借鉴。

(一)加尔通和平思想的贡献

加尔通被誉为"和平学之父",是和平学领域的先锋者和奠基人。他开辟了新的研究视角,设定了新的研究议题,推动了和平研究的发展。同时,加尔通还是一位优秀的和平工作者。他创建了多所遍布世界各地的和平与调停中心,参与了联合国及其相关组织的多项维和活动,调解了数以百计的国际

---

① [美]詹姆斯·多尔蒂、小罗伯特·普法尔茨格拉夫:《争论中的国际关系理论》,阎学通等译,世界知识出版社,2003年,转引自徐嘉:《权力与国际政治》,长征出版社,2001年,第164页。

冲突。为了更好地展示和说明加尔通和平思想的贡献与价值，本节将从理论和实践两个层面进行分析和评价。

1. 理论贡献与价值

考察加尔通和平思想的理论贡献，笔者认为首先应该将加尔通和平思想放入国际关系理论领域，更加宏观地评价加尔通和平思想的理论价值和地位。二战后，国际社会剧烈变动，美国"全球领导者"地位最终确立。伴随这一地位的不断充实和加强，美国在国际关系理论学术界的主导性优势也越发表现出来。国际关系理论领域开始形成以美国为中心的"中心–半中心–外围"结构，美国的许多研究者潜意识地将美国的国际关系学等同于全球的国际关系学。由于战后国际关系理论发展重心基本上在美国，所以可以把关于战后国际关系学的主流论述视为战后美国国际关系学的知识发展概况。虽然这一事实在当时的历史条件下对国际关系的进一步发展起到了一定的推动作用，但究其本质，这一主导性优势地位已经成为美国维护其国家利益的利器，最为典型的表现是现实主义的一家独大。二战后美国经济实力、军事实力等各方面都跃居世界第一，开始由地区性大国向世界大国转变，权力政治的公开化有利于美国当时的诉求，现实主义应运而生。该理论宣称：国际社会本身就是一个权力冲突的地方，国家只有"增加权力、维持权力、炫耀权力"才能实现自身的利益。这无疑为美国全球扩张的各项举措提供了强有力的理论依托。而加尔通和平思想的提出正是试图打破一家独大局势所作出的一种积极、正面的努力，为国际关系学领域提供了原创性、启发性的理论资源和挑战性视角，推动国际关系理论多元化的发展。

其次，加尔通作为"和平学之父"，孕育和发展了和平学。在加尔通之前，和平研究的独立学科地位并没有完全确立，受国际关系理论的影响较大，其研究内容主要着眼于冲突、危机、战争的产生、发展以及控制问题，将和平作为战争的对立面进行解释，认为消除战争就意味着实现和平，在和平构建的过程中，强调国家行为的重要性，认为实现和平主要通过国家间裁军、军备控制等手段。加尔通和平思想的提出使和平学开始脱离国际关系学的束缚，以独立存在的姿态发出自己的声音。加尔通首次对和平学研究对象的设定产生了质疑，认为将和平而非战争作为研究对象将更有利于和平学的发展；同时，对传统和平概念进行反思，认为没有战争仅仅意味着消极和平，对积极和平的追求才应该是我们的终极目标。随后，结构暴力、文化暴力的提出使我们第一次意识到许多日常行为和习以为常的事物背后隐藏着的暴力因素。这些概念的提出和扩展突破了以往和平研究只关注战争的局限性，为和平学的发展拓宽了视野，提供了动力。对和平学研究范畴的扩展还体现在不再对国际社会和国内社会进行严格的区分。在国际关系理论中，通常认为国际社会与国内社会存在本质的区别。国内社会具有能够发挥权威作用的中央政府，而国际社会的无政府状态决定了国家间的权力政治。受此影响，传统和平研究认为国内社会的和平与国际社会的和平不可相提并论，而加尔通则持相反的立场——二者之间具有相通之处，可以相互借鉴学习。这一观点有利于和平研究者从自身周边发生的每一件事情中得到启发，为实现和平提供更多样的方式方法。

最后，加尔通第一次公开和平学具有明确价值取向的立场，认为"和平"这一规范价值的存在无碍于和平学科学性的保持。正如对"健康"的不同认识并没有影响现代医学的科学性一样，加尔通深信和平学的科学性也可以得到不断强化。对于如何避免研究人员自身的价值偏见所带来的负面效应，加尔通提出了自己独到的见解：一个人的价值可能存在误区和偏见，但如果将大多数人的价值列表进行综合，将其中重合的价值抽离出来，即对各种不同的价值观念进行最小公约化的处理将有效消减这一负面效应。不论是"奥斯陆和平研究所"，还是"超越：和平与发展网络"，加尔通在创建任何研究机构时都努力贯彻这一立场，注意从尽可能多的领域和国家吸收各具特色的研究人员以实现价值列表的多样性，从而保证从中得出的最小公约化结果的可靠性。这种方法的推行使规范研究有效去除主观偏见成为可能，为和平学以及相关领域的研究提供了智力支持。

2. 实践价值

除了深厚的理论造诣，加尔通更是一位践行的和平工作者，为世界和平做出了不可磨灭的贡献。对于加尔通来说，和平学绝不仅仅是类似乌托邦的理论研究，"用和平的方式实现和平"才是加尔通和平思想的真谛。几十年来，加尔通建立了多所遍布世界各地的和平与调节中心，担任联合国及其相关组织的高级顾问，参与过一百多起国际冲突的调停，因成功调解了厄瓜多尔和秘鲁在安第斯山区的领土纠纷而获得诺贝尔和平奖提名。厄瓜多尔与秘鲁由于领土争端分别在 1941 年、1942 年、1981 年、1995 年发生战争，两国关系一直处于极度恶劣的状态中，为两国发展带来严重的消极影响。加尔通通过其独特的"诊断—预测—治疗"三步走策略以和平的方式解决了两国之间多年悬而未决的问题。具体步骤如下：首先对两国现有状态进行诊断，得出两国存在的问题属于传统的领土争端问题，并且两国所采取的行为也是十分传统的应对方式，即希望通过军事手段实现对争议领土的合法权问题。然后对这一事态的发展走向进行预测。自从《威斯特法利亚条约》确立了国家体系，每一块领土只能归属一个国家已经成为定律。如果两个或多个国家同时对同一片领土宣称拥有主权，只能出现两种结果：一是通过军事手段予以解决，二是大国或联合国托管。如果按照这两种传统思维进行预测，那么拉美地区将会笼罩在战争的阴影之下。接着进入治疗环节。为了避免上述预测成为现实，阻止不良事态的加剧，各方开始发挥各自创造性思维。最终在各方多次谈判沟通之后，加尔通提出了将争议领土建成一个由两国共管的国家公园的治疗方案并被各方所接受，从而和平地解决了两国间冲突，并为今后领土争端问题提供了新的解决途径。

除了"诊断—预测—治疗"三步走策略,加尔通还在多年的和平实践活动中先后提出了"四阶段和平建设"模式、"ABC 三角冲突转化"模式、"对话式减少恐怖主义"模式等和平实现模式。"四阶段和平建设"是加尔通对和平建设策略的总结和发展,包括和平恢复、和平维持、和平缔结、和平建构四个阶段。[①]和平恢复主要通过强制力手段,是军事、经济、政治等方面明显具有优势的实力强大一方的单方面行为。"某大国治下的和平"是这一类型的典型代表;和平维持则需要第三方力量的介入,所借助的手段同样具有强制性,比如联合国的维和行动;和平缔结则是一种双向行为,需要冲突双方进行沟通、达成协议,共同致力于和平工作的推动;如果说以上三种策略主要是对"消极和平"的追求,那么和平建构所要达成的目标是提升人类尊严、促进全人类幸福的"积极和平"。和平建构致力于从根源上消除各种暴力因素的长期性和平,所要追求的是一种公平正义的和谐关系。

冲突在加尔通看来是中性的,关键问题在于用和平的方式对冲突进行转化。为了能够实现冲突和平转化这一目标,加尔通创设了"ABC 和平转化"模式。这一模式"把那些隐藏在行为之下的冲突群体的认知和态度等因素概括为 A(Attitude),把可观察到的已生成行为称为 B(Behavior),冲突双方的矛盾内容和背景称为 C(Content)"[②]。在特定冲突背景下,消极态度会导致消极行为,消极行为也会产生消极态度。消极行为一旦开始实施,那么这种行为会通过冲突双方间脆弱的感情和冲突的直觉得到加强,而消极态度的产生和扩散会固化彼此间敌视状态,使双方对彼此消极行为更为敏感,加重消极行为的负面效应。对于这种恶性循环的应对方法,加尔通认为主要存在两大类,如下表:

---

① 参见[挪]约翰·加尔通:《和平论》,陈祖洲等译,南京出版社,2006年,第150页。

② [挪]约翰·加尔通:《和平论》,陈祖洲等译,南京出版社,2006年,第72~73页。

表 10　冲突应对的不同模式

	消极的应对方法	积极的应对方法
冲突	避免冲突	解决冲突
行为	阻止破坏性行为的发生	帮助富有建设性行为的生成
态度	阻止破坏性态度的产生	帮助积极态度的产生

消极和积极的应对方法都有助于打破上述的恶性循环链条，但却存在本质的区别。加尔通认为,这两种应对方法所内含的解决取向不同。消极应对方法的解决取向是隔离,而积极应对方法的解决取向是联系。隔离取向是指努力减少对立方间的互动和交往,并将双方保持在一定距离之外;而联系取向则是努力增加对立方间的互动和交往,使他们保持密切的联系,以促使良性循环的产生。隔离取向类方法的前提假设是最好的方法就是,使对立方存在于各自的世界互不交流和干扰;而联系取向类方法的前提假设则是,只有紧密的联系才能保证冲突各方有足够的能力对任何干扰性趋势进行阻断。在隔离取向类方法中,冲突各方被相互隔绝,彼此间没有了交往互动,也就避免了很多冲突的产生,从而阻止消极态度的扩散和消极行为的出现。但是在全球化不断加强的当下,隔离取向类方法明显有些不合时宜。因此,加尔通更加推崇联系取向类方法。与隔离取向类方法的避免冲突不同,联系取向类方法是通过各种和平手段对冲突进行转化和解决。在"ABC 和平转化"模式的指导下,了解导致冲突行为的态度因素以及影响态度生成的社会、政治、经济、文化等背景情况,努力在冲突各方之间形成富有建设性的态度和行为,从而达成转化和解决冲突的目标。"ABC 和平转化"模式使我们开始意识到对冲突背后隐藏问题进行认真研究的重要性,将冲突置于包括行为、态度与背景等多种因素在内的广阔框架中进行考察,分析冲突形成的根源,提出具有建设性的冲突化解方案。

对话式消除恐怖主义模式是加尔通对恐怖主义活动日益猖獗这一现实的反思,也是对和平建构具体方式的思考。加尔通认为,要想消除恐怖主义,以暴制暴是行不通的,需要对恐怖主义产生的深层原因进行思考,强调通过对话的方式消除恐怖主义。在加尔通看来,当今的世界政治、经济、文化结构是造成恐怖主义频发的深层原因。"世界上 20% 的人口拥有全世界 75% 的收入,其中不足 2% 的人获得 25% 的收入,而且 31% 的人是文盲,80% 的人生活在低于正常标准的房屋里,超过 10 亿人每天的生活费不到 1 美元,近 15 亿人得不到清洁的水源,整个世界的状况远远不如人们想象的那么令人鼓舞。此外,正在加剧的贫富分化和社会生活(包括家庭、学校和宗教生活)迅猛的商业化和商品化,正在侵蚀发展中国家民间社会的坚实基础,威胁发达国家社会的道德体系。全人类丧失文化身份的焦虑与日俱增,公共纽带日益弱化。"①究其原因,"最主要的问题是以西方发达国家为主体的社会精英并没有学会如何塑造、调整以及改变几个世纪以来思考方式、谈话模式和政治体制,一方面导致了规范和价值的缺失,这被加尔通称为失范;另一方面导致了社会政治、经济与文化结构的崩溃,这被加尔通称为失构现象。加尔通认为正是这些失范与失构导致了暴力、仇恨、恐怖主义的爆发"②。为了从根本上消除恐怖主义,加尔通主张通过对话的方式促进东西方文化的沟通与理解。

(二)加尔通和平思想的局限

加尔通和平思想的贡献与价值毋庸置疑,在和平学的发展脉络上,必将写下浓墨重彩的一笔。但是每一种思想和理论都不可避免地带有自身局限性,加尔通和平思想也概莫能外。以下将从三点分别进行论述:

1. 过度的理想主义色彩

英国学者赫德利·布尔曾说过:"理想主义最明显的特征是相信导致第

---

① [美]杜维明:《文明对话的语境:全球化与多样性》,刘德斌译,《史学集刊》,2002 年第 1 期。

② 刘邦春:《从消极和平到积极和平》,湖南师范大学 2012 年博士学位论文。

一次世界大战的那种国际体系能够被改造成一种和平和正义的世界秩序；相信觉醒的民主主义意识将产生巨大影响；相信国际主义会越来越多的呼应；相信国联一定能够发展和成功；相信进步人士的和平努力和启蒙工作能够奏效；同时也相信，作为国际关系学者，理想主义的职责是消除愚昧和偏见，揭示通往和平安宁之路。"①如此说来，加尔通和平思想的确具有理想主义色彩。加尔通认为传统和平概念远远没有道出和平的真谛，并提出"积极和平"的概念。"积极和平"意味着直接暴力、结构暴力以及文化暴力等所有暴力形式的消失，为了能够对其进行更好的理解和把握，加尔通曾将"积极和平"所涵盖的价值归为十项："合作、免于恐惧的自由、免于匮乏的自由、经济增长与发展、消灭剥削、平等、公正、行动自由、多元性、动态。"②许多学者认为，这一概念的提出无限扩大了和平内涵，使和平成为类似极乐世界的同义词，如果将此作为我们所要追求的终极目标，那么和平学将是一项不可能完成的任务。

其次，加尔通在其军事转向理论中强调一个国家既要能够有保证国土安全的能力，又要避免过度军备可能产生的侵略性的一个重要举措就是用防御性武器取代进攻性武器。如何区分防御性武器与进攻性武器，加尔通的回应模糊不清；在如何保证各国放弃进攻性武器并向防御性武器转化这一问题上，加尔通更多地寄希望于诸如各国对和平向往之类的道德约束和舆论导向等观念性的力量。

另外，加尔通在研究和平问题时并没有进行国际与国内的严格区分。对于加尔通来说这二者是相通的，并没有什么本质的不同。"如果一个人能够拥有和谐的婚姻生活、友善的邻里朋友，那么这个人如果有机会处理国际冲

---

① 王逸舟：《西方国际政治学：历史与理论》，上海人民出版社，1998年，第56页。
② Johan Galtung, *Theories of Peace*, International Peace Research Institute, 1967, pp.14–15.

突问题时一定也不会太差。"①虽然这样的观点确实能在处理各种冲突事件时给我们带来许多灵感,不再局限于固定的解决模式,将更有助于冲突的和平解决。但国际、国内毕竟是两个不同的领域,存在着重大的区别。国内社会具有一个中央权威,在强制力、对各种资源的掌控能力等多方面都与国际社会存在区别,因此在没有对二者进行区分的前提下所提出的方式方法很容易遭到质疑。我们需要理想,但是过分的理想主义色彩却会使理论的有效性和可操作性大打折扣。加尔通希望能够在坚持理想与避免乌托邦色彩之间寻找到一条出路,但在批评者看来却并不成功。

2. 定义的模糊及理解上的偏差

加尔通在其理论中提出了许多创新性的概念,对这些概念的大部分论述都是科学有效的,但部分学者认为,加尔通在对一些概念的诠释和理解上存在一定的模糊与偏误。加尔通为提出自己积极和平的概念,将传统和平概念定义为"消极和平",即仅仅消除了直接暴力的和平概念。"消极"二字在加尔通整个和平思想中频繁出现:战争是消极的、暴力是消极的等。有学者指出既然"消极"二字已经与战争、暴力相联系,再将其与和平联系起来,就显得有点让人无所适从。加尔通将和平区分为消极和平与积极和平的本意是为了让人能够站在更高的层面上理解和平,但是消极与积极的分类却有失准确,即使是仅仅消除了直接暴力的和平也是我们心之神往并努力追寻的,如果人类能够真正地消除直接暴力,也必将是人类历史上的重要一笔,因此并不能因为仍存在结构暴力等其他暴力形式就将其归类为消极。特别对于那些将战争作为人类历史不可避免的组成部分的学者来说,无论是战争还是和平,都是历史的某一个阶段性特征,都对历史起到了推动作用,对其进行"消极"和"积极"这种简单的分类有失公允。另外,"消极"与"积极"这两个

---

① [挪]约翰·加尔通:《超越和转变——如何调解冲突》,高秀平译,华文出版社,2010年,第8页。

限定词,在通常情况下是互为反义的。而"积极和平"这一概念对于加尔通来说是所有美好事物的综合化身。从这点来看,积极和平与消极和平实际上是一种包含与被包含的递进关系,并非互为反义。

对于暴力加尔通也有自己独特的理解。加尔通暴力概念的提出,挑战了以往狭隘的暴力内涵,扩展了暴力的外延。但有些学者却表示:"很难去理解他这一扩展后的概念。"①加尔通在对这一暴力概念进行更深层解释时采用了举例的方法:"肺结核在几世纪前,是不可治愈的,如果有人死于肺结核并不能归咎于暴力,而在如今的医疗水平下还有人死于肺结核,那么则意味着暴力的存在。"也就是说几个世纪前,肺结核不具有潜在的可治愈性,因此如果有人死于肺结核,那么潜在性和现实性之间不存在差距也就不存在暴力;而如今,肺结核具有潜在的可治愈性,如果还有人死于肺结核,那么也就是潜在性和现实性之间存在巨大差距,暴力也随之产生。那么我们应该如何具体把握潜在性和现实性呢? 如果我们只将潜在性看作一种技术可行性,即具有治愈这种疾病的技术和能力,明显是不够的,因为还存在资源的获取和分配的问题,也就是说即使治愈某一疾病的技术已经得以开发,比如我们可以通过心脏移植来治愈心脏病,可是巨额的医疗成本和有限的可用资源使心脏病仍然是死亡率居高不下的疾病之一。在这种情况下,按照加尔通的思路,暴力就与资源的最佳配置有关,如果出现与资源最佳配置相背离的情况,那么暴力就产生了。但是最佳资源配置是与一个人的价值体系和结构相关联的,对于每一个人来说,都会有自身特有的资源最佳配置,从这个角度来说,加尔通的暴力概念就变成了一个非常个人的概念而缺乏普遍性。

平等是加尔通最为珍视的价值规范之一,也是加尔通积极和平所包含的重要一环。按照《辞海》的解释:"平等是人们在社会上处于同等的地位,在

---

① Kjell Eide:Note on Galtung's Concept of 'Violence',*Journal of Peace Research*,Vol.8,No. 1,1971.

政治、经济、文化等各个方面享有同等的权利。""一方面,平等表达了相同性的概念;另一方面,平等又包含着公正。"①相同性意味着人人平等,保证每一个个体在制度、法律、经济分配等各方面的权利无差别;与此同时,我们也应该承认每一个个体的天赋、能力、后天努力程度等都具有差别,因此对社会所做的贡献也必然各不相同,如果我们只是一味追求完全的相同,反而有损公正,也是对平等的一种歪曲,其结果很可能是极端的不平等。对于相同性与公正两个平等特性之间可能产生的冲突,加尔通予以回避,并且在一定程度上,加尔通对于平等中相同性的过分强调反而带有一些"不患寡而患不均"的消极性质。对于不平等的厌恶直接导致加尔通对等级制的不赞同。官僚等级制由马克斯·韦伯提出,是现代资本主义经济合理性的高度体现,充分发展的官僚等级制是一个实施组织管理的严密的职能系统,它把整个社会变成一架非人格化的庞大机器,使一切社会行动都建立在功能效率关系上,以保障社会组织最大限度地获取经济效益。如今,官僚等级制已经渗透到社会生活的各个领域,可以说除了极小规模的团体之外,其他组织如果希望能够保证自身组织成员进行有效的交流沟通就不得不借助等级制。官僚等级制自身存在的缺陷当然不容忽视:由于对功能效率的强调,会淡化人类对价值理想的追求,其非人格化的管理机制剥夺了个体人性,使现代社会深深地卷入以手段支配目的和取代目的的过程,从而滋生极权、腐败等各种社会问题。但加尔通在没有认真考察和评估完全去除等级制所要付出的成本以及提出可替代性方案的条件下,对等级制这种社会组织形式进行全盘否定的明显倾向显然也是不明智的。

3. 研究方法上的局限与不足

研究方法上存在局限与不足也是加尔通和平思想经常受到质疑的地

---

① [美]乔万尼·萨托利:《民主新论》,冯克利等译,上海人民出版社,2008年,第340页。

方,这些质疑主要集中在以下三个方面:

一是认为加尔通过多地采用思辨研究方法进行理论建构。人类思维大体分为哲学思维和科学思维两大类。哲学思维与科学思维的区别主要在于对世界的解释和把握的方式方法不同。"哲学思维是观念层次的思维,它力求从整体上以无限的抽象方式把握世界;科学思维是实验性的思维,它以有限的具体的方式把握世界。"①思辨研究方法就是哲学思维在研究中的运用,所要探索的主要是价值和本质,具有定性的特点,通常从宏观角度进行切入,力求普遍性和一般性,但由于其对全方位、多角度的研究视角的强调,往往比较抽象。科学思维的运用构成实证研究的主要内容,实证研究希望通过采用自然科学的各种方法使其研究定量化、科学化,从而更具针对性。思辨研究方法可以算得上人类对世界进行探索最原始的一种方法之一。当人类不再满足仅凭感官所获取的信息,开始通过大脑对五官印象进行演绎、判断和推理等逻辑辨析过程来获得知识时,思辨方法便开始形成。古希腊时期,这种最初的思辨方法逐渐发展成熟,演变成获取知识的一般性方法,即思辨研究方法。通过苏格拉底、柏拉图、亚里士多德等先哲们的努力,思辨研究方法日臻完善。在当时,思辨研究方法主要指在对话中发现对方的逻辑缺陷并进行反驳,同时提出自己的主张和观点。思辨研究方法以个人的理性认知能力为前提,也就是以个人通过其抽象思维、判断能力、逻辑推理能力以及想象力来达成认识事物本质与价值的目的。因此,思辨研究方法是一种定性判断,通过归纳、分类及演绎等逻辑分析方法对事物各种特征进行比较,以期找出事物的本源,在一定程度上是一种形而上的研究。

思辨研究方法通常将事物的本质看作恒定的,认为任何变化的都只是现象,其背后都隐藏着恒久不变的本质规律。鉴于思辨研究方法重视对事物

---

① 孙小礼、李慎:《方法的比较——研究自然与研究社会》,北京大学出版社,1991年,第18页。

本质的一般性探究，这一方法往往看重构建宏大理论以实现对事物的整体性把握。加尔通对思辨研究方法具有明显的偏爱。"结构暴力"概念的提出表明加尔通偏重从整体上把握所要研究的对象，认为暴力的产生与发展都离不开社会结构这一大的背景。加尔通将结构作为一种自变量的同时，不可避免地会对结构本身的发展变化估计不足，从而使其理论具有明显的历史局限性，如何根据"国际关系的新发展在具体内容和结论上予以重塑"①，是加尔通和平思想面临的一项重大挑战。另外结构视角的采用，往往会在无形中陷入决定论的误区，低估社会体系中偶发性因素的作用，习惯性忽视可能经常出现但却非预设参量的变化。加尔通对和平概念的扩展表现出他建构宏大理论的倾向。"宏大理论的基本起因是开始思考的层次太一般化，以至它的实践者们无法合乎逻辑地回落到观察上来。作为宏大理论家，他们从来没有从更高的一般性回落在他们所处的历史的结构性的情境存在的问题。"②宏大理论一旦进入滥用的窠臼，必然缺乏解释力，这也是加尔通和平思想需要着力避免的。

二是部分学者将加尔通和平思想归入"规范科学"之类，认为其对现实世界的描述过于规范化。加尔通希望能够超越对"社会科学中是用定量的分析方法好，还是用定性的分析好"这一问题的争论，实现二者的互补。不可否认加尔通在其和平研究中采用了一些定量性方法，但从整体上还是偏重对和平相关问题的定性研究。这在科学技术日新月异、自然科学和社会科学研究方法不断融合的大趋势下，受到攻击也是情理之中。

三是类比方法的过度使用。通过比较找出客观事物的共同点和不同点并对其形成原因进行分析是人类常用的思维方式。类比方法在社会科学中

---

① 倪世雄：《当代西方国际关系理论》，复旦大学出版社，2006年，第239~242页。

② ［美］C.赖特·米尔斯：《社会学的想象力》，陈强、张永强译，生活·读书·新知三联书店，2001年，第35页。

的使用可谓源远流长。古希腊亚里士多德正是在类比了当时 158 个城邦国家的政治制度的基础上写成了《政治学》,中国古代的《史记》更是开创了历史类比方法的先河。类比方法强调从已知的某一特殊现象推出未知的某一特殊现象,这一方法通过一个示范性事物得到启发,获取线索,明显具有举一反三、触类旁通的优势。加尔通在其和平思想的构建中,经常使用这种类比的方法:通过对和平学与医学进行类比,得出和平学能够像医学一样在保有自身既定价值取向的条件下实现本学科的科学性与系统性;通过比较潜在的自我实现能力与现实的自我实现能力之间的差距,来界定结构暴力这一重要概念;通过中西方文化差异的类比,发现文化暴力的存在,等等。通过类比的方法,加尔通从中得到重要启示,为我们带来了解世界的新视角,为和平学的发展提供了动力和支持。但是我们也不能忽略,类比这一方法从本质上来说并不具有可证明性,因为类比的过程中所依据的异类事物的相同点,只能算是一种相似,而相似并不代表完全相同,二者之间不可避免地存在一定的偏差,单纯依赖类比进行推理存在可靠性不足的问题。因此,为了保证其和平理论的可靠性与科学性,加尔通需要加强对其他方法的使用力度。

主要参考文献

一、中文著作

1.[英]爱德华·卡尔:《20 年危机(1919—1939):国际关系研究导论》,秦亚青译,世界知识出版社,2005 年。

2.[英]安德鲁·瑞格比:《暴力之后的正义与和解》,刘成译,译林出版社,2003 年。

3.[日]池尾靖志主编:《和平学入门》,池建新等译,南京出版社,2004 年。

4.[法]涂尔干:《社会学方法的规则》,胡伟译,华夏出版社,1998 年。

5.[美]大卫·A.鲍德温:《新现实主义和新自由主义》,肖欢容译,浙江人民出版社,2001 年。

6.[美]大卫·巴拉什、查尔斯·韦伯:《积极和平——和平与冲突研究》,刘成等译,南京出版社,2007 年。

7.[丹麦]福尔默·威斯蒂主编:《北欧式民主》,赵振强等译,中国社会科学出版社,1990 年。

8.[印度]甘地:《甘地自传》,杜危等译,商务印书馆,1985年。

9.[英]霍布斯:《利维坦》,黎思复等译,商务印书馆,1997年。

10.[英]赫德利·布尔:《无政府社会——世界政治秩序研究》,张小明译,世界知识出版社,2003年。

11.[美]汉斯·摩根索:《国家间政治——权力斗争与和平》,徐昕等译,北京大学出版社,2006年。

12.[德]海因里希·贝克、吉塞拉·希密尔贝尔主编:《文明:从"冲突"走向和平》,吴向宏译,中国社会科学出版社,1998年。

13.[美]杰弗里·亚历山大:《社会学二十讲——二战以来的理论发展》,贾春增等译,华夏出版社,2003年。

14.[美]詹姆斯·多尔蒂、小罗伯特·普法尔茨格拉夫:《争论中的国际关系理论》,阎学通等译,世界知识出版社,2003年。

15.[美]卡伦·明斯特:《国际关系精要》,潘忠岐译,上海世纪出版集团,2007年。

16.[加]罗伯特·杰克逊、[丹]乔格·索伦森:《国际关系学理论与方法》,吴勇等译,天津人民出版社,2008年。

17.[美]罗伯特·基欧汉、约瑟夫·奈:《权力与相互依赖》,门洪华译,北京大学出版社,2002年。

18.[美]罗伯特·杰维斯:《国际政治中的知觉与错误知觉》,秦亚青译,世界知识出版社,2003年。

19.[美]玛格丽特·E.凯利、凯瑟琳·辛金克:《超越国界的活动家——国际政治中的倡议网络》,韩召颖等译,北京大学出版社,2005年。

20.[美]玛莎·芬尼莫尔:《干涉的目的:武力使用信念的变化》,袁正清等译,上海世纪出版社,2009年。

21.[美]玛莎·费丽莫:《国际社会中的国家利益》,袁正清译,浙江人民出版社,2001 年。

22.[法]米歇尔·福柯:《词与物》,莫伟民译,上海三联书店,2001 年。

23.[法]米歇尔·福柯:《知识考古学》,谢强等译,生活·读书·新知三联书店,2003 年。

24.[法]米歇尔·福柯:《主体解释学》,佘碧平译,上海人民出版社,2010 年。

25.[德]马文·克拉达、格尔德·登博夫斯基主编:《福柯的迷宫》,朱毅译,商务印书馆,2005 年。

26.[美]O.内森、H.诺登编:《巨人箴言录:爱因斯坦论和平》,李醒民译,湖南出版社,1992 年。

27.[美]彼得·卡赞斯坦等编:《世界政治理论的探索与争鸣》,秦亚青等译,上海世纪出版集团,2006 年。

28.[美]彼得·卡赞斯坦主编:《国家安全的文化:世界政治中的规范与认同》,宋伟等译,北京大学出版社,2009 年。

29.[美]P.索罗金:《社会变动论》,钟兆麟译,世界书局,1932 年。

30.[美]乔纳森·H.特纳:《现代西方社会学理论》,范伟达主译,1988 年。

31.[美]乔纳森·特纳:《社会学理论的结构》(第七版),邱泽奇等译,华夏出版社,天津人民出版社,2006 年。

32.[美]斯蒂芬·范·埃弗拉:《战争的原因》,何曜译,上海世纪出版社,2007 年。

33.[美]塞缪尔·亨廷顿:《文明的冲突与世界秩序的重建》,周琪译,新华出版社,2002 年。

34.[挪威]拖布约尔·克努成:《国际关系理论史导论》,余万里等译,天津人民出版社,2004 年。

35.[西班牙]西蒙·潘尼卡:《文化裁军——通向和平之路》,思竹等译,四川人民出版社,1999 年。

36.[美]小约瑟夫·奈:《理解国际冲突:理论与历史》,张小明译,上海世纪出版集团,2005年。

37.[日]星野昭吉:《全球社会和平学》,刘小林等译,北京师范大学出版社,2007年。

38.[澳]约翰·伯顿:《全球冲突——国际危机的国内根源》,谭朝洁等译,上海人民出版社,2007年。

39.[挪威]约翰·加尔通:《和平论》,陈祖洲等译,南京出版社,2006年。

40.[挪威]约翰·加尔通:《超越和转变——如何调解冲突》,高秀平等译,华文出版社,2010年。

41.[美]约翰·罗尔斯:《正义论》,何怀宏等译,中国社会科学出版社,2006年。

42.[美]约瑟夫·S.奈:《硬权力与软权力》,门洪华译,北京大学出版社,2005年。

43.[美]亚历山大·温特:《国际政治的社会理论》,秦亚青译,上海世纪出版社,2008年。

44.[德]伊曼努尔·康德:《永久和评论》,何兆武译,上海世纪出版集团,2007年。

45.[美]兹比格纽·布热津斯基:《大棋局:美国的首要地位及其地缘战略》,中国国际问题研究所译,上海世纪出版集团,2007年。

46.白云真等:《国际关系理论流派概论》,浙江人民出版社,2009年。

47.陈仲丹:《圣贤讲和》,南京出版社,2007年。

48.丁福宝编纂:《佛学大辞典》,文物出版社,1984年。

49.范赟:《儒学和平思想研究》,南京出版社,2008年。

50.郭荣伟等主编:《论对外交往与世界和平》,国防大学出版社,2009年。

51.韩洪文:《二十世纪的和平研究:历史性考察》,当代中国出版社,2002年。

52.胡宗山:《国际关系理论方法论研究》,世界知识出版社,2007年。

53.胡宗山:《政治学研究方法》,华中师范大学出版社,2007年。

54.胡宗山:《国际政治学基础》,华中师范大学出版社,2005年。

55.刘成等:《和平之困——20世纪战争与谈判》,南京出版社,2006年。

56.刘成:《和平学》,南京出版社,2006年。

57.刘华平:《非政府组织与核军控》,中国社会科学出版社,2008年。

58.林聚任等主编:《社会科学研究方法》,山东人民出版社,2004年。

59.李达顺等:《社会科学方法研究》,中国国际广播出版社,1991年。

60.李巨廉:《战争与和平——时代主旋律的变动》,学林出版社,1999年。

61.李少军:《国际政治学概论》,上海人民出版社,2005年。

62.马约生等:《和平之愿——20世纪冲突与化解》,南京出版社,2006年。

63.苗力田、李毓章主编:《西方哲学史新编》,人民出版社,1990年。

64.南怀瑾:《金刚经说什么》,复旦大学出版社,2012年。

65.倪世雄:《当代西方国际关系理论》,复旦大学出版社,2006年。

66.秦伟等编:《社会科学研究方法》,四川人民出版社,2000年。

67.秦亚青:《权力·制度·文化:国际关系理论与方法研究文集》,北京大学出版社,2005年。

68.唐士其:《西方政治思想史》,北京大学出版社,2002年。

69.王圣诵主编:《国际关系学》,中国法制出版社,2003年。

70.王宇博等:《和平之殇——人类历史上的战争灾难》,南京出版社,2006年。

71.王逸舟:《当代国际政治析论》,上海人民出版社,1995年。

72.王祖茂:《当代各国政治体制——北欧诸国》,兰州大学出版社,1998年。

73.王月清、刘丹:《佛学和平思想研究》,南京出版社,2008年。

74.许嘉:《权力与国际政治》,长征出版社,2001年。

75.熊伟民:《和平之声——20世纪反战反核运动》,南京出版社,2006年。

76.阎学通等:《国际关系研究实用方法》,人民出版社,2007年。

77.杨宏声：《道家和平思想研究》，南京出版社，2008年。

78.余潇枫：《国际关系伦理学》，长征出版社，2002年。

79.张季良主编：《国际关系学概论》，世界知识出版社，1990年。

80.章前明：《英国学派的国际社会理论》，中国社会科学出版社，2009年。

81.张小明：《国际关系英国学派——历史、理论与中国观》，人民出版社，2010年。

82.张旺：《国际政治的道德基础》，南京大学出版社，2010年。

83.朱成山：《世界和平学概况》，南京出版社，2006年。

84.朱成山：《为未来讴歌——朱成山研究和平学文集》新华出版社，2009年。

二、中文论文

1.[英]阿伦·亨特：《什么是和平研究——学科发展史》，陈仲丹译，《学海》，2004年第3期。

2.[英]安德鲁·瑞格比：《和平、暴力与正义：和平研究的核心概念》，熊莹译，《学海》，2004年第3期。

3.[美]杜维明：《文明对话的语境：全球化与多样性》，刘德斌译，《史学集刊》，2002年第1期。

4.[挪威]郝图安：《和平与和解》，吴小平译，《世界经济与政治》，2007年第8期。

5.[美]卡罗尔·兰克：《回顾与展望：美国和平学的起源和发展》，刘成译，《南京大学学报》（哲学·人文科学·社会科学），2005年第2期。

6.[美]卡罗尔·兰克：《冲突化解的理论与实践》，马约生译，《学海》，2004年第3期。

7.[美]彼得·卡赞斯坦、罗伯特·O.基欧汉、斯蒂芬·克莱斯勒：《冷战后的开端:理性主义和社会学的回归》,肖欢译,《世界经济与政治》,2002 年第 2 期。

8.[挪威]约翰·加尔通:《和谐致平之道——关于和平学的几点阐释》,卢彦名译,《南京大学学报》(哲学·人文科学·社会科学),2005 年第 2 期。

9.陈晓律:《从发展的角度理解和平学》,《南京大学学报》(哲学·人文科学社会科学),2005 年第 2 期。

10.方立天:《佛教平等理念对和平与发展的启导意义》,《理论》,2004 年第 1 期。

11.高峻:《哥本哈根学派复合安全理论的修正和演进》,《教学与研究》,2005 年第 10 期。

12.耿小曼:《和平研究与和平政治学》,《政治学研究》,1985 年第 3 期。

13.胡宗山:《从启蒙之作到启迪之音》,《社会主义研究》,2006 年第 4 期。

14.胡宗山:《西方国际关系理论中的理性主义论析》,《现代国际关系》,2003 年第 10 期。

15.李英桃:《及笄与志学——中国女性主义国际关系研究》,《国际政治研究》,2011 年第 3 期。

16.李英桃:《女性主义国际关系学及其发展前景》,《国际关系理论》,2005 年第 7 期。

17.李英桃:《西方女权主义国际政治理论述评》,《美国研究》,2001 年第 4 期。

18.李英桃、林静:《女性主义和平研究:思想渊源与和平构想》,《世界经济与政治》,2009 年第 8 期。

19.李英桃:《西方女权主义国际政治理论述评》,《美国研究》,2001 年第 4 期。

20.李英桃:《对女权主义和平研究的几点初步认识》,《国际观察》,2005 年第 2 期。

21.刘邦春:《从消极和平到积极和平》,湖南师范大学 2012 年博士学位论文。

22.刘成:《和平研究视角下的和平与战争问题》,《复旦学报》(社会科学版),2008 年第 4 期。

23.刘成:《转化而不是解决:和平学范畴内的冲突化解》,《南京大学学报》(哲学·人文科学·社会科学),2005 年第 6 期。

24.刘成:《和平研究引论》,《学海》,2010 年第 3 期。

25.刘成:《西方国家和平研究综述》,《国外社会科学》,2005 年第 2 期。

26.刘小林:《探索实现人类持久和平的理论思考》,《世界经济与政治》,1995 年第 4 期。

27.刘志光:《儒家、墨家和道家的和平社会理想》,《齐鲁学刊》,2009 年第 1 期。

28.韩洪文:《昆西·赖特与早期的和平研究》,《聊城师范学院学报》(哲学社会科学版),2000 年第 6 期。

29.韩洪文:《20 世纪和平研究的渊源》,《聊城大学学报》(哲学社会科学版),2002 年第 4 期。

30.韩洪文:《20 世纪的和平研究》,《华东师范大学学报》(哲学社会科学版),2000 年第 5 期。

31.靳利华:《论西方国际政治理论中几种不同行为体观》,《西华大学学报》(哲学社会科学版),2005 年第 6 期。

32.李学保:《西方国际冲突研究:视角、内涵与趋向》,《社会主义研究》,2008 年第 6 期。

33.罗天虹:《哥本哈根学派的安全理论评析》,《教学与研究》,1999 年第 8 期。

34.聂文娟:《国际关系中的情感研究》,《国际论坛》,2011 年第 1 期。

35.秦治来:《理性主义国际政治理论及其批判》,《阴山学刊》,2005年第6期。

36.邵峰:《北欧国家和平发展模式的探析与感受》,《领导之友》,2006年第6期。

37.时殷弘:《论世界政治中的正义问题》,《欧洲》,1996年第1期。

38.宋钢:《作为一门学科的和平研究》,《政治学研究》,1989年第2期。

39.司德坤:《和平研究的方法论问题》,《忻州师范学院学报》,2006年第5期。

40.苏长和:《理性主义、建构主义与世界政治研究》,《国际政治研究》,2006年第2期。

41.苏长和:《市场、国家与社会:国家在国际关系中作用的限度》,《欧洲》,1999年第4期。

42.童文晖:《中西和平理论之比较》,华中师范大学2007年硕士毕业论文。

43.王德禄:《和平研究:一个正在成熟的学术领域》,《未来与发展》,1989年第6期。

44.王祖望:《和平研究的发展和现状》,《国外社会科学》,1988年第11期。

45.王正青、杨思帆:《冲突时代的和平教育:国外学者的研究综述》,《外国教育研究》,2009年第11期。

46.吴志成、杨娜:《北欧的国际关系研究评析》,《教学与研究》,2011年第10期。

47.薛亚梅:《罗伯特吉尔平的国际政治经济学理论研究》,华中师范大学2008年博士学位论文。

48.熊建华:《国际和平研究协会》,《国外社会科学》,1991年第5期。

49.熊建华:《试论和平学的研究对象和任务》,《华中师范大学学报》(哲社版),1988年第6期。

50.阎学通：《和平的性质》，《世界经济与政治》，2002 年第 8 期。

51.于春苓、杨超：《评国际冲突根源研究范式之争》，《北方论丛》，2004 年第 2 期。

52.赵枫：《和平学视域中的和平与冲突问题》，《南开学报》（哲学社会科学版），2005 年第 3 期。

53.赵文媛、刘成：《人类历史上的对抗、冲突与化解》，《学海》，2006 年第 1 期。

54.张义明：《加尔通的结构一体化理论剖析》，《东南亚纵横》，2009 年第 5 期。

55.张义明：《试论约翰·加尔通关于和平研究的理论》，《商丘师范学院学报》，2009 年第 11 期。

56.张立平：《性别与国际政治——关于战争与和平的思考》，《国际论坛》，1999 年第 5 期。

57.张深远：《西方国际政治中的和平学说评析》，《学术论坛》，2010 年第 8 期。

58.朱瀛泉：《西方国际关系理论：一种学科史视角的鸟瞰》，《历史教学问题》，2004 年第 3 期。

59.朱立群、聂文娟：《国际关系理论研究的实践转向》，《世界经济与政治》，2010 年第 8 期。

三、外文著作

1. Birgit Brock-Utne, *Feminist Perspective on Peace and Peace Education*, New York：Pergamon on Press, 1989.

2. Ceia S. Heller, *Structured Social Inequality：A Reader in Comparative*

Social Stratification, second edition, Macmillan Publishing Company, 1987.

3. Frederics Pearson and J. Martin Rochester, *International Relations*, McGraw-Hill, Inc, 1988.

4. Johan Galtung, *Anti-Washington but Pro-American*, Center of International Studies Princeton University, 1987.

5. Johan Galtung, *Alternative Economic Theory*, Universite Nouvelle Transnationale, 1985.

6. Johan Galtung, *Alternative Life Styles in Rich Countries*, University of Oslo, 1975.

7. Johan Galtung, *Alternative Security Policies in Europe*, Center of International Studies Princeton University, 1987.

8. Johan Galtung, *Back to the Origins: On Christian and Buddhist Epistemology*, Princeton University, 1986.

9. Johan Galtung, *Buddhism and Development*, Universite Nouvelle Transnationale, 1985.

10. Johan Galtung, *Buddhism and Leadership for Peace*, Universite Nouvelle Transnationale, 1985.

11. Johan Galtung, *China in the World Economy*, Center of International Studies Princeton University, 1987.

12. Johan Galtung, *Culture, Structure and Mental Disorder*, University of Oslo, 1981.

13. Johan Galtung, *Democracy and Development*, Princeton University, 1987.

14. Johan Galtung, *Development of Society and Development of the Person*, Berghof Stiftung, Winklerstrasse, 1983.

15. Johan Galtung, *Development Theory: Notes for an Alternative Approach*, Universite Nouvelle Transnationale, 1985.

16. Johan Galtung, *Dialogue as Development: On Goals, Processes and Indicators of Dialogues*, University of Hawaii, 1980.

17. Johan Galtung, *Dialogue in Practice*, Princeton University, 1986.

18. Johan Galtung, *Diversity of Cultural Norms Relating to War and the Environment: The Major Civilizations*, Center of International Studies Princeton University, 1987.

19. Johan Galtung, *Environment, Development and Military Activity*, Universitetsforlaget, 1982.

20. Johan Galtung, *Europe in the Making*, Taylor and Francis New York Inc, 1989.

21. Johan Galtung, *From Disarmament to Transarmament: Evolving Trends in the Study of Disarmament and Security*, Berghofstiftung Winklerstr, 1984.

22. Johan Galtung, *Global Processes and the World in the 1980s*, United Nations University, 1981.

23. Johan Galtung, *Global Structures of Social Injustice*, Universite Nouvelle Transnationale, 1985.

24. Johan Galtung, *Goals and Processes of Development: An Integrated View*, United Nations University, 1987.

25. Johan Galtung, *Goals, Processes and Indicators of Food, Health and Energy Development*, United Nations University, 1987.

26. Johan Galtung, *Human Needs as the Focus of the Social Sciences*, University of Oslo, 1987.

27. Johan Galtung, *International Organizations and World Decision Mak-*

ing, Princeton University, 1986.

28. Johan Galtung, *Is Peace Research Possible: On the Methodology of Peace Research*, University of Oslo, 1961.

29. Johan Galtung, *Mainstream vs. Countertrend in International Relations Theory: On the Linkage Between Cosmology and Epistemology*, Princeton University, 1986.

30. Johan Galtung, *Measuring World Development*, NAVF, 1974.

31. Johan Galtung, *Methodology and Development*, Christian Ejlers, 1988.

32. Johan Galtung, *Military Formations and Social Formations: A Structural Analysis*, Geneva and Peace Research Institutes, 1981.

33. Johan Galtung, *Nonterritorial Actors: The Invisible Continent*, University of Oslo, 1970.

34. Johan Galtung, *Occidental Cosmology and the Theories of Peace and Development*, Berghof Stiftung, Winklerstr, 1984.

35. Johan Galtung, *Occidental Cosmology, Development and Developmentalism: A Prolegomenon to Development Studies*, Wissenschaftskolleg zu Berlin, 1983.

36. Johan Galtung, *On Direct and Structural Resistance to Illegitimacy*, Wissenschaftskolleg zu Berlin, 1983.

37. Johan Galtung, *On Human Centered Development: Images of Human Development in Different Civilizations*, United Nations University, 1987.

38. Johan Galtung, *On the Decline and Fall of Emprires: The Roman Empire and Western Imperialism Compared*, the United Nations University, 1979.

39. Johan Galtung, *On the Last 2500 Years in Western History and Some Remarks on the Coming 500*, University of Oslo, 1976.

40. Johan Galtung, *On the Role of the Media for World-Wide Security and Peace*, Universite Nouvelle Transnatimale, 1985.

41. Johan Galtung, *Overdevelopment and Alternative Ways of Life in High Income Countries*, United Nations University, 1979.

42. Johan Galtung, *Peace and Buddhism*, Universite Nouvelle Transnationale, 1985.

43. Johan Galtung, *Peace Studies: A Curriculum Proposal*, Center of International Studies Princeton University, 1987.

44. Johan Galtung, *Positive Peace Politics for Japan: Some Proposals*, Princeton University, 1986.

45. Johan Galtung, *Principles of Nonviolent Action*, Princeton University, 1987.

46. Johan Galtung, *Religion and Peace: Some Reflections*, Princeton University, 1986.

47. Johan Galtung, *Schooling and Future Society*, The University of Chicago Press, 1975.

48. Johan Galtung, *Self-Reliance: Concept, Practice and Rationale*, University of Oslo, 1976.

49. Johan Galtung, *Self-Reliance and Global Interdependence: Some Reflections on the New International Economic Order*, University of Oslo, 1975.

50. Johan Galtung, *Social Imperialism and Sub-imperialism: Continuities in the Structural Theory of Imperialism*, Conflict and Peace Research University of Oslo, 1975.

51. Johan Galtung, *Social Position and Social Behavior: Center-Periphery Concepts and Theories*, University of Oslo, 1977.

52. Johan Galtung, *Strategies for Democratization of the Nonterritorial Continent*, United Nations University, 1980.

53. Johan Galtung, *Structural, Culture and Languages*, Wissenschaftskolleg zu Berlin, 1983.

54. Johan Galtung, *Theory and Methods of Social Research*, Columbia University Press, 1967.

55. Johan Galtung, *Theories of Conflict*, Columbia University, 1958.

56. Johan Galtung, *Theories of Peace:A Synthetic Approach to Peace Thinking*, International Peace Research Institute, 1967.

57. Johan Galtung, *There are Alternatives*, Russell Press, 1984.

58. Johan Galtung, *The Basic Needs Approach*, IIUG, Wissenschaftszentrum Berlin, 1978.

59. Johan Galtung, *The Changing Interface between Peace and Development*, United Nations University, 1979.

60. Johan Galtung, *The Cold War, Peace and Development*, Princeton University, 1986.

61. Johan Galtung, *The Dynamics of Rank Conflict:An essay on Single vs. Multiple Social Systems*, Christian Ejlers, 1977.

62. Johan Galtung, *The Next Twenty-Five Year of Peace Research:Tasks and Prospects*, Princeton University, 1985.

63. Johan Galtung, *The Politics of Self-Reliance*, University of Oslo, 1976.

64. Johan Galtung, *The Theory of Conflict and the Concept of Probability*, United Nations University, 1987.

65. Johan Galtung, *The True Worlds*, The Institute for World Order, Inc., 1980.

66. Johan Galtung, *The Western Culture Tradition and The Struggle for Peace*, Wissenschaftskolleg zu Berlin, 1982.

67. Johan Galtung, *Towards Peaceful Worlds: A Guide to Peace*, University of Tromso, 2002.

68. Johan Galtung, *Towards a New Economics: On the Theory and Practice of Self-reliance*, Universite Nouvelle Transnationale, 1985.

69. Johan Galtung, *Transcend and Transform*, Pluto Press, 2004.

70. Johan Galtung, *United States Foreign Policy*, Center of International Studies Princeton University, 1987.

71. Johan Galtung, *Why the Concern With Ways of Life?* University of Oslo, 1976.

72. Peter Lawler, *A Question of Values*, Lynne Rienner Publishers Inc, 1995.

73. Peter Wallensteen, *Peace Research: Achievements and Challenges*, Westview Press, 1988.

74. Susan Strange, The Defective State, *Daedalus*, V.124 (Spring1995).

75. Stefana Guzzini, *Dietrich Jung: Contemporary Security Analysis and Copenhagen Peace Research*, Taylor & Francis, 2003.

四、外文论文

1. Catia C. Confortini, Galtung, Violence, and Gender: The Case for a Peace Studies / Feminism Alliance, *Peace and Change*, Vol.31, No.3, 2006.

2. Charles Boasson, Galtung's Version of "The Middle East and the Theory of Conflict": Can Peace Research Transcend Prejudice and Dogma? *Journal of Peace Research*, Vol.10, No.1/2, 1973.

3. Johan Galtung, A Structural Theory of Imperialism, *Journal of Peace Research*, Vol.8, No.2, 1971.

4. Johan Galtung, A Structural Theory of Integration, *Journal of Peace Research*, Vol.5, No.4, 1968.

5. Johan Galtung, A Structural Theory of Aggression, *Journal of Peace Research*, Vol.1, No.2, 1964.

6. Johan Galtung, Belligerence among the Primitives, *Journal of Peace Research*, Vol.3, No.1, 1966.

7. Johan Galtung, Conflict Theory and the Palestine Problem, *Journal of Peace Research*, Vol.2, No.1, 1972.

8. Johan Galtung, Cultural Violence, *Journal of Peace Research*, Vol.27, No.3, 1990.

9. Johan Galtung, Divided Nations as a Process: One State, Two States, and In-between, *Journal of Peace Research*, Vol.9, No.4, 1972.

10. Johan Galtung, East—West Interaction Patterns, *Journal of Peace Research*, Vol.3, No.2, 1966.

11. Johan Galtung, Empiricism, Criticism, Constructivism, *On the Methodological Situation in Sociology and Other Social Sciences*, Vol.24, No.3, 1972.

12. Johan Galtung, Europe: Bipolar, Bicentric or Cooperative? *Journal of Peace Research*, Vol.9, No.1, 1972.

13. Johan Galtung, European Security and Cooperation: A Skeptical Contribution, *Journal of Peace Research*, Vol.12, No.3, 1975.

14. Johan Galtung, Foreign Policy Opinion as a Function of Social Position, *Journal of Peace Research*, Vol.1, No.3, 1964.

15. Johan Galtung, Human Needs, Human Rights and the Theory of Devel-

opment, *Journal of Peace Research*, Vol.2, No.4, 1965.

16. Johan Galtung, Institutionalized Conflict Resolution, *Journal of Peace Research*, Vol.2, No.4, 1965.

17. Johan Galtung, Is a Socialist Revolution under State Capitalism Possible? *Journal of Peace Research*, Vol.17, No.4, 1980.

18. Johan Galtung, Japan and Future World Politics, *Journal of Peace Research*, Vol.10, No.4, 1973.

19. Johan Galtung, On the Effects of International Economic Sanctions with Examples from the Case of Rhodesia, *World Politics*, Vol.19, No.3, 1967.

20. Johan Galtung, On the Future of the International System, *Journal of Peace Research*, Vol.4, No.4, 1967.

21. Johan Galtung, On the Meaning of Nonviolence, *Journal of Peace Research*, Vol.2, No.3, 1965.

22. Johan Galtung, On the Theory of Human-Centered Theories, *Concepts and Theories of Development Workshop*, Geneva, June, 1980.

23. Johan Galtung, On the Use of Physical Models in Sociology, *Journal of Peace Research*, Vol.2, No.1, 1956.

24. Johan Galtung, Only One Quarrel with Kenneth Boulding, *Journal of Peace Research*, Vol.24, No.2, 1987.

25. Johan Galtung, Pacifism from a Sociological Point of View, *Journal of Peace Research*, Vol.3, No.1, 1959.

26. Johan Galtung, Patterns of Diplomacy, *Journal of Peace Research*, Vol.2, No.2, 1965.

27. Johan Galtung, Peace Education: Learning to Hate War, Love Peace, and to Do Something about It, *International Review of Education*, Vol.29, No.

3,1983.

28. Johan Galtung, Reply to Gudmund Hernes, *Journal of Peace Research*, Vol.6, No.1, 1969.

29. Johan Galtung, Social Cosmology and the Concept of Peace, *Journal of Peace Research*, Vol.18, No.2, 1981.

30. Johan Galtung, Structural and Direct Violence: A Note on Operationalization, *Journal of Peace Research*, Vol.8, No.1, 1971.

31. Johan Galtung, Summit Meetings and International Relations, *Journal of Peace Research*, Vol.1, No.1, 1964.

32. Johan Galtung, Theory Elemennts: Building Bricks for Alternative Theory, *Colloque Economie Nouvelle*, 29–30/6, 1985.

33. Johan Galtung, The Middle East and the Theory of Conflict, *Journal of Peace Research*, Vol.8, No.3, 1971.

34. Johan Galtung, The State, the Military and War, *Journal of Peace Research*, Vol.26, No.1, 1989.

35. Johan Galtung, The Social Functions of a Prison, *Journal of Peace Research*, Vol.6, No.2, 1958.

36. Johan Galtung, Trade or Development: Some Reflections on Self-Reliance, *Economic and Political Weekly*, Vol.11, No.5, 1976.

37. Johan Galtung, Transarmament: From Offensive to Defensive Defense, *Journal of Peace Research*, Vol.21, No.2, 1984.

38. Johan Galtung, Twenty-five Years of Peace Research: Ten Challenges and Some Responses, *Journal of Peace Research*, Vol.22, No.2, 1985.

39. Johan Galtung, Violence, Peace, and Peace Research, *Journal of Peace Research*, Vol.6, No.3, 1969.

40. Johan Galtung, What if the Devil were Interested in Peace Research? *Journal of Peace Research*, Vol.25, No.1, 1988.

41. Kjell Eide, Note on Galtung's Concept of 'Violence', *Journal of Peace Research*, Vol.8, No.1, 1971.

42. Kenneth E Boulding, Twelve Friendly Quarrels with Johan Galtung, *Journal of Peace Research*, Vol.XIV, No.1, 1977.

43. Robert Jervis, Realism in the Study of World Politics, *International Organization*, Vol.52, No.4, International Organization at Fifty: Exploration and Contestation in the Study of World Politics. (Autumn, 1998).

后 记

　　在本书即将付印之际，万千思绪涌上心头，久久难以平静。这本书从构思至今已有七年之久。我是读博士期间开始接触和平学的，读博的三年时间给了我大量阅读有关和平学书籍与论文的机会。我从中认识到约翰·加尔通在和平学领域的特殊地位，并将对加尔通和平思想的研究确立为博士论文的研究方向。博士毕业后，我就职于天津外国语大学，继续进行和平学方面的学习和研究，并不断丰富和完善我的博士论文。于是提笔、搁笔、学习，再提笔、再充电，周而复始，才有了这本书的完稿。

　　我首先要感谢我的导师程又中教授。多年来，我真切地感受到程老师宏大的理论思维向度、超前的理论创新意识、博大的理论研究胸怀以及严谨的治学态度。受益良多，学生将铭记于心。我还要感谢胡宗山教授、宋秀琚副教授，他们的教诲在论文酝酿及写作过程中起到了重要的启发和指点作用，使我受益匪浅。我的多位师兄、同学在论文写作的过程中也给予我不少鼓励与帮助，在此一并表示感谢！除此之外，我更要感谢我的家人，是他们在生活上给予我无私的支持与帮助，才可以让我潜心钻研，安心读书而无后顾之忧。最后，我要感谢天津人民出版社的各位编辑老师，感谢他们一直以一丝不苟的敬业精神爱护着这部书稿。

　　谨以此书献给一切关爱我的人！

王　梦

2018 年 1 月于天津